霞ヶ浦の貝塚と社会

阿部 芳郎 編

雄山閣

序文

　縄文時代の霞ヶ浦は現在の利根川下流域とつながって、巨大な内湾を形成していた。こうした景観は、縄文時代早期後半にはすでにできていたことが貝塚の分布からわかる。今日において、こうした景観は日本では見ることができない。
　関東地方は縄文時代貝塚の密集する地域として知られている、その中でも本地域は東京湾東岸域に次いで数が多い。しかし、両地域に残された貝塚には異なる点が多く、意外にその違いは知られていないのも事実である。
　たとえば東京湾東岸の加曽利貝塚と陸平貝塚を比べてみれば、その違いは歴然としている。それはいうまでもなく、そこに生きた縄文人の資源利用の地域性である。さらに、貝塚研究の展開においても、双方にはそれぞれに個性と歴史がある。
　本書は霞ヶ浦沿岸、あるいは古鬼怒湾といった範囲を対象とした貝塚とそれを取り巻く生業活動や当時の社会の特性について検討を加えたものである。
　本書が霞ヶ浦沿岸の縄文社会を考える契機となり、また関東地方の縄文貝塚の多様性を知る一助となれば幸いである。

明治大学日本先史文化研究所長
阿部芳郎
2017 年 7 月 25 日

霞ヶ浦の貝塚と社会　目次

序文……………………………………………………………………………… i

第Ⅰ章　古鬼怒湾における貝塚研究のあゆみ……………………………… 1

1　霞ヶ浦の貝塚研究史 …………………………… 関口　満・亀井　翼　2
　霞ヶ浦の貝塚調査史（1945年以前）　2／霞ヶ浦の貝塚調査史
　（戦後～1975年）　4／霞ヶ浦の貝塚調査史（1975年以降）　7／
　霞ヶ浦沿岸貝塚とその出土資料を対象とした研究史　10

2　陸平貝塚に学ぶ ………………………………………………… 川村　勝　28
　"陸平"貝塚の発見　28／世に出た陸平貝塚　30／陸平貝塚の
　再発見　40

第Ⅱ章　霞ヶ浦の貝塚………………………………………………………… 51

1　大谷貝塚を掘る ………………………… 川村　勝・阿部きよ子　52
　大谷貝塚の調査　52／大谷縄文人の生活と環境　56／大谷貝塚
　の調査から見た貝塚調査の意義と課題　62

2　陸平貝塚の形成過程 …………………………………………… 中村哲也　66
　陸平貝塚の地勢　66／保存のための確認調査　68／周辺の遺跡
　群の調査―陸平遺跡群の調査―　70／住民参加による新たな確
　認調査　72／陸平貝塚の形成過程　77／陸平貝塚形成の謎　81

3　上高津貝塚の研究 ……………………………………………… 石川　功　86
　上高津貝塚の環境　86／上高津貝塚の特質　89

4　製塩活動の展開と霞ヶ浦の地域社会 ……………………… 阿部芳郎　104
　縄文土器製塩研究の展開　104／広畑貝塚・法堂遺跡の分析
　106／製塩の起源　111／近年の成果と新たな課題　113

5　湖岸の地形発達と遺跡形成 …………………………………… 亀井　翼　121
　霞ヶ浦の環境変遷　121／湖岸平野の形成と遺跡　124／谷底低
　地の陸地化と遺跡　127

第Ⅲ章　資源利用と縄文社会……………………………………………… 135

1　動物遺体からみた霞ヶ浦の貝塚の特徴
　　　―陸平貝塚の調査成果を中心に―　………………… 樋泉岳二　136
　　古環境　136／動物資源利用　147

2　余山貝塚の漁労活動
　　　―漁具生産と魚類資源をめぐる集団間関係―　……………… 植月　学　159
　　余山貝塚の漁具　159／釣針の製作　160／ヤスの製作　167／
　　余山貝塚の魚類相と大型魚類をめぐる集団間関係　171

3　余山貝塚の生業活動
　　　―骨角貝器の大量生産遺跡の出現背景―　………………… 阿部芳郎　179
　　余山貝塚の性格　179／貝輪の生産と流通　181／鹿角製漁労具の
　　生産と漁労活動　184／後晩期の生業特殊化と余山貝塚の性格　189

第Ⅳ章　地域の文化資源としての貝塚……………………………… 195

1　上高津貝塚の遺跡活用　……………………… 黒澤春彦・一木絵理　196
　　施設の概要と環境　196／活動の現状と遺跡の活用　198／新た
　　な取り組みと今後の課題　201

2　かってあそんでひろがって
　　　―陸平貝塚の活用事例―　…………………………… 馬場信子　203
　　遺跡活用を始めるきっかけ―活用に至る経緯―　203／ハンズ・
　　オン陸平　204

第Ⅴ章　座談会　関東地方の貝塚研究
　　　………………………… 樋泉岳二・米田　穣・佐々木由香・谷畑美帆　215
　　　　　　　　　　　　　　　　　　　　　　　司会：阿部芳郎

霞ヶ浦周辺貝塚関連文献年表　……………………………………… 阿部きよ子　247

あとがき………………………………………………………………… 阿部芳郎　277

執筆者紹介……………………………………………………………………………… 278

第Ⅰ章
古鬼怒湾における貝塚研究のあゆみ

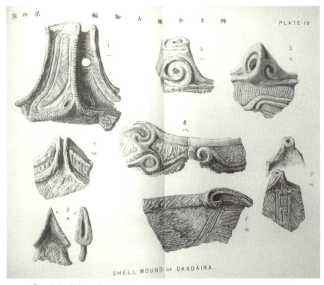

『英文報告』図版（土器、I. IIJIMA, AND C. SASAKI 1883 より）

1　霞ヶ浦の貝塚研究史

関口　満・亀井　翼

はじめに

　霞ヶ浦の貝塚研究は、1879（明治12）年の飯島魁、佐々木忠二郎による陸平(おかだいら)貝塚の発掘調査を嚆矢とし（I. IIJIMA, AND C. SASAKI 1883）、130年以上の歴史がある。この間、県内貝塚の研究史のまとめは幾度か行われてきた（山内1966、川崎1977、茨城県史編さん委員会1979、斎藤1981a、千葉1996、斎藤1999、佐藤1999、鈴木2009など）。本節では、そうした先学の成果に多くを負いながら、霞ヶ浦に立地する貝塚の調査史と、貝塚を資料とした研究成果をまとめる。なお、霞ヶ浦とは広義には西浦、北浦、外浪逆浦を指し、狭義には西浦のことを指すが、本稿では広義の霞ヶ浦沿岸と、利根川下流域の茨城県域に立地する貝塚を扱う。また、研究史の時期区分については佐藤（1999）と同様に、1945（昭和20）年、1975年を画期として記述する。

1　霞ヶ浦の貝塚調査史（1945年以前）

　日本考古学の黎明とともに、霞ヶ浦沿岸の貝塚は調査されてきた。当初は優品、珍品を求めた発掘が横行したが、やがて、人工遺物だけでなく自然遺物の同定や記載を行うといった、貝塚の調査・報告方法が洗練されていった。以下に、代表的な調査例を概観していく。なお、霞ヶ浦沿岸貝塚の発掘調査事例について、表1にまとめたので合わせて参照されたい。

(1) 東京人類学会による調査

　飯島、佐々木による陸平貝塚の調査から5年後、東京大学の学生であった坪井正五郎らによって、「じんるいがくのとも」が結成された。後に東京人類学会となる彼らが、明治期の貝塚研究の中心であった（堀越2009a）。霞ヶ浦沿岸では、若林勝邦や川角寅吉らによって踏査が行われ、1893年には八木奘三郎、下村三四吉による椎塚貝塚の発掘が行われた（八木・下村1893）。この調査を皮切りに発掘調査が盛んとなり、翌年の佐藤伝蔵による福田貝塚、浮島貝ヶ窪貝塚の発掘、1896年大野延太郎（雲外）による広畑貝塚の発掘などが行われた

（表1）。その後、1907～1908年には高島多米治が福田貝塚、椎塚貝塚の発掘を行っている（高島1915a～c・1916a～c）。現在、重要文化財に指定されている人面付注口土器といった高島による発掘資料は、滋賀県長浜の下郷伝平に譲られたのち、辰馬考古資料館と大阪歴史博物館に収蔵されている（加藤2012）。

(2) 江見水蔭による調査

東京人類学会による調査と同時期に活躍した人物として、大衆小説家江見水蔭があげられる。好古の人であった江見は、数々の遺跡を踏査、発掘し、その様子を『地底探検記』や『地中の秘密』に軽妙につづっている（江見1907・1909a・b）。霞ヶ浦方面に限っても、江見は1903～1908年に実に12回に及ぶ調査旅行を行っている（瓦吹2001、茨城県立歴史館2002）。発掘調査を行ったのは、福田貝塚、鬼越貝塚、神生貝塚、神明平貝塚、穴瀬貝塚、村坪貝塚、広畑貝塚、上高津貝塚、小松貝塚、狭間貝塚、上戸貝塚、陸平貝塚であり、そのほか数多くの貝塚の踏査、表面採集を行っている。採集した資料は東京の自宅に開設した「太古遺物陳列所」に展示していたが、現在はほとんど行方不明となり、ごく一部が京都大学や東京大学に所蔵されている。

(3) 清野謙次による調査

大正期に霞ヶ浦沿岸の貝塚を精力的に調査したのは清野謙次である。1905年に京都大学医学部に入学した清野は、卒業後に同医学部助手となり細胞の生体染色について研究を進めた。生体染色の研究で学士院賞を受賞したのちは、考古学・人類学の研究に着手し、人骨を求めて縄文時代貝塚を多く発掘調査した。茨城県では、広畑貝塚や所作貝塚などを発掘しており、その経緯は『日本原人の研究』に記されている（清野1925）。なお余談であるが、微生物学講座を担当していた際、内地留学していた軍医石井四郎を指導しており、その縁から731部隊に人材を送り込んだという（杉山2009）。さらに1938年、いわゆる清野事件によって京大を辞職したのちは、太平洋協会の嘱託となり、大東亜共栄圏設立に人類学の立場から協力した（春成1984）。

(4) 史前学会による調査

昭和初期に多くの調査を行ったのは、大山柏ら史前学会のメンバーであった。大山らは、縄文海進最盛期の遺跡が最も古く、海退に伴って新しくなるという前提のもと、貝塚を構成する貝の生息域から、貝塚の新旧を決定する編年研究を実施した（大山ほか1933）。この際、現在の猿島郡五霞町や境町、常総市など利根川沿岸に立地する貝塚を調査している。その後、霞ヶ浦方面では中期の貝塚の調査例が少なかったとして、1937年には竹来根田貝塚、1939年には宮平貝塚の発掘調査を実施している（表1）。このほか、後期の貝塚としては中妻貝塚や広畑貝塚の発掘調査も行っている。これらの調査報告は、層序区分

を行い、人工遺物だけでなく自然遺物も同定、記載しているなど、学術的に優れた内容であった。
(5) その他の調査
1939年の角田文衛による東栗山貝塚の調査（角田1939）、1941年の甲野勇、吉田格らによる貝殻山貝塚の調査などがあげられる（江坂・吉田1942）。戦局の悪化によってか、昭和10年代の調査は少ない。

2 霞ヶ浦の貝塚調査史（戦後～1975年）

太平洋戦争が終結すると、霞ヶ浦沿岸の貝塚調査も再び盛んになった。この時期の調査は、大学や研究所による学術調査がほとんどであり、当初は土器編年が中心的な目的であった。自然遺物については戦前と同様に、種の同定と記載が行われていたが、しだいに定量的なサンプリングと水洗選別によって動物遺体の組成やその変化が議論されるようになる。1970年代からは、自治体の埋蔵文化財保護体制の確立を待たずして、記録保存の発掘調査が始まる。なお、この時期までの県内における研究成果は、1979年に刊行された『茨城県史料　考古資料編　先土器・縄文時代』にまとめられている（茨城県史編さん第一部会原始古代専門委員会1979）。正式な報告の無い調査が多い中で、同書の「主要遺跡解説」は貴重な資料である。

(1) 高校・大学による学術調査
清水潤三らに率いられた慶應義塾中等部、高校の考古学会、慶應義塾大学考古学研究会は、戦後間もないころから霞ヶ浦沿岸の貝塚を調査している。宮平貝塚、若海貝塚、上高津貝塚、鬼越貝塚、椎塚貝塚、地蔵窪貝塚、安食平貝塚、田伏神明台貝塚、貝ヶ崎貝塚、高嶺貝塚を次々と発掘し、機関誌『Archaeology』を中心として報告を行っている（表1）。これらの調査には、史前学研究所の所員であり、調査経験の豊富な竹下次作の協力があった。また、鈴木公雄の述懐によれば、当初は晩期縄文土器の編年を目的とした調査であったが、しだいに包括的な研究へと向かうようになったという（鈴木2000）。上高津貝塚の第2次以降の発掘調査は、動物遺体の研究を赤沢威、小宮孟らが、貝の季節性分析を小池裕子が担当するなど、新しい貝塚研究を実践する場として計画、実施された（鈴木前掲）。とくに1969年の第3次調査では定量的なブロックサンプリングも実施されている（小宮1970）。日本の貝塚調査におけるブロックサンプリングは、1954年の金子浩昌による千葉県大倉南貝塚の調査を嚆矢とするが、霞ヶ浦沿岸でもこの時期から、定量的な動物考古学的研究が行われるようになった。後に小宮は、体長組成復元の際に、定性的な手で拾い上げた資料と、定量的なコラムサンプルから得られた資料では、後者のほ

うが小型の個体が多いことを指摘した（小宮・鈴木 1977）。サンプリングエラーの指摘である。こうしたサンプリングエラーを無くすため、一定量の資料を全量水洗選別するという方法は、次代の上高津貝塚 A 地点の調査に受け継がれていく。なお、第 3 次調査に続いて行われた、東京大学総合研究博物館による上高津貝塚 B 地点の発掘調査も、慶應義塾による調査に連なるものである（Akazawa, T. ed. 1972）。詳しくは本書第Ⅱ章第 3 節を参照いただきたい。

一方、利根川沿岸の貝塚を多く調査したのは早稲田大学の西村正衛と金子浩昌である。1950 年の千葉県香取市白井通路貝塚の発掘調査を嚆矢とし、利根川下流域の各時期の貝塚を発掘調査している。茨城県側では浮島貝ヶ窪貝塚、興津貝塚、向山貝塚、内野山貝塚、狭間貝塚、村田貝塚を調査している。金子は、これらの調査報告で動物遺体の同定や漁労具の研究を行い、出土した漁労具と魚骨から当時の漁労活動について検討している（金子 1971 など）。

1960 年には、岡山大学の近藤義郎によって広畑貝塚が調査された（近藤 1962）。戦後、すでに瀬戸内海の遺跡を調査して古墳時代の土器製塩を明らかにしていた近藤は、広畑貝塚で出土する薄手の土器の特徴が、古墳時代の製塩土器と通じるものがあると感じていた。発掘調査の結果、遺跡の立地、遺物の出土状況、土器に見られる使用痕の特徴などから、この粗製薄手の土器が製塩土器であり、広畑貝塚は当時の海岸線近くで、海水を煮詰めて塩づくりをした遺跡であると結論付けた。この発掘調査が、縄文時代の土器製塩研究の嚆矢である。なお、本遺跡および後述の法堂遺跡については、第Ⅱ章第 4 節を参照されたい。

神奈川県杉田貝塚などを発掘し、晩期縄文土器の研究を進めていた明治大学考古学研究室も、霞ヶ浦沿岸で調査を実施している。杉原荘介、戸沢充則らは 1964 年に立木貝塚、翌年には法堂遺跡の発掘調査を行っている（杉原・戸沢 1965、戸沢・半田 1966）。その主な目的は晩期縄文土器の研究であったが、法堂遺跡では土器製塩を行ったと目される「特殊遺構」が検出されている。貝塚ではないが、1968 年には、関東地方における弥生時代再葬墓の研究として殿内遺跡の発掘調査を行っている（杉原ほか 1969）。

(2) 研究所、同好会などによる学術調査

吉田格による調査　グロート神父を所長として設立された日本考古学研究所には、多くの研究者が所属していたが、そのうちの一人が吉田格である。1946 年に花輪台貝塚を発掘調査し、花輪台式を設定した（吉田 1948）。また、1960 年 3 月には、武蔵野郷土館の職員として広畑貝塚の発掘調査も行っている（吉田 1973）。

清野謙次による調査　大正期に多くの発掘を行った清野謙次は、戦後、東京

医科大学厚生科学研究所の所長として美浦村（旧木原村）に仮寓した。この時期に霞ヶ浦文化同好会を組織し、1950年には江坂輝彌らとともに道城平貝塚や野中貝塚の調査を行った（江坂1954b・1955a・b）。晩年には、これまでの発掘調査で出土した遺物の実測図や写真をふんだんに掲載した『日本貝塚の研究』を執筆したが果たせず逝去、江坂や芹沢の整理によって没後、出版された（清野1969）。

資源科学研究所による調査 資源科学研究所は、太平洋戦争時における大陸での資源調査を目的として、真珠湾攻撃と同日の1941年12月8日に設立された研究機関である。戦後はGHQの指示により廃止が閣議決定されるものの、国の直営ではなく助成や委託研究によって、1971年に東京国立博物館に吸収されるまで存続した。和島誠一は戦後、同研究所の研究員として海進・海退研究を実施した。その一環として、霞ヶ浦沿岸では1964年に奥野谷貝塚、1966年に広畑貝塚の発掘を行っている（和島ほか1965・1968）。これらの詳細な報告書は刊行されていないものの、広畑貝塚調査時の人工遺物について、のちに金子裕之が報告している（金子1979）。

常総台地研究会による調査 茨城県を中心とした考古学同人である常総台地研究会が取り組んだ研究のひとつに、縄文時代の土器製塩がある。同会は、1974年までに5次にわたる前浦遺跡の調査を行い、製塩跡とみられる遺構を検出している（金子ほか1972）。1966年には道成寺貝塚の発掘調査を実施し、多量の製塩土器を検出している（川崎1979）。

その他の機関・人物による調査 廣瀬榮一、酒詰仲男らは1950年、岩坪貝塚を発掘している（岡田ほか1950）。同貝塚は1963年に杉山荘平によって発掘調査され、加曽利E4式が提唱された（杉山1965）。また、平安博物館に所属していた渡辺誠は、同館に委嘱された『茨城県下における考古学的調査』として、著名でありながら実態の不明確であった福田貝塚を発掘し、後期の漁労文化を明らかにしようと試みた（渡辺編1991）。調査は1971年に実施され、攪乱を受けた加曽利B式の貝層と、未攪乱の堀之内1式の貝層が検出された。発掘では貝層のブロックサンプリングと水洗選別が行われたことも特筆される。

(3) 緊急調査の萌芽

これまで見てきた発掘調査は、好事家による遺物収集を除けば、すべて学術調査であった。しかし、高度経済成長に伴う開発の波は霞ヶ浦沿岸にも押し寄せ、ついに記録保存のための発掘調査が行われるようになった。1970年代半ばまでは、県や市町村の埋蔵文化財保護体制は整っておらず、大学や有志の研究者によって調査が行われた。1972年には美浦村虚空蔵貝塚の発掘調査が行われ、大川清ら国士舘大学考古学研究室が担当した（大川・大島編1977）。同研

究室は、古墳時代の玉作工房が発見された土浦市烏山遺跡の発掘調査も実施している。中妻貝塚では1972年から諸星政得らによって緊急調査が行われ、この際の資料は鈴木正博、鈴木加津子らによって整理、報告されている（鈴木・鈴木編1979）。1974年には寺門義範らが所作貝塚の発掘調査を実施しているほか（寺門1975）、同年、永松実らによって小山台貝塚が発掘されている（永松ほか1976）。小山台貝塚は中期と後期の貝塚からなり、38体の人骨が検出されたこと、製塩土器が一定量出土していることなどが特筆される。

3　霞ヶ浦の貝塚調査史（1975年以降）

　1975年、開発に伴う発掘調査に対応するため、茨城県教育財団が設立された。また、市町村でも専門職員を配置し、自治体での埋蔵文化財業務に対応するようになった。こうした埋蔵文化財保護の体制が整ったことで、開発に伴う大規模集落の全面調査なども可能となった。1975年以降、霞ヶ浦沿岸の貝塚で実施された発掘調査は、ほとんどが記録保存のための緊急調査である。これまでの発掘調査の大半であった学術調査は激減し、その内容も地元の大学による調査や、自治体による確認調査へと変わった。

(1) 記録保存のための発掘調査

　調査件数が多いため、詳細な調査史については表1を参照されたい。ここでは、記録保存を目的とした発掘のうち、特筆される調査成果を取り上げる。

　これまでの霞ヶ浦沿岸貝塚の調査は、地表面に多量の貝の散布が認められる、斜面貝塚の調査が一般的であった。こうした中、厚い貝層自体を発掘した調査としては、石岡市地蔵窪貝塚（山武考古学研究所1995）、美浦村大谷貝塚（茨城県教育財団2009b）、行方市於下貝塚（加藤ほか1992）、つくば市上境旭台貝塚（茨城県教育財団2009d）などがあげられる。これらの調査では、水洗した量は遺跡によって異なるが、いずれも貝層の水洗選別が行われ、生業の通時的変化を検討する上で有用な情報が得られている。

　これに対して、龍ヶ崎ニュータウン開発に伴う廻り地A遺跡、南三島遺跡、つくばエクスプレス沿線の開発に伴う前田村遺跡の発掘調査などは、集落全体を発掘した例であり、集落に付随する土坑内や住居内貝層が調査されている（茨城県教育財団1982・1985・1999）。調査規模は異なるが、稲敷市中佐倉貝塚（山武考古学研究所1999）、土浦市龍善寺遺跡（龍善寺遺跡調査会2006）、神立平遺跡（神立平遺跡調査会2009）などでも同様に、集落に伴って貝塚が発見されている。これらの遺跡では、竪穴建物跡の時空間分布という一般的な集落論に加えて、集落造営当時の生業を議論することができる。

　人骨の調査は戦前から盛んであったが、緊急調査によって、多数の人骨が検

出された貝塚もある。こうした例としては、前述の小山台貝塚に加え、冬木貝塚、中妻貝塚があげられる。1979年に調査された冬木A貝塚は、後期の集落跡と考えられ、18体の埋葬人骨が確認されている（茨城県教育財団 1981）。至近には近年発掘調査が実施され、環状盛土遺構と墓域が検出された埼玉県長竹遺跡が存在しており、興味深い。取手市中妻貝塚では、1989（平成元）年と1990年に市道改良工事に伴う発掘調査が行われ、96体以上の人骨を埋葬した土坑が検出されている（中妻貝塚調査団 1995）。これらの人骨は解剖学的位置をとどめておらず、数体分の骨がまとまっていたことなどから、ほとんど白骨化したのちに再埋葬されたと考えられている。

(2) 学術調査

　市町村による史跡整備・確認調査　上高津貝塚は1977年に国史跡に指定され、1990年より史跡整備に伴う発掘調査が実施されている（佐藤・大内編 1994、土浦市遺跡調査会 2000、土浦市教育委員会 2006）。この成果に基づいて1995年に貝層断面展示施設を持つ遺跡公園と、隣接する考古資料館が開館した。また、陸平貝塚では1987年、明治大学を中心とした陸平調査会によって、保存のための確認調査が実施された（美浦村教育委員会 2010a）。その後、国の史跡指定と整備が行われ、近年では住民参加の確認調査が実施されている。上高津、陸平両遺跡の調査の経緯と成果については、本書の各節を参照されたい。また、中妻貝塚を擁する取手市では、同貝塚および神明遺跡の範囲確認調査を継続的に実施している（表1）。

　大学の調査　1970年代以降、地元の筑波大学と茨城大学が霞ヶ浦沿岸貝塚の学術調査を実施してきた。1973年に設置された筑波大学では、1979〜1981年にかけて、有志による貝塚分布調査が行われた（筑波大学考古学専攻者有志 1981）。同時期には増田精一を代表とする「筑波地域古代史の研究」において、上坂田北部貝塚の発掘調査が行われた（前田 1982）。1988〜1990年には、前田潮による「古霞ヶ浦沿岸貝塚の研究」が行われ、旭台貝塚、下坂田貝塚、男神貝塚、神明台貝塚、西方貝塚、平三坊貝塚、廻戸貝塚が踏査された（前田編 1991）。下坂田貝塚で試掘調査も実施され、後期を中心とする遺物と小規模な貝層が検出されている。1998〜2000年には、霞ヶ浦町から委託を受け同町の詳細な分布調査を実施し、遺跡の通時的な整理も行った（霞ヶ浦町教育委員会・筑波大学考古学研究室 2001・2004）。稲敷市浮島地区においても、当時大学院生であった齋藤瑞穂らが分布調査を実施し、詳細な報告と通時的な変遷を報告している（齋藤ほか 2005）。さらに、2004年には岩坪新屋敷遺跡および岩坪平貝塚の測量調査が（工藤編 2005）、2006年には平三坊貝塚の測量調査が行われている（川島 2007）。翌年には環状盛土遺構の有無を確認するため、平三坊貝塚

で発掘調査が行われた（川島・村上・鈴間 2008）。その結果、環状盛土遺構は検出されなかったものの、調査地点ごとに出土遺物の帰属時期が異なり、遺跡中央の窪地ほど新しい時期の遺物が出土することなどが確認された。

　茨城大学では、考古学研究室の発足以来、土浦市をはじめ県内各市町村の遺跡分布調査、古墳調査などを実施している。霞ヶ浦沿岸貝塚の調査としては、土浦市、牛堀町、麻生町などの遺跡分布調査の際に貝塚を踏査しているほか、1989・1990 年には麻生町（現行方市）の町道拡幅工事に伴う於下貝塚の発掘調査を実施している（加藤ほか 1992）。この発掘の報告において動物遺体を担当したのは、中国から千葉大学（当時）の加藤晋平のもとに留学していた袁靖であった。1992・1993 年には、袁の博士論文の一環として、縄文早期の動物考古学研究のために狭間貝塚の学術調査が実施された。こうした調査を経て『縄文時代における霞ヶ浦周辺地域の動物考古学的研究』を上梓した袁は、帰国後は膠東半島の新石器時代貝塚の研究など、動物考古学研究を進めた。また、同大学考古学研究室の吉野健一は、霞ヶ浦沿岸の貝塚の貝類組成について研究を行い（吉野 2003 など）、後述の園生貝塚研究会でも活動している。

　その他の大学の調査として、かすみがうら市出島では、筑波大学による調査に先立って大正大学考古学研究会によって分布調査が行われている（大正大学考古学研究会 1976）。また、1998 年には明治大学によって部室貝塚の発掘調査が実施されている。

　その他の機関・人物による調査　1974 年に設立された茨城県立歴史館では、1978〜1981 年に学術調査「県内貝塚における動物依存体の研究」を実施した。調査を担当した斎藤弘道は、3 年をかけて霞ヶ浦沿岸の貝塚を丹念に踏査し、採集した遺物を報告している（斎藤 1979・1980・1981b）。斎藤はその後、372 ヶ所に及ぶ県内貝塚の集成（前掲 1981a）、貝塚関連文献目録の作成（前掲 1982）、出土魚類遺体報告例の集成（前掲 1998）、貝製品の集成（前掲 2001）を行っている。

　千葉県園生貝塚の破壊の危機から発足した園生貝塚研究会は、霞ヶ浦沿岸においても多くの貝塚を踏査し、誌上で紹介している。また、縄文時代の土器製塩と大型魚の流通を関連づけた仮説を検証することを目的として、3 ヶ所の貝塚の発掘調査を行っている。調査は 2004 年に神生貝塚、城中貝塚、中妻貝塚で実施され、神生貝塚において、目的とする晩期の貝層のサンプルを得ている（吉野 2008）。その結果、霞ヶ浦沿岸の後晩期貝塚において、水洗選別が実施された貝塚では普遍的に認められるように、ウナギやコイ科魚類といった小魚が多いことが明らかとなった。

（亀井）

4 霞ヶ浦沿岸貝塚とその出土資料を対象とした研究史

(1) 土器編年

　霞ヶ浦沿岸地域の貝塚や遺跡出土資料の中には、縄文土器の編年研究において重要な役割を担ったものがいくつかある。特に、関東地方西部地域の土器編年との対比の中で、東部地域出土土器の地域色が認識されてきた。

　1877 年に E. S. モースによる大森貝塚の発掘調査が行われ、1880 年にはモースの薫陶を受けた佐々木忠次郎と飯島魁による陸平貝塚の調査が行われた（飯島・佐々木 1880）。陸平貝塚出土の土器は厚手で発達した把手を伴い、大森貝塚出土の薄手の土器と対比されることで、厚手式又は陸平式と呼ばれた。両者の土器の違いは、集団や時間差を示す指標として捉えられ（八木・下村 1894）、型式学のさきがけと理解できる。

　1894 年には、佐藤伝蔵と若林邦勝による浮島貝ヶ窪貝塚の調査報告がなされた。出土土器は従来の厚手式及び薄手式土器と区別され（佐藤・若林 1893）、事実上において「関東における縄文式土器の三大型式が認定された」と評価された（甲野 1935）。大正から昭和初期の縄文土器編年研究の進展と枠組みの検討に伴って、縄文時代の時期区分として厚手式は中期、薄手式は後期、前二者とは別に前期が設定された（山内 1939）。1951 年には、前期後半期の関東地方東部を主な分布圏とする土器に「浮島式」が命名（江坂 1951）された。浮島式土器の細別や後続型式については、西村正衛による昭和 30～40 年代の霞ヶ浦沿岸地域の貝塚の調査成果により、浮島Ⅰ・Ⅱ・Ⅲ式や興津式土器が設定され、地域色を持つ土器型式の変遷が明らかにされた（西村 1967・1968a）。

　戦前の全国的な縄文土器型式網の整備は、当時における「最古」及び終末の土器型式の解明に向けられた。その結果、前期と後期から早期と晩期が分離され、新たな枠組みが設定されていった（山内 1937）。

　「最古」の土器を探求する過程で登場したのが、早期の尖底土器を特徴とする撚糸文系土器群であった。この土器群の中で、関東地方東部を中心に分布し、その最終末に位置付けられたのが花輪台式土器である。吉田格らによる 1946・1948 年の利根町花輪台貝塚の調査によって土器型式が設定された（吉田 1948）。同土器の新しい様相のものには無文土器が含まれる。

　一方、縄文土器の終末を追求する中で注目されたのが、晩期の亀ヶ岡式土器及び「亀ヶ岡式的な土器」の存在で、晩期安行式土器の編年研究においても重要な指標とされた（山内 1939）。茨城県南部から千葉県北部の晩期中葉期に、安行式土器を母体に亀ヶ岡式土器の影響を消化定着させた土器が前浦式土器である（鈴木 1968）。稲敷市前浦遺跡出土土器（金子 2004）が契機となり、

千葉県成田市荒海貝塚の良好なこの土器の出土状況をもとに設定された（西村 1961）。関東地方西部の安行 3c・3d 式土器に対比され、大洞 C1 式及び大洞 C2 式土器の伴出が認められている。この時期以降、晩期後葉期には関東地方の土器における地域色が消失するといわれる（鈴木 1968）。　　　　　　　　（関口）

(2) 海進・海退

　貝塚による海進・海退の研究史は、堀越正行による貝塚研究史に詳しい（堀越 2009a・b）。堀越によるまとめに沿って研究史を概観すると、貝塚調査の当初から、海が内陸に入り込んでいたことは想定されていたが、地図上に縄文海進期の海域を図示したのは東木龍七であった（東木 1926a~c）。しかし、東木による研究では貝塚の時期および貝塚を構成する貝の生息域（いわゆる「鹹度」）は考慮されておらず、海進最盛期が最古であり、その後海退すると想定されていた。大山史前学研究所の貝塚編年研究も、こうした一方的な海退を前提としていたことは前述のとおりである。これに対して、貝塚の時期と「鹹度」から、前期に海進のピークがあることを、酒詰仲男、江坂輝彌がそれぞれ戦中に発表している（酒詰 1942、江坂 1943）。戦後には、江坂輝彌により 3 時期の海域分布が図示された（江坂 1954）。なお、この時点では海進・海退の要因は陸地の隆起・沈降に求められていた。

　1960 年代には、当時人口に膾炙していた「旧海岸線の高さは 10m」という説に疑問をもった和島誠一らによって、関東地方の海進・海退の学際的研究が行われた（和島ほか 1965・1968）。海進期の様相を探るため、奥野谷貝塚などの発掘調査と、貝塚周辺沖積層の珪藻分析を行った結果、海進が平野の最奥に達したのは縄文時代前期後半であり、海成層頂面高度は 0～3.5m であるとした（和島ほか前掲）。1966 年には、海退期の様相を探るため広畑貝塚が発掘された。この際、採取されたハンドボーリング試料の珪藻分析の結果、地表下 4m まで陸水湖沼起源の堆積物であるとされている（長谷川 1967）。このことから、和島は「もしこれを海退期以降の堆積と解するならば、当時の海底はマイナス 1m 以下となり」と問題視している（和島ほか 1965）。しかし、堆積物の年代測定が行われておらず、縄文時代当時の堆積物を分析したかどうかは不明である。

　資源科学研究所による堆積物の珪藻分析は、異地性遺骸の流入、流出の影響が考慮されていないが、日本における珪藻分析の先駆的な研究事例として評価されている（小杉 1986）。やがて、地質学の進展とともに堆積物の珪藻分析と、^{14}C 年代測定やテフラによる年代決定が一般的に行われるようになる。貝塚出土貝類から当時の汀線を復元することには、改めて論じるまでもなく正確さの面で限界があり、しだいに行われなくなっていく。地球科学による霞ヶ浦の環

境変遷については第Ⅱ章第5節で紹介しているので参照されたい。

　和島らによる研究以降の、貝塚を対象とした海進・海退研究としては、小美玉市宮後遺跡の調査から提唱された茅山海進説があげられる（川崎ほか1968）。川崎純徳らは、利根川以北において早期後葉の鹹水産貝類で構成される貝塚が多いことから、海進最盛期が前期ではなく早期後葉にある可能性を提起した。その後、佐藤誠は古鬼怒湾奥部（鬼怒川、小貝川流域）における海進・海退を議論しており、それによれば海進最盛期は関山式期であった（佐藤1996a）。

　海進最盛期は茅山式期か関山式期か。このことは、二者択一で考える必要はない。海進・海退、つまり海の水平方向の移動と、海面の上下動は必ずしも一致せず、海水準が上昇すれば海進が起こり、海水準が低下すれば海退が起きるとは限らないためである（齋藤2006）。霞ヶ浦沿岸では、海水準の上下動は前期をピークとするが、海に直接面した台地縁辺には、早期の段階で海が到達していた。茅山海進は、このことを指していると考えられる。これに対して、氷期に深い谷が形成されており、海が入り込む余地が十分にあった河川沿いでは、海水準の頂点とおおむね同時期に、海進もピークを迎えると考えられる。

　また、海水準の上下動は主に、氷期・間氷期変動によって生じる。しかし、日本列島において約7,000年前（縄文時代前期）に海面が最も高いのは、固体地球の変形によるものであり、氷河の融解による海水量の増加によるものではないことがわかっている。このため、縄文海進最盛期とその後の海退について、汎地球的な温暖化で説明するのは正確ではない（三浦2013）。約7,000年前に列島の季候が温暖だったのは黒潮の流路によるものであり、海進と一致しているのは偶然であるという（三浦前掲）。今日の地球科学の研究成果からは、縄文時代に海進が起きたから温暖であり、海退が起こったから寒冷である、とは言えない。

(3) 製塩

　製塩土器出土遺跡の分類とその背景　広畑貝塚の発掘以降、当時の海岸で土器製塩を行った作業場とみられる法堂遺跡、前浦遺跡の様相が明らかとなった。また、薄手粗製土器が製塩土器として認識されるにつれて、製塩土器が広範囲で出土していることが明らかとなった。これらのことから、製塩土器出土遺跡の性格について議論されるようになる。

　鈴木正博と渡辺裕水は、製塩土器出土遺跡を、「製塩遺構」や貝塚の有無に注目し「製塩遺跡」「市場遺跡」「小山台型遺跡」「消費遺跡」に分類した（鈴木・渡辺1976）。製塩土器出土遺跡の分類は、常松成人（1994）、山田昌久（1991）によっても行われた。こうした遺跡類型が製塩行程の差であることを指摘したのは、高橋満と中村敦子である。高橋満は法堂遺跡と上高津貝塚の関係と、宮

城県里浜貝塚西畑地点と西畑北地点との関係に類似点を見出し、それらに製塩工程の差を指摘した（高橋 1996）。2007 年の論考ではさらに論を進めて、広畑貝塚、法堂遺跡といった極めて製塩土器の出土率が高く、特徴的な遺構を伴う遺跡を「海浜製塩遺跡」、上高津貝塚など、一定量の製塩土器出土率を持ち、それに伴う遺構が検出されている遺跡を「霞ヶ浦外郭汽水性貝塚群」とし、複数集団の共同作業としての海浜製塩遺跡での煎熬を経て、外郭遺跡では持ち帰った粗塩を焼き塩に精製したと考えた（高橋 2007）。中村敦子は、これまでの研究で明確に整理されていなかった、製塩の工程を①採鹹、②煎熬、③焼き塩と整理し、これらの工程と既報告の遺構のあり方との対応を探った。その結果、広畑貝塚、法堂遺跡、前浦遺跡で検出された炉、灰層、製塩土器層では煎熬が行われたとし、上高津貝塚の大型炉跡では焼き塩が行われたとする（中村 1996）。

　また、両者は直良信夫が 1956 年に調査した、広畑貝塚 N トレンチ出土の土器を整理するなかで、層位と製塩土器を対応させた分類を行っており、明確な傾向は出ていないものの、安行 3b 式から安行 3c 式に伴う製塩土器の様相を明らかにしている（高橋・中村 1999・2000）。既調査遺跡、とくに複数回の調査歴をもつ広畑貝塚の再検討によって、遺跡の構造的理解が可能となりつつある点が注目される（高橋 2007）。

　製塩土器の研究　近藤による広畑貝塚の報文では、製塩土器は「安行 1 式から 3c 式には確実に伴う」とされた（近藤 1962）。法堂遺跡の調査報告では、口縁部と底部で分類し、伴出土器との検討を行っているが、「層位にもとづく土器型式の検出はほとんど不可能であった」（戸沢・半田 1966：p.84）。こうした調査結果をうけて、寺門義範と芝崎のぶ子により初の編年案が示された（寺門・芝崎 1969）。口縁部の整形用具の違いと組み合わせによる編年案であったが、小山台遺跡の資料を分析した鈴木正博・渡辺裕水によって批判され、対案が示される（鈴木・渡辺 1976）。その後、鈴木正博・鈴木加津子は中妻貝塚の資料を詳細に分析、分類し（鈴木・鈴木編 1979）、それをもとに移行型、成立型、普及型、発展型の 4 類型に分類した（関・鈴木・鈴木 1983）。さらに、常松成人は先の鈴木らによる分析をもとに、口縁部断面形態に注目した分類を行った（常松 1990・1993）。製塩土器の編年研究は、鈴木らによって示された視点である、口縁部断面形態へ注目して進められてきたといえる。近年行われた製塩土器出土遺跡の集成によって、製塩土器自体は、古鬼怒湾周辺においては後期安行～晩期安行式に伴い、安行 3d 式期には衰退する、ということがわかっている（常松 2005）。ただし、層位的裏づけのある編年はこれまで示されておらず、製塩土器の各分類と土器型式との明確な対応関係はわかっていない。

口縁部に注目した編年研究以外では、阿部　郎が製塩土器の製作実験を行い、土器の薄手化技術について検討した（阿部1998）。阿部は、従来ケズリと考えられてきた製塩土器の薄手化は、出土資料の詳細な観察によって、むしろ接合時の「のばし」によると予想した。そして土器製作実験を行った結果、製塩土器の器体の薄手化は、当て具を用いて粘土紐を「のばす」ことで達成されており、ケズリはそのあとに施されている可能性が高いことを指摘した。また、阿部はこれまであまり議論されてこなかった、製塩土器の出自についても検討している（阿部 2014b）。立木貝塚や余山貝塚出土資料の型式学的検討から、製塩土器の祖型は加曽利 B2 式に見られる無文浅鉢であり、これが次第に小型化、薄手化して製塩土器が成立するとされている。

　土器製塩実験　縄文時代を念頭においた土器製塩の実験は、博物館などで多く行われており、実験結果の詳細な報告例もある。小澤清男による報告では、土器製塩の効率が悪いこと、実験後の土器の中性子放射化分析によって、ナトリウムと臭素が製塩の指標となりうる可能性が述べられた（小澤 1984）。本多昭宏は煮沸効率に注目して実験を行い、器壁が薄いことは必ずしも煮沸効率の向上には結びついておらず、粘土の節約など、ほかの意図による可能性があることを指摘した（本多 1995）。中村敦子は製塩実験にもとづいて製塩土器の使用痕について検討している（中村 1998）。

　土器製塩の社会的背景　土器製塩を要請する社会的背景については、研究の最初期より言及されていた。近藤は「海水を煮詰めれば塩の結晶が生ずるということが発見されても、それが生産技術として固定されたかどうかは、別問題である」とし、内陸山地の他集団による塩分摂取の要望を、土器製塩の背景として想定した（近藤 1962：p.18）。しかし、縄文時代に骨髄食が行われていたのは明らかであって、生存上必要な塩分は確保できることから、内陸で塩の需要があったという近藤の説はほぼ退けられている。また、大型貝塚の消滅と土器製塩の開始を関連付け、大型貝塚で行われていた干貝加工が、土器製塩によって得られた塩蔵品により取ってかわられたという後藤和民の説は（後藤 1973）、製塩土器出土遺跡の位置づけが不十分であること（鈴木・渡辺 1976）、また、製塩と大型貝塚の消滅はそもそも時期的に連動しないこと（堀越 1985）から、批判されている。

　後藤の説を退けた鈴木・渡辺が想定したのは、古鬼怒湾における活発な漁労活動であった（鈴木・渡辺 1976）。すなわち、加曽利 B 式期よりスズキ、クロダイ骨の出土が特徴的なこと、ヤス先と思われる骨角器が大量に出土することから、安行式期における専業的な漁労活動を想定し、そうして得られた海産物（魚類）を保存し流通させるために、土器製塩が開始されたとするのである（鈴

木・渡辺 1976、鈴木 1992a)。常松はこの説を踏襲しつつ、さらに論を進めている（常松 1997)。

一方、この魚類の塩漬け説に対しては異論もある。吉野健一は、上記仮説が唱えられた1970年後半までは、貝層をサンプリングして水洗選別をするという発掘手法が定着しておらず、肉眼で検出できた骨を採集するという方法だったことを指摘した。そして、縄文時代後・晩期の貝塚のデータを再検討するとともに、茨城県つくばみらい市神生貝塚の発掘調査を行い、貝層サンプルを採取した。その結果、当該期の魚骨出土量は小型魚が主体であり、淡水魚、とくに後期前葉からウナギの割合が大きく、マダイ、クロダイ、スズキなどの海産大型魚の占める割合は小さいことがわかった（吉野 2005)。魚骨のデータからは、前述の仮説を裏付ける結果は得られなかったのである。

近年では川島尚宗が、民族誌を援用して縄文時代土器製塩の労働形態について議論している（川島 2010)。塩の社会的意義にも触れており、狩猟採集民の行う製塩の民族誌では、塩が食料の保存に用いられた例は存在せず、儀礼的に交換あるいは消費されるのが一般的であるようだ。

近年の動向　製塩土器に残る使用痕などが、塩づくりを行なった痕跡として指摘されていたものの、具体的にどのような行動の結果、どのような痕跡が残るのかは明らかにされていなかった。阿部らは、広畑貝塚で採取された白色結核体の分析を行い、焼けたウズマキゴカイや製塩土器片が含まれていることを明らかにした（阿部ほか 2013)。縄文時代の土器製塩にはアマモの灰が利用されていたのである。加納哲哉による微小貝の研究によれば、東京都豊沢貝塚や千葉県牧の内貝塚において、後期前葉の貝層中から焼けたウズマキゴカイが検出されている（加納 2001)。縄文土器製塩は、製塩土器出現以前にさかのぼり、かつ、霞ヶ浦南西岸だけで行われたわけではないことが明らかとなった（阿部 2014)。

霞ヶ浦沿岸では、新たな製塩土器出土遺跡が見つかっている。小美玉市で発見された下滝遺跡、下平前遺跡では、前期から晩期の土器とともに製塩土器が検出されている（第Ⅱ章第5節参照)。また、外浪逆浦に面する神栖市三渡遺跡では、晩期前葉の竪穴建物跡に伴って製塩土器が出土している（汀編 2004)。これらの遺跡はいずれも低地に立地するが、製塩土器の出土量が少なく、製塩遺構や灰層も検出されていないことから、「製塩遺跡」であると認めることはできない。とはいえ、これらの低地遺跡の存在は、「製塩遺跡」は霞ヶ浦南西岸だけでなく、沿岸各地に存在していた可能性を示唆している。

製塩土器の出現期についても、まだ不明瞭な点が多い。近藤による広畑の報文では、製塩土器は安行1式から3c式に伴うとされた（近藤 1962)。また、道

成寺貝塚でも、製塩土器は安行1式以降に出現するとされた（川崎1979）。一方で、近年発掘調査された上境旭台貝塚では、安行1式期の遺構からは製塩土器は確認されていない（関口2014）。　　　　　　　　　　　　　　　（亀井）

(4) 骨角製の漁労具

　霞ヶ浦沿岸地域及び利根川下流域の貝塚出土骨角製漁労具の特徴については、金子や内山純蔵などによりまとめられている（金子1971・2009a、内山1992）。これらの成果が示すように、前期の鹿角製逆刺付刺突具（金子・忍澤1986）の存在と、後期中葉以降後葉期にかけて大型の骨製ヤス状刺突具が多数出土する状況（吉田1973、関口2007bなど）は重要である。これらの刺突具は、渡辺誠が述べるこの地域で展開された内湾性漁業の特徴的な出土品と評価できる（渡辺1984）。そのほかに、独特な釣針や銛が多く出土した余山貝塚の存在（金子2009b）は、湾内と湾口部の関係においても注目される。

　この鹿角製逆刺付刺突具は片側に複数の逆刺が付くもので、以前までは前期後半期に霞ヶ浦沿岸地域で出土する特徴的な漁労具とされ、「その類品すら別の地域や時期にみることのない」（金子・忍澤1986）とされてきた。近年では、大谷貝塚の調査によって多数のこの刺突具が前期中葉期（植房式期）の貝層から出土（茨城県教育財団2009b）していることから、前期中葉から後半期のものと修正されている（金子2009a）。同貝塚の中期中葉から後葉期の貝層では、逆刺無し又は一つ付く刺突具が出土しており、これまでの村田貝塚（西村1981d）や大門貝塚の出土時期（金子1971）と類似する。

　1893年の後期中葉期を中心とする椎塚貝塚の調査報告（八木・下村1893）では、骨製刺突具が形態の大小により「魚叉」や「矢鏃」などとして報告され、同時に鯛の頭頂部や上顎骨が多数出土したと記述される。また、同貝塚出土の著名な「骨器」の刺さったマダイの前頭骨が報告され（坪井1895、大野1897）、骨製刺突具の用途にかかわり注目された。

　骨製及び角製刺突具の製作方法については、清野による研究（清野1915）があり、自ら1908年に発掘した広畑貝塚の調査状況をもとにしている。その製作方法については、製品や未成品の表裏に残る骨の自然面や加工面に着目し、「打ち割り法」及び「磨り切り法」などがあると述べた。後に、その製法や素材となる獣骨の部位については、修正や新たな知見が加えられた（金子1967）。また、その使用方法についても刺突痕の残る魚骨の類例から、複数の先端を持つヤス状の刺突具が想定された（金子1955）。同様な刺突痕のある魚骨は、於下貝塚の調査でも報告されている（加藤ほか1992）。

(5) 出土人骨と葬墓制

　霞ヶ浦沿岸地域では、陸平貝塚の発掘調査において人骨の出土も報じられた

（佐々木・飯島 1880）。先住民族を考証する機運が高まるなか、人骨はその有益な研究対象とされ（小金井 1890）、食人習俗を検討する資料としても扱われた（鳥居 1899）。これらの人骨は骨格の一部のみが出土したものであった。埋葬人骨の明確な記録としては、史前学研究所による 1931 年の麻生大宮台貝塚の調査報告（池上 1931）がある。同貝塚の斜面貝層下の黒褐色土層中から仰臥屈葬状況の人骨が確認され、写真とともにその詳細が示された。

戦後、県内の埋葬や墓制について述べたものとして、『茨城県史料　考古資料編　先土器・縄文時代』（茨城県史編さん第一部会原始古代専門委員会 1979）がある。注目すべき調査成果として、38 体の人骨が検出されたつくば市小山台貝塚が取り上げられた。乳幼児 3 体、男子青年 6 体、女子成年 1 体、男子熟年 3 体、不明 22 体が確認された（松永ほか 1976）。これらの多くは、中期中葉から後期末葉期にわたる。中期中葉期には袋状土坑内から出土した鉢被りの埋葬人骨がある。後期中葉期には墓域とみられるいくつかの人骨出土箇所の集中がみられ、中期と後期での葬墓制の差を示した。後期の埋葬人骨が遺跡内で集中する傾向は、五霞町冬木 A 貝塚（茨城県教育財団 1981）や小美玉市南坪貝塚（小川町教育委員会 1985）でも確認された。また、同期の人骨は伸展葬で土壙墓に埋葬されるものが多い。

中期中葉から後葉期に盛行する袋状土坑内の埋葬例として、鹿嶋市内の北台遺跡（木滝国神遺跡調査団 1988）、鍛冶台遺跡（鹿島町遺跡保存調査会 1990）、厨台遺跡（鹿島町文化スポーツ振興事業団 1993）があり、いずれもやや崩れた屈葬状態の埋葬人骨が検出されている。また、取手市西方貝塚（取手市教育委員会 1983a）でも 3 基確認され、竪穴住居跡を転用した廃屋墓もみられる。土坑や住居を転用した葬墓制がこの時期の特徴といえる。

その後、埋葬や墓制にかかわる調査研究の転機となったのが、中妻貝塚の一つの土壙に 96 体分の人骨を埋葬した「多数合葬例」（山田 1995）の発見がある。これらの人骨はその出土状況から、後期前葉の一時期にまとめて再埋葬された可能性が指摘されている（中妻貝塚調査団 1995）。同事例の出現は、中期から後期への集落動態の変化の中で捉えられている（山田 1995）。時を同じくして、日本考古学協会茨城大会が開催され、関東地方の縄文時代埋葬人骨事例の集成がなされた（宮内・中村編 1995）。

このほか、前期の墓制として北台遺跡（木滝国神遺跡調査団 1988）で確認された後半期の土壙墓群があり、底面から骨粉が出土し、石製玦状耳飾を副葬するものもある。また、大谷貝塚では前期中葉期の土壙墓が確認され、壮年後半と判定される強く曲げられた横臥屈葬の人骨が出土（茨城県教育財団 2009b）している。

（関口）

引用・参考文献 （巻末の文献目録所収の文献は省略した）

阿部芳郎 1998「『当盤押圧技法』の起源と系譜―縄文時代後・晩期の『製塩土器にみられる器体の薄手化と製作技術について―」『貝塚博物館研究紀要』25、加曽利貝塚博物館、pp.19-32

阿部芳郎・河西学・黒住耐二・吉田邦夫 2013「縄文時代における製塩行為の復元」『駿台史学』149、pp.137-159

内山純蔵 1992「縄文時代における関東地方の漁撈活動―後期における漁撈用骨角器文化の展開―」『人間・環境学』1

江坂輝彌 1943「南関東石器時代貝塚より観たる沖積世における海進海退」『古代文化』14―4

江坂輝彌 1951「縄文文化について(10)―縄文式文化前期―」『歴史評論』32

江坂輝彌 1954「海岸線の進退から見た日本の新石器時代」『科学朝日』14―3、pp.75-80

大山 柏ほか 1933『東京湾に注ぐ主要渓谷の貝塚に於ける縄紋式石器時代の編年学的研究予報 第一編』史前学会

小澤清男 1984「縄文時代土器製塩の復元―土器製作・製塩実験・中性子放射化分析―」『月刊考古学ジャーナル』240、ニュー・サイエンス社、pp.9-14

鹿島町遺跡保存調査会 1990『鹿島神宮駅北部埋蔵文化財調査報告Ⅳ 鍛冶台遺跡』

鹿島町文化スポーツ振興事業団 1993『鹿島神宮駅北部埋蔵文化財調査報告Ⅹ 一般国道51号鹿島バイパス建設に伴う発掘調査 厨台№20・23遺跡 鍛冶台遺跡』

加藤俊吾 2012「近代における縄文時代コレクションの形成とその活用」『土偶と縄文社会』雄山閣、pp.218-233

金子浩昌 1955「貝塚出土の魚骨に見られた傷痕に就いて」『石器時代』1

金子浩昌 1967「骨角器研究二題（その1） 骨製のヤス状刺突器」『考古学ジャーナル』14

加納哲哉 2001『微小動物遺体の研究』國學院大學大学院

川崎純徳 1979「道成寺貝塚」『茨城県史料 考古資料編 先土器・縄文時代』茨城県、pp.181-182

川島尚宗 2010「縄文時代土器製塩における労働形態」『筑波大学先史学・考古学研究』21、pp.1-34

瓦吹 堅 2001「茨城の遺跡」『江見水蔭『地底探検記』の世界 解説・研究編』雄山閣、pp.187-234

甲野 勇 1935「関東地方に於ける縄文式石器時代の変遷」『史前学雑誌』7―3

小杉正人 1986「現世干潟における珪藻遺骸の運搬・堆積パターン―小櫃川下流域の場合―」『地理学評論』59（Ser.A）、1、pp.37-50

後藤和民 1973「縄文時代における東京湾沿岸の貝塚文化について」『房総地方史の研究』雄山閣

斎藤弘道 1999「遺構研究　貝塚」『縄文時代』10―3、縄文時代文化研究会、pp.241-249

齋藤文紀 2006「沖積層研究の魅力と残された課題」『沖積層研究の新展開』地質学論集、59、pp.205-212

酒詰仲男 1942「南関東石器時代貝塚の貝類相と土器形式との関係に就いて」『人類学雑誌』57―6

杉山武敏 2009「京大病理学教室史における731部隊の背景」『15年戦争と日本の医学医療研究会会誌』10―1、pp.1-10

杉原荘介・戸沢充則・小林三郎 1969「茨城県・殿内（浮島）における縄文・弥生両時代の遺跡」『考古学集刊』4―3、東京考古学会、pp.33-71

鈴木公雄 1968「関東地方晩期縄文文化の概観」『歴史教育』16―4

鈴木正博・渡辺裕水 1976「関東地方における所謂縄紋式『土器製塩』に関する小論」『常総台地』7、常総台地研究会、pp.15-46

関　俊彦・鈴木正博・鈴木加津子 1983「大森貝塚出土の安行式土器（三）」『史誌』19、太田区史編さん委員会、pp.14-61

高橋　満 1996「土器製塩の工程と集団―製塩土器分布圏の成り立ち―」『季刊考古学』55、雄山閣、pp.38-43

高橋　満 2007「土器製塩と供給―関東地方の2遺跡を中心に―」『縄文時代の考古学　6　ものづくり―道具製作の技術と組織―』同成社、pp.274-286

常松成人 1990「縄文時代の土器製塩(2)」『考古学の世界』6、学習院考古会、pp.25-43

常松成人 1994「1　関東各都県」近藤義郎編『日本土器製塩研究』青木書店、pp.28-64

寺門義範・芝崎のぶ子 1969「縄文時代後・晩期にみられる所謂『製塩土器』について―関東地方における製塩研究の整理のために―」『常総台地』4、常総台地研究会

東木龍七 1926a「地形と貝塚分布より見たる関東低地の旧海岸線（一）」『地理学評論』2―下、7、pp.45-55

東木龍七 1926b「地形と貝塚分布より見たる関東低地の旧海岸線（二）」『地理学評論』2―下、8、pp.27-46

東木龍七 1926c「地形と貝塚分布より見たる関東低地の旧海岸線（三）」『地理学評論』2―下、9、pp.24-53
中村敦子 1996「縄文時代土器製塩に関する一試論―遺構による製塩工程の復元―」『史観』135、pp.82-94
中村敦子 1998「土器製塩研究と実験考古学―加曽利貝塚博物館による製塩実験―」『貝塚博物館紀要』25、加曽利貝塚博物館、pp.1-19
西村正衛 1961「千葉県成田市荒海貝塚―東部関東地方縄文文化終末期の研究―」『古代』36
長谷川康雄 1967「関東平野の後〜晩期縄文時代における沖積土の微古生物学的研究―化石珪藻について、そのⅢ―」『資源科学研究所彙報』68、pp.139-151
春成秀爾 1984「清野謙次論」『縄文文化の研究 10 縄文時代研究史』雄山閣、pp.79-87
堀越正行 1985「縄文時代の土器製塩と需要」『季刊考古学』12、雄山閣、pp.35-38
堀越正行 2009a「貝塚を発掘した人々とその研究」『東京湾巨大貝塚の時代と社会』雄山閣、pp.3-22
堀越正行 2009b「大規模開発と貝塚研究」『東京湾巨大貝塚の時代と社会』雄山閣、pp.23-41
本多昭宏 1995「土器製塩の実験考古学」『筑波大学先史学・考古学研究』6、pp.79-86
三浦英樹 2013「だいよんき Q&A No.10」http://quaternary.jp/QA/answer/ans010.html（2016年4月15日参照）
汀 安衛編 2004『三渡遺跡』神栖市教育委員会
八木奘三郎・下村三四吉 1894「下総国香取郡阿玉台貝塚探究報告」『東京人類学会雑誌』10―97
山田昌久 1991「東北日本縄紋時代土器製塩の背景―交易システムからの始原社会論準備のために―」『史境』22、歴史人類学会、pp.86-99
山内清男 1937「縄文土器型式の細別と大別」『先史考古学』1―1
山内清男 1939「縄文土器の終末」『日本遠古之文化』先史考古学会
吉野健一 2003「第4章 常陸の貝塚―貝種組成からみた古鬼怒湾北岸の貝塚―」『常陸の貝塚』茨城大学人文学部考古学研究室、pp.152-175

表1　霞ヶ浦沿岸貝塚の発掘調査事例

調査年	遺跡名	所在市町村	調査者	目的	中心時期	文献
1879	陸平貝塚	稲敷郡美浦村	飯島魁・佐々木忠二郎	学術	中・後	Iijima and Sasaki 1883
1893	椎塚貝塚	稲敷市	八木奘三郎・下村三四吉	学術	後	八木・下村 1893
1894	浮島貝ヶ窪貝塚	稲敷市	佐藤伝蔵・若林勝邦	学術	前	佐藤・若林 1894
1894	福田貝塚	稲敷市	佐藤伝蔵	学術	後	佐藤 1894
1896	陸平貝塚	稲敷郡美浦村	大野延太郎	学術	中・後	大野 1896a
1896	広畑貝塚	稲敷市	大野延太郎	学術	後・晩	大野 1896b
1904	福田貝塚	稲敷市	江見水蔭	学術	後	江見 1909a
1904	鬼越貝塚	行方市	江見水蔭	学術	後	江見 1907
1905	神生貝塚	つくばみらい市	江見水蔭	学術	後	江見 1909a
1906	広畑貝塚	稲敷市	江見水蔭	学術	後・晩	江見 1907
1906	上高津貝塚	土浦市	江見水蔭	学術	後・晩	江見 1909a
1906	小松貝塚	土浦市	江見水蔭	学術	後・晩	江見 1909a
1906	穴瀬貝塚	行方市	江見水蔭	学術	中・後	江見 1907
1906	村坪貝塚	稲敷市	江見水蔭	学術	不明	江見 1907
1906	神明平貝塚	鉾田市	江見水蔭	学術	中	江見 1907
1906～1908	椎塚貝塚	稲敷市	高島多米治	学術	後	高島 1916b・c
1907	森戸貝塚	行方市	江見水蔭	学術	後	江見 1909a
1907～1909	福田貝塚	稲敷市	高島多米治	学術	後	高島 1915a～c、1916a
1908	狭間貝塚	潮来市	江見水蔭	学術	早	江見 1909a
1908	築地貝塚	潮来市	江見水蔭	学術	中・後	江見 1909a
1908	上戸貝塚	潮来市	江見水蔭	学術	後	江見 1909a
1908	陸平貝塚	稲敷郡美浦村	江見水蔭	学術	早・前・中・後	江見 1909b
1908	広畑貝塚	稲敷市	清野謙次	学術	後・晩	清野 1925・1969
1908	穴瀬貝塚	行方市	江見水蔭	学術	中・後	江見 1909a
1915	大門貝塚	稲敷市	清野謙次	学術	中	清野 1925・1969
1920	所作貝塚	稲敷市	清野謙次	学術	前	清野 1925・1969
1920	大室貝塚	稲敷市	川上漸（清野の依頼）	学術	中	清野 1925・1969
1922	大室貝塚	稲敷市	清野謙次	学術	中	清野 1925・1969
1922	石神下貝塚	稲敷市	清野謙次	学術	後	清野 1925・1969
1922	竜貝塚	稲敷市	清野謙次	学術	後	清野 1925・1969
1922	和田下貝塚	稲敷市	清野謙次	学術	後	清野 1925・1969
1926	中妻貝塚	取手市	大山柏ほか	学術	後	甲野 1929
1928	大宮台貝塚	行方市	池上啓介	学術	後	池上 1931
1928	小手指貝塚	猿島郡五霞町	史前学会	学術（編年）	中	大山・宮坂・池上 1933
1928	冬木貝塚	猿島郡五霞町	史前学会	学術	後	大山・宮坂・池上 1933
1928	土塔貝塚	猿島郡五霞町	史前学会	学術	前	大山・宮坂・池上 1933
1928	金岡遺跡群	猿島郡境町	史前学会	学術	後	大山・宮坂・池上 1933
1928	青木遺跡	猿島郡境町	史前学会	学術	中	大山・宮坂・池上 1933
1928	百戸遺跡群	猿島郡境町	史前学会	学術	前	大山・宮坂・池上 1933
1928	梁戸貝塚？	常総市	史前学会	学術	後	大山・宮坂・池上 1933
1928	鴻野山貝塚	常総市	史前学会	学術	後	大山・宮坂・池上 1933
1929	広畑貝塚	稲敷市	史前学会（池上啓介）	学術	後	池上 1933
1937	竹来根田貝塚	阿見町	史前学会	学術	中	大山・池上・大給 1937
1939	宮平貝塚	阿見町	史前学会	学術	中	大山・大給 1940

調査年	遺跡名	所在市町村	調査者	目的	中心時期	文献
1939	東栗山遺跡	つくばみらい市	角田文衛	学術	後?	角田 1939
1941	貝柄山遺跡	常総市	甲野勇ほか	学術	早	江坂・吉田 1942
1946	宮平貝塚	稲敷郡阿見町	慶應義塾(清水潤三)	学術	前・中	慶應義塾高等学校考古学会 1951、茨城県史編さん委員会 1979
1946	花輪台貝塚	北相馬郡利根町	日本考古学研究所(吉田格)	学術	早	吉田 1948
1947	宮平貝塚	稲敷郡阿見町	慶應義塾(清水潤三)	学術	前・中	慶應義塾高等学校考古学会 1951、茨城県史編さん委員会 1979
1948	宮平貝塚	稲敷郡阿見町	慶應義塾(清水潤三)	学術	前・中	慶應義塾高等学校考古学会 1951、茨城県史編さん委員会 1979
1948	舟津貝塚	稲敷郡阿見町	慶應義塾(清水潤三)	学術	中	慶應義塾高等学校考古学会 1951、清水 1951
1948	陸平貝塚	稲敷郡美浦村	坂詰仲男	学術	中・後	酒詰 1951
1948	広畑貝塚	稲敷市	藤本弥城	学術	晩	藤本 1988
1949	椎塚貝塚	稲敷市	慶應義塾(清水潤三)	学術	後	慶應義塾中等部考古学会 1950
1950	道城平貝塚	石岡市	霞ヶ浦文化同好会(清野謙次・江坂輝彌)	学術	後	江坂 1955a
1950	宮平貝塚	稲敷郡阿見町	慶應義塾(清水潤三)	学術	前・中	慶應義塾高等学校考古学会 1951、清水 1951
1950	野中貝塚	小美玉市	霞ヶ浦文化同好会(清野謙次・江坂輝彌)	学術	前	江坂 1954b・1955b
1950	岩坪貝塚	かすみがうら市	広瀬栄一・坂詰仲男	学術	後	岡田ほか 1950
1951	宮平貝塚	稲敷郡阿見町	慶應義塾(清水潤三)	学術	前・中	慶應義塾高等学校考古学会 1951、茨城県史編さん委員会 1979
1952	若海貝塚	行方市	慶應義塾(清水潤三)	学術	前・中・後	慶應義塾高等学校考古学会 1952b
1953	上高津貝塚(A地点)	土浦市	慶應義塾(清水潤三)	学術	中・後	慶應義塾高等学校考古学会 1954
1954	鬼越貝塚	行方市	慶應義塾(清水潤三)	学術	後	穴沢 1955、慶應義塾高等学校考古学会 1955
1955	地蔵窪貝塚	石岡市	慶應義塾(清水潤三)	学術	早	慶應義塾高等学校考古学会 1956
1955	堀之内貝塚	行方市	学習院大学高等科史学部	学術	後・晩	学習院高等科歯学部 1956
1956	浮島貝ヶ窪貝塚	稲敷市	早稲田大学(西村正衛)	学術	前	西村 1961・1966・1984
1956	浮島貝ヶ窪貝塚	稲敷市	山内清男	学術	前	奈良国立文化財研究所 2000
1956	広畑貝塚	稲敷市	直良信夫	学術	後・晩	直良 1961b、高橋・中村 1999・2000
1956	前浦遺跡	稲敷市	山内清男	学術	晩	
1956	安食平貝塚	かすみがうら市	慶應義塾(清水潤三)	学術	中・後	慶應義塾高等学校考古学会 1957
1957	興津貝塚	稲敷郡美浦村	早稲田大学(西村正衛)	学術	前	西村 1963・1968・1984
1957	神明台貝塚	かすみがうら市	慶應義塾(清水潤三)	学術	中	慶應義塾高等学校考古学会 1959a
1958	貝ヶ崎貝塚	かすみがうら市	慶應義塾(清水潤三)	学術	中	慶應義塾高等学校考古学会 1959b
1958	向山貝塚	取手市	早稲田大学(西村正衛)	学術	前	西村 1962・1984
1958	内野山貝塚	坂東市	早稲田大学(西村正衛)	学術	前	西村 1984

調査年	遺跡名	所在市町村	調査者	目的	中心時期	文献
1960	広畑貝塚	稲敷市	武蔵野郷土館（吉田格）	学術	後・晩	吉田 1973、茨城県史編さん委員会 1979
1960	広畑貝塚	稲敷市	岡山大学（近藤義郎）	学術（製塩）	後・晩	近藤 1962
1962	立木貝塚	北相馬郡利根町	明治大学（戸沢充則）	学術（編年）	後・晩	杉原・戸沢 1965
1963	岩坪貝塚	かすみがうら市	杉山荘平	学術	中	杉山 1965
1964	奥野谷貝塚	神栖市	資源科学研究所（和島誠一）	学術（海進・海退）	前	和島ほか 1965
1964	立木貝塚	北相馬郡利根町	明治大学（戸沢充則）	学術（編年）	後・晩	杉原・戸沢 1965
1964	江川貝塚	坂東市	資源科学研究所（和島誠一）	学術（海進・海退）	前・中	和島ほか 1965
1965	高根貝塚	石岡市	慶應義塾（清水潤三）	学術	早	石岡市文化財関係資料編纂会 1995
1965	法堂遺跡	美浦村	明治大学（戸沢充則）	学術（製塩）	晩	戸沢・半田 1966
1966	広畑貝塚	稲敷市	資源科学研究所（和島誠一）	学術（海進・海退）	後・晩	金子 1979
1966	向山貝塚	取手市	早稲田大学（西村正衛）	学術	前	西村 1972a・1984
1966	繁昌貝塚	行方市	慶應義塾（清水潤三）	学術	後	清水 1971
1966	興津貝塚	美浦村	早稲田大学（西村正衛）	学術	前	西村 1972b・1984
1966	道成寺貝塚	稲敷市	常総台地研究会（金子浩昌など）	学術（製塩）	後・晩	茨城県史編さん委員会 1979
1967	向山貝塚	取手市	早稲田大学（西村正衛）	学術	前	西村 1972a・1984
1967	興津貝塚	美浦村	早稲田大学（西村正衛）	学術	前	西村 1972b・1984
1967	前浦遺跡	稲敷市	立正大学	学術	晩	立正大学考古学会 2010
1967	宮後遺跡	石岡市	常総台地研究会	記録保存	早・前	川崎ほか 1968
1968	狭間貝塚	潮来市	早稲田大学（西村正衛）	学術	早	西村 1973・1984
1968	村田貝塚	稲敷市	早稲田大学（西村正衛）	学術	中	西村 1981d・1984
1968	上高津貝塚（A地点）	土浦市	慶應義塾（清水潤三）	学術	後・晩	慶應義塾大学考古学研究会 1970
1968～1972	前浦遺跡（第1次～3次）	稲敷市	常総台地研究会（寺門義範）	学術（製塩）	晩	金子ほか 1972、茨城県史編さん委員会 1979
1969	上高津貝塚（A地点）	土浦市	慶應義塾（清水潤三）	学術	後・晩	慶應義塾大学考古学研究会 1970
1969	上高津貝塚（B地点）	土浦市	東京大学総合研究博物館（赤沢猛）	学術（生業）	後・晩	Akazawa.ed.1972
1971	福田貝塚	稲敷市	平安博物館（渡辺誠）	学術（生業）	後	渡辺編 1991
1972	虚空蔵貝塚	美浦村	国士舘大学（大川清）	記録保存	前・中	大川・大島編 1977
1972～1973	中妻貝塚	取手市	諸星政得	記録保存	後・晩	取手市教育委員会 1975、鈴木・鈴木編 1979
1973	前浦遺跡（第4次？）	稲敷市	霞ヶ浦文化研究会（寺門義範）	学術（製塩）	晩	金子ほか 1972、茨城県史編さん委員会 1979
1974	所作貝塚	稲敷市	霞ヶ浦文化研究会（寺門義範）	記録保存	早・前	寺門 1975

調査年	遺跡名	所在市町村	調査者	目的	中心時期	文献
1974	前浦遺跡 （第5次）	稲敷市	霞ヶ浦文化研究会 （寺門義範）	学術（製塩）	晩	金子ほか1972、 茨城県史編さん委員会1979
1974	小山台貝塚	つくば市	小山台貝塚調査団	記録保存	中・後・晩	永松・斉藤・渡辺1976
1974	烏山貝塚	土浦市	茨城県教育庁文化課	記録保存	前	茨城県教育委員会1975b
1975	上高井神明遺跡	取手市	取手市教育委員会	試掘確認調査	晩	取手市教育委員会1984b
1976～1977	小牧石堂遺跡	行方市	麻生町教育委員会 （丸子亘）	記録保存	中～晩	丸子編1978
1978	洞坂畑遺跡 （洞坂畑貝塚）	つくば市	谷和原村教育委員会（日本窯業史研究所）	記録保存	後・晩	水野編1979
1979	冬木A貝塚・冬木B貝塚	猿島郡五霞村	茨城県教育財団	記録保存	後	茨城県教育財団1981（XI集）
1979～1980	廻り地A遺跡	竜ヶ崎市	茨城県教育財団	記録保存	後	茨城県教育財団1982（XV集）
1981	西方貝塚	取手市	取手市教育委員会	記録保存	中	取手市教育委員会1983a
1981～1982	上坂田北部貝塚	土浦市	筑波大学 （前田潮）	学術	前	前田1982
1982	中妻貝塚 （A・B地点）	取手市	取手市教育委員会	学術	後	取手市教育委員会1983b
1982	西方貝塚	取手市	取手市教育委員会	記録保存	中	取手市教育委員会1983a
1982	南三島遺跡6区	竜ヶ崎市	茨城県教育財団	記録保存	後	茨城県教育財団1985（30集）
1983	中妻貝塚 （C・D地点）	取手市	取手市教育委員会	学術	後・晩	取手市教育委員会1984a
1983	上高井神明遺跡	取手市	取手市教育委員会	学術 （範囲確認）	晩	取手市教育委員会1984b
1984	南三島遺跡5区	竜ヶ崎市	茨城県教育財団	記録保存	後	茨城県教育財団1986（32集）
1985	中郷貝塚	潮来市	潮来町教育委員会	記録保存	早・前	中郷貝塚発掘調査会1986
1985	南坪貝塚	小美玉市	小川町教育委員会	学術 （町史編纂）	後	小川町教育委員会1985
1985	鴻野山貝塚	常総市	石下町史纂室 （佐藤誠）	記録保存	前	石下町史纂室1987
1985	境松遺跡	つくば市	茨城県教育財団	記録保存	中	茨城県教育財団1987a（41集）
1985	南三島遺跡3・4区	竜ヶ崎市	茨城県教育財団	記録保存	後	茨城県教育財団1987b（44集） 茨城県教育財団1989（49集）
1985	上高井神明遺跡	取手市	取手市教育委員会	記録保存	晩	取手市教育委員会1989
1987	陸平貝塚	稲敷郡美浦村	陸平調査会	学術 （史跡整備）	早・前・中・後	美浦村教育委員会2010a
1987	北台遺跡	鹿嶋市	鹿島町教育委員会	記録保存	中	木滝国神遺跡調査団1988 （町第60集）
1987	上高津貝塚 （A地点）	土浦市	土浦市教育委員会	学術 （史跡整備）	後・晩	土浦市教育委員会1989
1987	中妻貝塚 （E地点）	取手市	取手市教育委員会 （諸星政信ほか）	記録保存	後	取手市教育委員会1990
1988	宮平遺跡	石岡市	石岡市教育委員会	記録保存	中	石岡市教育委員会1989
1988	東台遺跡	土浦市	土浦市教育委員会	記録保存	中	土浦市教育委員会1991a

調査年	遺跡名	所在市町村	調査者	目的	中心時期	文献
1988	下坂田貝塚	土浦市	筑波大学（前田潮）	学術	中・後・晩	前田編 1991
1988	御実遺跡	土浦市	土浦市教育委員会	記録保存	中・後	土浦市教育委員会 1991a、関口 2015
1989	於下貝塚（第1次）	行方市	茨城大学	記録保存	中・後	加藤・茂木・袁 1992
1989	大麻貝塚	行方市	麻生町教育委員会（鹿行文化研究所（汀安衛））	記録保存	後	大麻貝塚発掘調査会 1990
1990	イタチ内貝塚	稲敷郡阿見町	阿見町教育委員会（島津遺跡発掘調査会）	記録保存	中	島津遺跡発掘調査会 1994
1990	島津遺跡	稲敷郡阿見町	阿見町教育委員会（島津遺跡発掘調査会）	記録保存	中	島津遺跡発掘調査会 1998a・b
1990	上高津貝塚（C地点）	土浦市	土浦市教育委員会	学術（史跡整備）	後・晩	土浦市教育委員会 2006
1990	於下貝塚（第2次）	行方市	茨城大学	記録保存	中・後	加藤・茂木・袁 1992
1990	原口遺跡	坂東市	茨城県教育財団	記録保存	後	茨城県教育財団 1993（83集）
1990~1991	小松貝塚	土浦市	土浦市教育委員会	記録保存	後・晩	土浦市遺跡調査会 2012
1990~1991	上高津貝塚（A地点）	土浦市	慶應義塾大学（佐藤孝雄）	学術（史跡整備）	後	佐藤・大内編 1994
1990~1991	北前遺跡	坂東市	茨城県教育財団	記録保存	前	茨城県教育財団 1993（83集）
1990~1991	上高津貝塚（E地点）	土浦市	土浦市教育委員会	学術（史跡整備）	後・晩	土浦市遺跡調査会 2000
1990~1991	高崎貝塚	坂東市	茨城県教育財団	記録保存	早・前・後	茨城県教育財団 1994（88集）
1992	狭間貝塚（第1次）	潮来市	茨城大学	学術（生業）	早	茂木・袁・吉野 1995
1992	石橋南遺跡	土浦市	土浦市教育委員会	記録保存	早・前	土浦市遺跡調査会 1997
1992	中妻貝塚（F・G地点本調査）	取手市	取手市教育委員会（宮内良隆・西本豊弘）	記録保存	後	中妻貝塚調査団 1995
1992	前浦遺跡	稲敷市	名古屋大学（渡辺誠）	学術（古代の製塩）	後・晩	茨城県教育員会 1995
1992~1993	中佐倉貝塚	稲敷市	江戸崎町教育委員会（山武考古学研究所）	記録保存	前	山武考古学研究所 1999
1992~1993	西方貝塚	取手市	取手市教育委員会	記録保存	中	西方貝塚発掘調査団 1993
1993	地蔵久保貝塚	石岡市	石岡市教育委員会（山武考古学研究所）	記録保存	早	山武考古学研究所 1995
1993	狭間貝塚（第2次）	潮来市	茨城大学	学術（生業）	早	茂木・袁・吉野 1995
1993~1994	前田村遺跡（D区）	つくばみらい市	茨城県教育財団	記録保存	中・晩	茨城県教育財団 1997a（116集）貝の報告は茨城県教育財団 1999（146集）
1994	下高井向原Ⅰ遺跡	取手市	茨城県教育財団	記録保存	早	茨城県教育財団 1996（107集）
1995	六十原A遺跡	土浦市	土浦市教育委員会	記録保存		山武考古学研究所 1996
1995	三和貝塚	行方市	茨城県教育財団	記録保存	前	茨城県教育財団 1998a（130集）
1996	中根中谷津遺跡	つくば市	茨城県教育財団	記録保存	後	茨城県教育財団 1998b（139集）
1996	西方貝塚	取手市	茨城県教育財団	記録保存	中	茨城県教育財団 1997b（125集）

調査年	遺跡名	所在市町村	調査者	目的	中心時期	文献
1996	道城平遺跡（道城平貝塚）	行方市	麻生町教育委員会（鹿行文化研究所）	記録保存	中	鹿行文化研究所 1997b
1997	竹来遺跡	稲敷郡阿見町	阿見町教育委員会（日本考古学研究所）	記録保存	中・後	阿見町竹来遺跡第二次発掘調査会 1999
1997	陸平貝塚	稲敷郡美浦村	美浦村教育委員会	学術（史跡整備）	中	美浦村教育委員会 2004
1997	四部切遺跡	行方市	麻生町教育委員会（鹿行文化研究所）	記録保存	前	鹿行文化研究所 1997a
1997	井上貝塚	行方市	玉造町教育委員会（鹿行文化研究所）	記録保存	後	鹿行文化研究所 1998 鹿行文化研究所 1999a
1998	部室貝塚	小美玉市	明治大学	学術	後	関口 1999
1998	中妻貝塚	取手市	取手市教育委員会	学術（範囲確認）	後	取手市教育委員会 2000
1998	若海貝塚	行方市	玉造町教育委員会（鹿行文化研究所）	記録保存	中	鹿行文化研究所 1999b
2000	厨台 No.23 遺跡	鹿嶋市	鹿嶋市文化スポーツ事業団	記録保存	中	鹿嶋市文化スポーツ振興事業団 2002（市 112 集）
2000	下郷遺跡	土浦市	土浦市教育委員会	記録保存	前	下郷古墳郡遺跡調査会 2001
2000	上高井神明遺跡	取手市	取手市教育委員会	試掘確認調査	中・後・晩	取手市教育委員会 2000
2001	神明遺跡（第 3 次）	土浦市	土浦市教育委員会	記録保存	中	常名台遺跡調査会 2002
2002	神野遺跡（市内 No.91 遺跡）	鹿嶋市	鹿嶋市文化スポーツ事業団	記録保存	後	鹿嶋市文化スポーツ振興事業団 2003（市 115 集）
2002	若海貝塚	行方市	玉造町教育委員会（鹿行文化研究所）	記録保存	中	鹿行文化研究所 2003a
2002	オチャク内貝塚	行方市	玉造町教育委員会（鹿行文化研究所）	記録保存	中	鹿行文化研究所 2003b
2003	上高井神明遺跡	取手市	取手市教育委員会	学術（範囲確認）	晩	取手市教育委員会 2003
2003	上高井神明遺跡	取手市	取手市教育委員会	学術（範囲確認）	晩	取手市教育委員会 2004
2003〜2004	龍善寺遺跡	土浦市	土浦市教育委員会	記録保存	中	龍善寺遺跡調査会 2006
2004	神立平遺跡	土浦市	土浦市教育委員会	記録保存	後・晩	神立平遺跡調査会 2009
2004	神生貝塚	つくばみらい市	園生貝塚研究会（吉野健一ほか）	学術（製塩仮説検証）	後	吉野・日暮・常松・小笠原・小笠原・山田 2008
2004	城中貝塚	牛久市	園生貝塚研究会（吉野健一ほか）	学術（製塩仮説検証）	後	吉野・日暮・常松・小笠原 2008
2004	中妻貝塚	取手市	園生貝塚研究会（吉野健一ほか）	学術（製塩仮説検証）	後	吉野・日暮・小笠原・小笠原・常松 2008
2005	小茎貝塚	つくば市	つくば市教育委員会	試掘確認調査	後？	つくば市教育委員会 2006
2005	神立遺跡	土浦市	土浦市教育委員会	記録保存	中	関口 2007a
2006	土塔貝塚	猿島郡五霞町	茨城県教育財団	記録保存	前	茨城県教育財団 2008a（289 集）
2006	三村遺跡	石岡市	茨城県教育財団	記録保存		茨城県教育財団 2008b（299 集）
2006	上高井神明遺跡	取手市	取手市教育委員会	学術（範囲確認）	晩	
2006	杉平貝塚	行方市	行方市教育委員会（鹿行文化研究所）	記録保存	中	鹿行文化研究所 2007
2006〜2007	大谷貝塚	稲敷郡美浦村	茨城県教育財団	記録保存	前・中	茨城県教育財団 2009b（317 集）
2006〜2007	上高井神明遺跡	取手市	取手市教育委員会	学術（範囲確認）	晩	取手市教育委員会 2007
2007	東前遺跡	稲敷市	茨城県教育財団	記録保存	前	茨城県教育財団 2009c（318 集）

調査年	遺跡名	所在市町村	調査者	目的	中心時期	文献
2007	平三坊貝塚	かすみがうら市	筑波大学	学術（環状盛土）	中・後・晩	川島・村上・鈴間 2008
2007	本田遺跡	猿島郡境町	茨城県教育財団	記録保存	後・晩	茨城県教育財団 2009a（313集）
2007～2008	上境旭台貝塚	つくば市	茨城県教育財団	記録保存	後・晩	茨城県教育財団 2009d（325集）
2007～2008	中妻貝塚（C・G・H地点）	取手市	取手市教育委員会	学術（範囲確認）	後	取手市教育委員会 2008
2008	陸平貝塚	稲敷郡美浦村	美浦村教育委員会	学術（貝層サンプル採取）	後	美浦村教育委員会 2010b
2008	高見原遺跡	つくば市	つくば市教育委員会	記録保存	中	山武考古学研究所 2008
2008	赤弥堂遺跡（東地区）	土浦市	土浦市教育委員会	記録保存	前	勾玉工房 Mogi2009
2008	中妻貝塚（C地点）	取手市	取手市教育委員会	学術（範囲確認）	後	取手市教育委員会 2010
2008	上高井神明遺跡（C地点）	取手市	取手市教育委員会	学術（範囲確認）	晩	取手市教育委員会 2010
2008～2010	沼田貝塚	稲敷市	稲敷市教育委員会（地域文化財研究所）	記録保存	中	地域文化財研究所 2011
2009	児松遺跡	稲敷市	茨城県教育財団	記録保存	中・後	茨城県教育財団 2012a（351集）
2009	上境旭台貝塚	つくば市	茨城県教育財団	記録保存	後・晩	茨城県教育財団 2012b（364集）
2009	中妻貝塚（G地点）	取手市	取手市教育委員会	学術（範囲確認）	後	取手市教育委員会 2010
2009	上高井神明遺跡（E・F地点）	取手市	取手市教育委員会	学術（範囲確認）	晩	取手市教育委員会 2010
2010	陸平貝塚	稲敷郡美浦村	美浦村教育委員会	学術（貝層サンプル採取）	後	美浦村教育委員会 2012
2010	上境旭台貝塚	つくば市	茨城県教育財団	記録保存	後・晩	茨城県教育財団 2015a（397集）
2010～2011	槙堀遺跡	石岡市	茨城県教育財団	記録保存	前	茨城県教育財団 2013b（370集）
2010～2011	然山西遺跡	坂東市	茨城県教育財団	記録保存	前	茨城県教育財団 2013c（379集）
2010	沼田貝塚	稲敷市	稲敷市教育委員会（日考研茨城）	記録保存	中	日考研茨城 2010
2011	上境旭台貝塚	つくば市	茨城県教育財団	記録保存	後・晩	茨城県教育財団 2013a（368集）
2011～2012	下坂田貝塚	土浦市	土浦市教育委員会	記録保存	後・晩	毛野考古学研究所 2013
2011～2012	下坂田塙台遺跡	土浦市	土浦市教育委員会	記録保存	早・前	勾玉工房 Mogi 2013
2012	陸平貝塚	稲敷郡美浦村	美浦村教育委員会	学術（居住痕跡）	早	美浦村教育委員会 2014
2014	陸平貝塚	稲敷郡美浦村	美浦村教育委員会	学術（居住痕跡）	中・後	

2　陸平貝塚に学ぶ

川村　勝

1　"陸平"貝塚の発見

(1) 発見前夜

　江戸末期に潮来の考証学者・宮本元球（茶村）が著した『常陸誌料郡郷考巻六』信太郡嶋津郷（図1）に、「大山村高隴の上に今土人岡平と呼ひて長者宅趾なりと云ふ所あり」と現在の陸平貝塚と思われる場所を示す記述が見られ、さらにその註記では「今は居人なし地中多く敗瓦あり古富有の居なる事知るべし」と壊れた古器物が多く散布している様子が記されている。また、「其地に清泉あり方一歩に過ずして湧出る事間断なし」と述べ、「土人其泉をふくゞゝと呼ふ水の湧出る声より名付たりと見ゆ」と注釈し、『常陸国風土記』の信太郡の条に見える碓井を、今も枯れることなく流れる陸平の「ぶくぶく水」に比定している。

　この地では古くから貝殻や土器のかけらなどがたくさん見つかり、その様子を土地の人々は長者が住んでいた証と見なし、かつての栄華を物語る名残として代々言い伝えられてきたことがうかがえる。さらに豊富な清水が絶えること

図1　『常陸誌料郡郷考　巻六』　信太郡島津郷（筑波大学附属図書館所蔵）

なく湧き出ていることも、いっそう長者伝説に信憑性を与えていたのだろう。その長者の名は"生田満盛（水守）"と伝わっている。

(2)「陸平」と「岡平」

ところで、現在「陸平」と表記され、「おかだいら」と読みが当てられている陸平貝塚。この表記の初出は佐々木忠二郎[1]の「常州陸平介墟報告」（佐々木・飯島 1880、図2) である。「常陸」ではなく「常州」と国名の陸字が重ならないようにわざわざ別称を用いていることからも佐々木のこだわりがうかがえる。実は、地名表記としては「岡平」が正しい。先の宮本も「岡平」と記している。ではなぜ佐々木は「陸平」を当てたのか。これを直接物語る資料は未見であるが、恐らく佐々木自身が持つ素養と、後に紹介する陸平貝塚の調査中に発見した別の貝塚の存在が影響していることが考えられる。

佐々木は淡水貝類の標本採取や貝塚調査のため3回ほど霞ヶ浦地方に出張しているが、その際周辺地域の探索を行い、陸平貝塚以外にいくつかの貝塚を発見している。そのうちの一つが現在行方市大字岡[2]に所在する「岡平貝塚」であると推定している。佐原真が見出し、現在米国セイラムのピーボディー・エセックス博物館に所蔵されている、佐々木が師であるエドワード・S・モースに贈った手紙の付図にそれは記されている（図3）。アルファベットで「OKAMURA」とプロットされた場所が「岡平貝塚」である。つまり佐々木は二つの「岡平貝塚」を発見し、区別するため、地形が平らで広々としてい

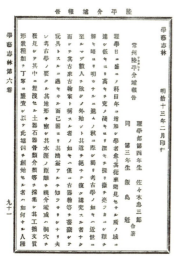

図2 『常州陸平介墟報告』

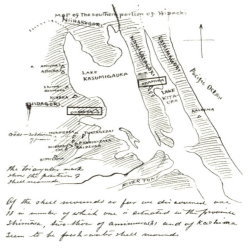

図3 モース宛佐々木手紙付図
（枠線加筆、左「OKADAIRA」、右「OKAMURA」）

た「岡平」を、これにふさわしい字に代え、「陸平」と同音異字にしたのではと想像する。

(3) 日本人だけの発掘調査

さて、「陸平貝塚」を発見した佐々木であるが、彼は元々貝塚を調査するために霞ヶ浦を訪れたわけではない。当時東京大学理学部動物学教室に所属していた彼は、淡水貝類の研究のための標本採集が目的であった。この際地元民から貝殻がたくさん出るところがあるという情報を聞きつける。1877（明治10）年に大森貝塚の調査を経験している佐々木は、この時、その貝殻が「介墟」であることにいち早く気付くことになる。現地に実際に足を運び、正しく「介墟」であることを確認した。伝説で語られていた「岡平」が、近代科学という眼差しで「陸平貝塚」に変わった瞬間である。時は1879年7月。その後同年、盟友・飯島魁[3]と共に陸平貝塚A貝塚で後世「日本人のみによる初めての発掘調査が行われた遺跡」と評される発掘が行われることになる。

2 世に出た陸平貝塚

(1) 佐々木・飯島の調査

江戸の香がまだ色濃く残る1879年、発足間もない東京大学理学部生物学科3年を終えた佐々木は、後輩の飯島魁とともに陸平貝塚の調査に取り組んだ。この調査を知る史料として現在伝わるのは、前述した東京大学法理文三学部編纂『学芸志林』に掲載された漢文調の報告文「常州陸平介墟報告」と東京大学紀要として英文で出版された『OKADAIRA SHELL MOUND AT HITACHI』（以下『英文報告』という）が古くから知られている（図9右）。このほかに前項で触れたモース[4]に宛てた佐々木の「手紙」があり、陸平貝塚に関するものは4通確認されている。これらの史料を元に佐々木らの調査の経過やその背景を以前まとめたことがある（川村2006a）。ここでは重複を避け、この調査の本報告である『英文報告』からその成果を探ってみたい。

先ず『英文報告』の構成を見てみると、当然のことながら、モースが主導し、佐々木らもその編集に関わった日本初の貝塚発掘報告書である『SHELL MOUNDS OF OMORI』（以下『大森貝塚』という、図9中）を踏襲していることがわかる（表1）。はじめに「序文」があり、「貝塚の概要」、「遺物の特徴」、「土器」、「石器」、「骨角器」、「軟体動物」の順で記述が加えられている。『大森貝塚』と比べるとその内容は矮小化され、モースの教えを十分咀嚼していないという論調で批判されることもあるが（後藤1977、近藤ほか1983など）、果たしてそうなのか、その検証の意味も込めて、『英文報告』から彼らの調査を節毎に追ってみよう。

表1 『大森貝塚』(左)・『英文報告』(中)・『淡水貝塚』(右)の構成

SHELL MOUNDS OF OMORI		OKADAIRA SHELL MOUND AT HITACHI		FRESH-WATER SHELL MOUNDS OF THE ST.JOHN'S RIVER, FLORIDA	
PREFACE (※大森介墟精言)	2p	PREFACE	1p	EDITORIAL NOTE SONNET	2p
CONTENTS (※大森介墟編目次)	1p	(none)		CONTENTS LIST OF ILLUSTRATIONS	3p
INTRODUCTORY (※総論)	3p	(none)		INTRODUCTORY REMARKS	1p
GENERAL CHARACTERS OF THE OMORI MOUNDS(※介墟ノ概状)	1p	GENERAL CHARACTERS OF THE OKADAIRA SHELL MOUND	1p	THE ST.JOHN'S	5p
SPECIAL CHARACTERS OF THE OMORI DEPOSITS(※介墟ノ特状)	3p	SPECIAL CHARACTERS OF THE OKADAIRA DEPOSIT	1p	GENERAL DESCRIPTION OF THE MOUNDS, WITH MAP	6p
POTTERY (※土器)	3p	POTTERY	2p	PREVIOUS NOTICES OF THE MOUNDS	2p
ORNAMENTS (※装飾具)	1p	(none)		DESCRIPTION OF SOME OF THE MORE IMPORTANT MOUNDS, List of Shell Mounds on the St.John's River	29p
TABLETS (※小方板)	2p	(none)		PRIMITIVE MAN AND IMPLEMENTS(Stone Implemenys, Bone Implements, Pottery, Shell Implements, Drinking Shells, Perforated Shells, Ornaments, Absence of Pipes and of Metals)	15p
INPLEMENTS OF HORN AND BONE (※角骨器具)	2p	STONE IMPLEMENTS	1p	HUMAN REMAINS IN THE SHELL HEAPS OF THE RT.JOHN'S RIVER, CANNIBALISM(Flattened Tibias, Cannibalism, Notes on Cannibalism)	18p
IMPLEMENTS OF STONE (※石器具)	2p	WORKED HORN AND BONE	1p	REMAINS OF ANIMALS IN THE SHELL MOUNDS(Extinct Animals)	4p
REMAINS OF ANIMALS (※動物ノ遺骨)	1p	(none)		AGE OF THE SHELL MOUNDS	3p
CANNIBALISM (※食人種ノ証)	3p	(none)		THE SUCCESSIVE INHABITANTS OF THE FLORIDA PENINSULAR	1p
FLATTENED TIBIA (※側扁脛骨)	2p	(none)		CONCLUSIONS	
A COMPARISON BETWEEN THE ANCIENT AND MODERN MOLLUSCAN FAUNA OF OMORI (※大森近海介類新古ノ比較)	14p	ANCIENT MOLLUSCAN FAUNA OF OKADAIRA DEPOSIT	1p	INDEX	6p
EXPLANATION OF PLATES (※図解)	18p	EXPLANATION OF PLATES	11p	EXPLANATION OF PLATES	8p

※和訳は「大森介墟古物編」(矢田部1967)より

①「序文」

　序文には、陸平貝塚発見の経緯や周辺地域で陸平貝塚以外の貝塚も発見していることが時系列で述べられている。そして、この報告書の目的が陸平貝塚の特徴とモースが調査した大森貝塚の特徴を比較することにあることを明確に打ち出している。さらに、遺物の石質鑑定や化学分析を依頼していることが謝辞から見えてくる。つまり、佐々木らは大森貝塚の成果を踏まえた比較研究の重要性を理解し、また客観的事実を裏付けるために学際的な配慮をしていたことを知ることができる。

②「貝塚の概要」

　概要は陸平貝塚の現況—耕作地として利用され、台地全体が貝殻で白く見える—から始まり、調査した貝塚の規模を具体的な数値で表している。また実際

図4　モース宛佐々木手紙に添えられた
　　　陸平貝塚A貝塚のスケッチ

に調査した場所の表土や貝層の厚さも計測している。霞ヶ浦や鹿島灘からの距離を示して陸平貝塚の位置関係を明らかにし、かつて霞ヶ浦が海であったことを風土記の記述や貝化石の存在から推測している。簡便な記述ではあるが、最初に調査されたA貝塚の具体的な規模がわかる項目である。

③「遺物の特徴」

大森貝塚でモースにより指摘された特徴―土器の器形や文様が豊富であること、石器が少ないこと―が陸平貝塚でも見られることを指摘している。その上で土器や石器を形態や加工状態などで分類を行っている。

④「土器」

大森貝塚出土土器と比べ、陸平の土器は厚手で、簡素な文様や装飾のない土器は稀で、大部分が様々な文様で飾られていると概観している（図5）。さらに個別に観察を加え、縄文の在り方から土器を分類（曲線に囲まれ、その線の内側ないし外側に縄文があるもの。／口縁部に縄文がなく、胴部に縄文があるもの。／沈線のみで縄文のないもの。／下部の縄文より分離され、口縁付近にわずかに空間をもつもの。／全体が縄文のもの。／縄文の全くないもの。）し、図版を交えた土器の解説を加えている。最後に総括として確認できた重要な点を、「第一に、土器群は日本の他地域で採集される土器よりも一般的に厚く、それらの造形は多くの場合とても独創的である。第二に、把手は、数が豊富で、形が非常にバラエティーに富んでおり、大きさも異常に大きい。把手の主な意匠は図版に示すように様々な形で、いくつかの穴が開いている。第三に、底部が非常に多いということである。ほとんどが平滑なものであるが、いくつかは織物の跡で飾られている。第四に、いくつかの土器は非常に大きなもので、あるものは直径320㎜を測る。第五に、すべての土器は粗く、いかなる種類の顔料でも彩色していない」とまとめている。土器と一緒に出土した赤色顔料の塊を分析し、酸化第二鉄であることを明らかにし、大森貝塚の報告書では掲載できなかった両端に切れ込みのある加工された土器片を網の錘として紹介している。『英文報告』で最も紙幅を割き、最も出土量が多かったであろう土器を細かく観察し、

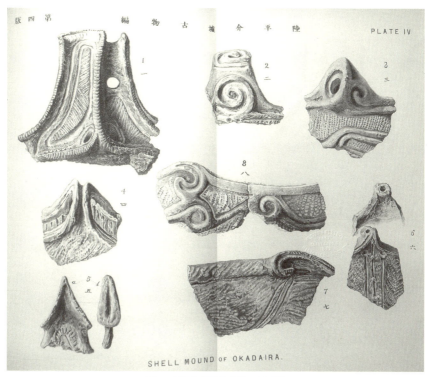

図5 『英文報告』図版（土器）

分類していることが読み取れ、バラエティーを網羅した図版も、現在の土器型式の判断には十分役に立つものである。出土した土器の特徴と近年行われた調査（美浦村教育委員会2004・2010）の成果に照合すると、佐々木らが最初に調査した場所は、A貝塚の西側中央付近と推測できるのである。

⑤「石器」

大森貝塚と同様、石器は少なく、しかも大森貝塚で見つかっている「hammers（槌）」、「rollers（石棍）」、「mortars（石皿）」は見られないとしている。そうした僅かな資料であっても、素材の鑑定や加工・使用痕跡の細かな観察を行っている（図6）。

⑥「骨角器」

鹿角が豊富である点を述べ、それらが様々に加工・利用されている様子を記録している。動物の骨は大まかではあるが種の分類を行っているようである。牡牛の骨が見つかっているが、混入したものとして冷静に分類している。注目

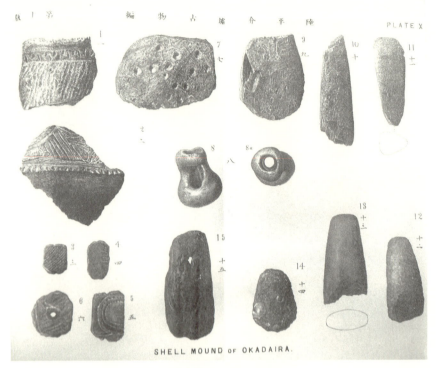

図6 『英文報告』図版（石器ほか）

図7 『THE STORY OF JAPAN』

されるのは両端が粗く折り取られたヒトの大腿骨の記述で、ジェフェリーズ・ワイマン[5]の『FRESH-WATER SHELL MOUND OF THE ST. JOHN'S RIVER, FLORIDA』（以下『淡水貝塚』という、図9左）やモースの『大森貝塚』などの成果を引用しつつ、慎重に食人習の可能性を指摘している点である。この陸平の事例は後々、食人習の痕跡を示す人骨を出す貝塚はアイヌ以前の種族が残したものとするモースと、アイヌのものとするヘンリー・シーボルト[6]との論争の中で一事例として取り込まれる。この一件は、例えばデヴィット・マレー[7]の『THE STORY OF JAPAN』[8]（図7）といった一般向けの図書に引用されるなど、世界に広く紹介されることになる。

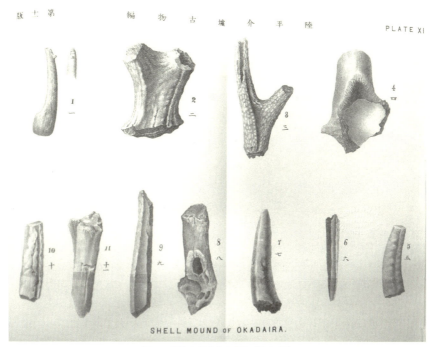

図8 『英文報告』図版（骨角器）

⑦「軟体動物」

『大森貝塚』とは異なり、現生標本との比較は果たせなかったが、陸平貝塚での貝類の種を全て列挙し、将来このリストに新たな種が加えられることはないだろうと、生物学科の生徒としての誇りが感じられる記述が見られる。本来であればこの節が一番詳細に記述したかったに違いないが、図版の掲載もなく、「土器」と比べると不十分さが否めず、未完了感の漂う終わり方である。

『英文報告』を読むと、いかに佐々木が『大森貝塚』をテキストとしていたかが良くわかる。文章表現などそのまま引用した個所も随所にみられる。そういう意味では、「佐々木らがどのていどモースの大森の成果を咀嚼できたか、がよくわかる。残念ながらその模倣におわり、しかもそれにおよばない点が多い。」（近藤ほか 1983）という指摘も首肯できるものである。各節の記述量もモースのそれに遠く及ばない。

しかし、陸平貝塚に身近であるという筆者の欲目を差し引いても、やはり佐々木らの業績を評価したい。ヨーロッパやアメリカなど、世界各地の貝塚

図9　『淡水貝塚』（左）・『大森貝塚』（中）・『英文報告』（右）の表紙

に精通し、また自らも既にいくつかの貝塚調査を手がけ、これを比較研究しながら大森貝塚の調査報告書をまとめたモースは、世界的な視野をもったエキスパートである。片や当時東京大学の生徒であった佐々木・飯島は、実際にモースと接していたのは1年6ヶ月、授業を受けたのは1年2ヶ月だけである。さらにモースの採集旅行に同行し、専門である動物学の講義準備など決して考古学的な勉強ばかりしていたわけではなく、むしろ陸平の整理・報告書作成は、その忙しい合間をぬって行われていた[9]。懸案であった人骨資料の検討や現生貝標本との比較が果たせなかったが、土器の復元や計測、分類、観察、自然科学分析の応用、総括など今の報告書に求められている要素が盛り込まれており、十分モースの教えを吸収していることがうかがえる。何よりも、モースと同じく、専門の資料にばかりこだわるのではなく、出土したすべての資料を公平に扱っていることを評価したい。かつて佐原は美浦村での講演で、佐々木らの『英文報告』について、「『大森貝塚』にある"凄さ"で、『陸平』で抜けているものはあります。（中略）しかし全体を読んでいくと、二十代の初期で"よくぞここまでのことをやった"と感じざるをえないのです。」（佐原1998）と述べている。地元での講演で多少のリップサービスもあったかもしれないが、"日本人のみによる初めての発掘調査から報告書作成までが行われた遺跡"という新たな形容を、象徴としてではなく、モースの"凄さ"を受け継いだ業績として改めて評価したい。

(2) 世界へ──『OKADAIRA SHELL MOUND AT HITACHI』

　モースが本邦初の大学紀要として世に送った『大森貝塚』は、彼の建議で世界中の大学や博物館などの研究機関との間で文献交換が行われたことはよく知

られている事実である[10]。『大森貝塚』の付録として佐々木らの卒業後、1883年に刊行された『英文報告』であるが、これもまた『大森貝塚』と同様に世界各地へ寄贈されていたようである。具体的に“いつ、どこへ”という点になると、これを実行した当局の記録に接していないので詳細は不明であり、今後の課題となるが、刊行されているいくつかの資料からこのことをうかがうことが可能である。

同書が刊行された年代以降の海外の自然科学系の学会誌を渉猟すると、寄贈文献欄に『英文報告』の名を見出すことができる。例えば『American Museum of Natural History』の1884年の年報（p.25）に、図10の記事が見られ、東京大学の加藤総理から送られたものであることがわかる。また『POPULAR SCIENCE MONTHLY Vol.25』の1884年8月号（p.565）に図11が掲載され、具体的な本の体裁が本文7頁、図版11枚と記されている。さらに大学図書館の蔵書を検索すると『英文報告』が架蔵されていることがわかり、当時おそらく東京大学より寄贈されたものであると想像される[11]。寄贈本には図14のような加藤弘之総理のメッセージが添えられ、文献交換を希望していることが具体的にわかる。

次に『英文報告』がどのように海外で紹介されたか、具体的にわかる資料を見てみよう。図12は『The American Naturalist Vol.18』の1884年8月号（p.848）に掲載された記事である。内容は、2人のナチュラリスト、佐々木と飯島が英文で陸平貝塚の報告書を出したこと、その内容はモースの『大森貝塚』と比較していること、ヒトの大腿骨の両端が粗く割られていることから著者は食人習を示唆していること、などが簡潔に記され、添えられた図版や印刷は見事で、日本の工人の手によるものであることを明記している。また図

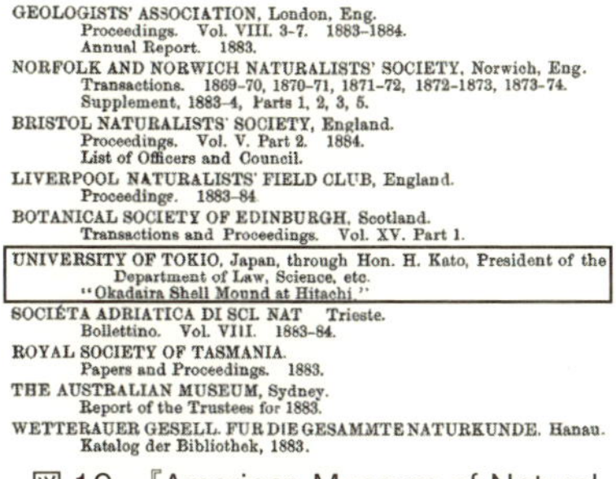

GEOLOGISTS' ASSOCIATION, London, Eng.
Proceedings. Vol. VIII. 3-7. 1883-1884.
Annual Report. 1883.
NORFOLK AND NORWICH NATURALISTS' SOCIETY, Norwich, Eng.
Transactions. 1869-70, 1870-71, 1871-72, 1872-1873, 1873-74.
Supplement, 1883-4, Parts 1, 2, 3, 5.
BRISTOL NATURALISTS' SOCIETY, England.
Proceedings. Vol. V. Part 2. 1884.
List of Officers and Council.
LIVERPOOL NATURALISTS' FIELD CLUB, England.
Proceedings. 1883-84
BOTANICAL SOCIETY OF EDINBURGH, Scotland.
Transactions and Proceedings. Vol. XV. Part 1.
UNIVERSITY OF TOKIO, Japan, through Hon. H. Kato, President of the Department of Law, Science, etc.
"Okadaira Shell Mound at Hitachi."
SOCIÉTA ADRIATICA DI SCI. NAT Trieste.
Bollettino. Vol. VIII. 1883-84.
ROYAL SOCIETY OF TASMANIA.
Papers and Proceedings. 1883.
THE AUSTRALIAN MUSEUM, Sydney.
Report of the Trustees for 1883.
WETTERAUER GESELL. FUR DIE GESAMMTE NATURKUNDE. Hanau.
Katalog der Bibliothek, 1883.

図10 『American Museum of Natural History』記事抜粋（枠線加筆）

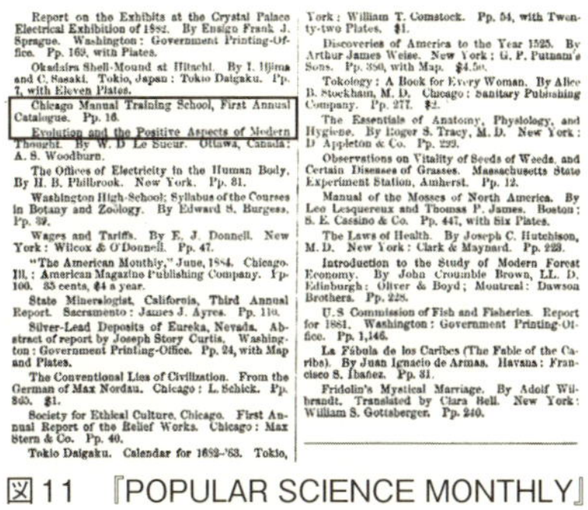

POPULAR MISCELLANY. 565

Report on the Exhibits at the Crystal Palace Electrical Exhibition of 1882. By Ensign Frank J. Sprague. Washington: Government Printing-Office. Pp. 169, with Plates.

Okadaira Shell-Mound at Hitachi. By I. Iijima and C. Sasaki. Tokio, Japan: Tokio Daigaku. Pp. 7, with Eleven Plates.

Chicago Manual Training School, First Annual Catalogue. Pp. 16.

Evolution and the Positive Aspects of Modern Thought. By W. D. Le Sueur. Ottawa, Canada: A. S. Woodburn.

The Offices of Electricity in the Human Body. By H. B. Philbrook. New York. Pp. 81.

Washington High-School; Syllabus of the Courses in Botany and Zoölogy. By Edward S. Burgess. Pp. 39.

Wages and Tariffs. By E. J. Donnell. New York: Wilcox & O'Donnell. Pp. 47.

"The American Monthly," June, 1884. Chicago, Ill.: American Magazine Publishing Company. Pp. 100. 35 cents, $4 a year.

State Mineralogist, California, Third Annual Report. Sacramento: James J. Ayres. Pp. 110.

Silver-Lead Deposits of Eureka, Nevada. Abstract of report by Joseph Story Curtis. Washington: Government Printing-Office. Pp. 24, with Map and Plates.

The Conventional Lies of Civilization. From the German of Max Nordau. Chicago: L. Schick. Pp. 365. $1.

Society for Ethical Culture, Chicago. First Annual Report of the Relief Works. Chicago: Max Stern & Co. Pp. 40.

Tokio Daigaku. Calendar for 1882-'83. Tokio, York: William T. Comstock. Pp. 54, with Twenty-two Plates. $1.

Discoveries of America to the Year 1525. By Arthur James Weise. New York: G. P. Putnam's Sons. Pp. 350, with Map. $4.50.

Tokology: A Book for Every Woman. By Alice B. Stockham, M. D. Chicago: Sanitary Publishing Company. Pp. 277. $2.

The Essentials of Anatomy, Physiology, and Hygiene. By Roger S. Tracy, M. D. New York: D. Appleton & Co. Pp. 299.

Observations on Vitality of Seeds of Weeds, and Certain Diseases of Grasses. Massachusetts State Experiment Station, Amherst. Pp. 12.

Manual of the Mosses of North America. By Leo Lesquereux and Thomas P. James. Boston: S. E. Cassino & Co. Pp. 447, with Six Plates.

The Laws of Health. By Joseph C. Hutchison, M. D. New York: Clark & Maynard. Pp. 223.

Introduction to the Study of Modern Forest Economy. By John Croumbie Brown, LL. D. Edinburgh: Oliver & Boyd; Montreal: Dawson Brothers. Pp. 228.

U. S Commission of Fish and Fisheries. Report for 1881. Washington: Government Printing-Office. Pp. 1,146.

La Fábula de los Caribes (The Fable of the Caribs). By Juan Ignacio de Armas. Havana: Francisco S. Ibañez. Pp. 31.

Fridolin's Mystical Marriage. By Adolf Wilbrandt. Translated by Clara Bell. New York: William S. Gottsberger. Pp. 240.

図11 『POPULAR SCIENCE MONTHLY』記事抜粋（枠線加筆）

experiments or observations may appear at the time, every new fact once well established will sooner or later assume its appropriate place as a part of some future generalization; the chain of facts leading to a great discovery being united together like living things, each linked, those that have passed away with those still to come."

— Two Japanese naturalists, I. Iijima and C. Sasaki, have published in English an appendix to Memoir, vol. I, part I of the Science Department of the University of Tokio, on the Okadaira shell mound at Hitachi. The contents of this mound are compared with those from the Omori shell mounds described and figured by Professor E. S. Morse. The pottery, stone and horn and bone implements are of the same primitive nature as those from the Omori mound. Among the great quantity of bones only a single human one was detected. This was a femur roughly broken off at each end, and from the fact that it was broken in the same way as the bones of other mammals, the authors suggest that it might be taken as an evidence of cannibalism. Bones of the ox also occurred, which are regarded as "cases of intrusion unless we suppose the wild ox has existed in Japan." The illustrations are well drawn and printed by Japanese artists.

図 12 『The American Naturalist』記事抜粋（枠線加筆）

図 13 『The New York Times』記事抜粋（枠線加筆）

13は1884年7月5日付けの『The New York Times』に掲載された『英文報告』の書評である。7段構成紙面の6ページ目、左から3段目上方の「NEW BOOKS」欄の先頭にその記事はある。要約すると、佐々木・飯島の業績に対し、貝類学者以外でこれだけの研究を成し遂げた者はいないと賛辞を送って

図14　『英文報告』に添えられたラベル

いる。掲載されている石器や骨角器、土器についても紹介し、とくに土器はその優美な曲線を持つ装飾に関心を寄せている。最後にこうした遺物図版を手掛けた画工の具体的な名前を挙げ、その正確で要点を押さえた出来栄えに称賛を贈っている。一般の人の目に触れやすい新聞紙上で好意をもって紹介されていたことを知り、佐々木の苦労も報われた感がある。ただしこの記事を佐々木が実際に目にしたのかは定かではない。

　モースが提唱した世界からの資料収集に、『英文報告』がその一翼を担っていたという事実をこれらにより知ることができる。こうした各国の研究機関を紹介したのは恐らくモースであり、社交的で分け隔てのない彼の性格と何よりも日本を愛する心がこれを支えていたことは容易に想像がつく。なお掲載誌の発行年月から『英文報告』は、1884年7月より少し前に海外へ向けて発送されていたことが理解できる[12]。

(3) 佐々木・飯島調査の行方

　『英文報告』を上梓した佐々木は、その後本分である動物学、とくに害虫対策につながる応用昆虫学の研究に邁進する。飯島もドイツ留学後、モース直系の理学部動物学教室の教授となり、寄生虫、海綿類の研究に没頭する。二人は陸平貝塚の調査の後、貝塚などの考古学的な調査から離れてしまい、モースの学統はここに途絶える。

　彼らが調査し収集した資料は、後にどのような研究の俎上に載ったのだろうか。主な事例を見てみると、1890年、小金井良精が大森・陸平貝塚などから出土した人骨を計測し、日本の石器時代人がアイヌに近いことを発表している。当時盛んであったいわゆる人種・民族論争の資料として陸平の人骨が取り上げられている。1893年、鳥居龍蔵が大森・陸平貝塚の報告書には貝塚内部の堆積状況と出土遺物の関係が記されていないことを指摘している。この頃から遺物と出土層位に注意することの重要性が意識されていたことがうかがえるが、鳥居は後にこれを土器型式部族説へ発展させている。また鳥居は1899年、

吹上貝塚（稲敷市）から発掘された人の大腿骨に食人の徴候が見られるとし、これを説明する根拠として『淡水貝塚』、『大森貝塚』、『英文報告』を引用した短報を発表している。1894年4月、八木奘三郎と下村三四吉が土器の違いを年代の差と捉え、「大森式」、「陸平式」を提唱する。これは大森・陸平貝塚の資料に加え、彼らが調査した椎塚・阿玉台両貝塚の調査成果より導かれたものであり、それぞれの土器を出す貝塚を構成する主な貝の種類の違いにより、「大森式」を古く、「陸平式」を新しく位置づけている。1895年2月、東京人類学会雑誌に「常陸陸平古土器図譜」の連載が始まる。これは『英文報告』の土器図版を再録したもので、図版解説部分や軟体動物説明の一部に限られるが、『英文報告』和訳の初出でもある。『英文報告』は発行部数も少なく、また邦訳も出ていないことから、再録の目的は各地で出土する土器文様の比較説明に裨益することを企図したものであった。

　総じてみると、土器や人骨が個別研究として散発的に『東京人類学会雑誌』などで取り上げられたりはしたが、「該発掘ノ報告ハ精緻ナル石版図ヲ添ヘ且ツ説明ヲ附シテ刊行セラレタリ。之ガ為メ縣下ニ於ル石器時代遺跡ノ探究上一段ノ利益ヲ與ヘラレシモ、當時大ニ世人ノ注意ヲ喚起スルニ至ラサリシハ是非モナキ次第ト云フベシ」（八木・下村1893）と、モースの『大森貝塚』とは異なり当時ついにその邦訳が出版されなかったことが影響し、『英文報告』は一部の識者に注目されはしたが、類例の増加とともに陸平貝塚の資料はそうした資料群の中に埋没してしまうことになる。珍品・優品狙いの"発掘"の横行や、人種・民族論争に象徴されるように特定の問題に資する遺物のみ取り上げる風潮の中で、モースや佐々木が示した「出土遺物に対する公平かつ客観的な研究姿勢が次第にうすれていった」（鈴木1989）。出土する全ての遺物の実証的な研究を通して遺跡を理解するという、考古学の研究にとって最も大切な姿勢に再び気づくまで、『大森貝塚』や『英文報告』は学史の中の一コマとして止まることとなる。

3　陸平貝塚の再発見

(1)　酒詰仲男の調査

　江見水蔭をして「日本人の手で、初めて学術的発掘を成されたのは、この陸平であるので、先づ此処を貝塚の元祖としても好いのである。それで自分が採集に心を寄せてからは、如何かして一度は陸平に行きたいと、常に心を懸けて居た」（江見1910）、と言わしめた陸平貝塚であるが、佐々木・飯島の調査以降、考古学上著名な遺跡として多くの採集家や研究者が訪れ、良好な貝層を見つけては発掘を繰り返した。しかしながらそうした調査の様子や成果についてはほとんど公表

されることなく、断片的な短報や伝聞で知るのみであり、こうした状況は"調査"というより"破壊"に近いものがあった。

1948（昭和23）年7月13日から同月27日、東京大学人類学教室の酒詰仲男が、佐々木・飯島の調査から実に半世紀ぶりに陸平貝塚の学術調査を実施した。調査を行ったのはB貝塚の西側、日本の発掘で恐らく最初に電波探査機を使い、貝層が3m以上つづくと判明した場所である。調査の様子を当時の日誌（酒詰編 2011）から拾うと、調査したB貝塚では、縄文時代中期の阿玉台式期、加曽利E式期の貝層が確認され、貝層下の土層からは早期の条痕文土器が出ていることが記録されている。付近に設けたテストピットでは5m近い厚さの貝層も確認され、電探の結果を裏付けている。またD貝塚、E貝塚も試掘しており、D貝塚では早期条痕文期の貝層、E貝塚では前期後葉の貝層をそれぞれ確認している。時代・時期は不明であるが、住居跡と思われる竪穴遺構も陸平で初めて検出されていたことがわかる。

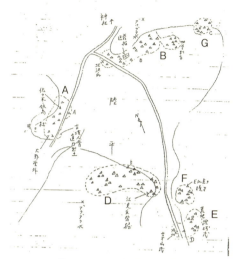

図15　1948年調査位置図
（加筆アルファベットは現在の貝塚名）

こうした大きな成果を上げた調査であったが、残念ながら正式な報告書は未だ上梓されていない。さらに日誌では調査中、陸平貝塚の史跡指定の話があったことが記されていた。

(2) 茨城県の測量調査と保存計画

1968年、茨城県史編さん委員会の委嘱を受けて、明治大学考古学研究室が初めて陸平貝塚の正確な地形測量図を作成し、大小8ヶ所の斜面貝塚が存在することが判明した。1879年の佐々木・飯島の調査では3ヶ所（現在のA、B、D貝塚）、1948年の酒詰の調査では6ヶ所（同A、B、D、E、F、G貝塚）が確認されていたが、詳細な分布調査を行った結果、現在見る台地を取り囲むような配置で存在する貝塚の姿が明らかとなった（図16）。なお、測量調査の後引き続き発掘調査も行われる予定であったが、結局実施されなかったようである（戸沢 1979）。この事業の背景には、学史上重要な陸平貝塚の保存計画の策定があったと言う（常総台地研究会 1975）。

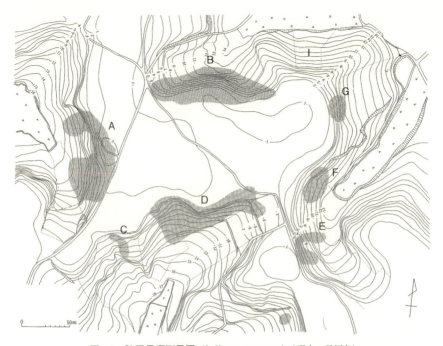

図16 陸平貝塚測量図（加筆アルファベットは現在の貝塚名）

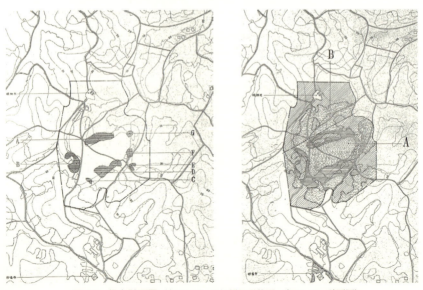

図17 保全計画図（左 No.10 貝塚周辺現状図、右 No.14 計画図）

恐らくこの時に策定されたと思われる青焼き図面が伝わっている（図17）。作図年代など詳細は記されていないので定かではないが、図面タイトルは「岡平貝塚保全計画」（※「陸平」ではなく「岡平」となっている）とあり、全部でNo.10～14の番号が付された5種類がある。No.10の図面は「貝塚周辺現況図」とあり、1/3000スケールの地形図に計画範囲が太い一点破線で示されている。貝層の範囲も明示され、北側のB貝塚を基点に反時計回りにA～Gの記号が振られている[13]。計画範囲は現在の史跡指定範囲より広く、谷部や周辺の自然環境も取り入れた計画であったことがわかる。No.14は「計画図」で、保護する樹木の範囲、表土を保護するための植栽範囲、史跡公園として整備する範囲、遺構の存在を考慮する範囲などがパターンにより示されている。展示施設は計画範囲外に予定するなど、遺跡の保護・保存を考慮した計画であったことがうかがえる。図面からは保存計画がかなりの程度進んでいたことが読み取れるが、その後の経過については詳らかではない。

(3) 陸平調査会の発足

　昭和40年代後半、陸平貝塚の保存計画が進まない中で、貝塚を含めたおよそ160haの広範な範囲で総合レジャーセンターの開発計画が持ち上がった。ゴルフ場やオートキャンプ場、スポーツガーデン、別荘地など多様な施設で構成された計画で、そのまま進めば陸平貝塚は消滅の危機に直面する事態となった。こうした状況を受けて、地域の遺跡の保存活動に積極的に取り組んでいた常総台地研究会は、陸平貝塚の全国的な保存運動を展開、県内外のおよそ130有余の研究団体が陸平貝塚の保存に声を上げた。地域住民を対象とした遺跡見学会の開催や国や県、地元美浦村への保存要望書も出され、粘り強い活動が数年続いた。こうした一連の活動の結果、陸平貝塚の約5haは現状保存される見通しとなったが、それは陸平貝塚の主要部分に過ぎず、要望している当時の生活を支えた谷部や周辺の自然環境は言うに及ばず、縄文時代以降の遺跡が濃密に分布することが予想された周辺遺跡の保護策については全く言及されていなかった。その後も陸平貝塚完全保存の実現について予断を許さない状況が続いたが、保存運動の高まりや経済状況の変化などにより、最終的に開発事業は中止されることとなった。

　しかし均衡のとれた地域発展を願い、村当局の要望により始まった開発事業でもあったため、虫食い状態で残った用地をそのまま放置しておくこともできず、また耕作放棄された土地は荒れるに任せ、残ったとはいえ陸平貝塚の保存にとっても決して望ましい状態とはならなかった。そこで村では新たな地域振興策―複合リゾート開発を計画することになるわけであるが、これを推進した当時の美浦村長・市川紀行がこの事業を貫く一つの哲学をここで提唱する。

それは「通常かかる遺跡保存問題は開発行為に付属従属し、言わば"邪魔物は消せ"という発想及び関係にあるが、今回は陸平貝塚そのものと開発は並列同義であり、精神的にはむしろ優位にあると断言できる」というものである（市川 1987）。これには多くの感動と賛同を生み、長年陸平貝塚や周辺遺跡の調査を指導することになる明治大学の戸沢、担当開発企業として全面的な理解者となるセゾングループの堤清二との紐帯を醸成する礎となっていることは言を俟たない。
　こうした環境のもと、より良い陸平貝塚の保存と活用、そして地域振興を目指すため、直面する諸問題を整理し、解決に向けて協議する陸平調査会が、1987年4月に発足する。顧問には元奈良国立文化財研究所長の坪井清足、副会長に戸沢を迎え、市川を会長とする本会は、村民の代表や研究者、国や県・村の行政関係者を中心に組織された。さらに具体的な調査を担う調査団が置かれ、調査の内容と方法を検討するため、大学の専門家を中心とする調査指導委員会も設置された。
　最初に陸平調査会では開発地域全体の具体的な調査の方法と方針が検討され、陸平貝塚の個性や普遍性を明らかにするため、霞ヶ浦沿岸地域という広い視野に立った調査も必要であり、自然科学分野を含めた総合的な調査を行うこと、開発計画に対応した全域の調査を行うことが確認された。

(4) 陸平貝塚試掘確認調査

　1987年8月に陸平調査会が最初に着手したのは、貝塚の範囲確認とこれに囲まれる台地平坦部における住居跡などの遺構確認を目的とした試掘調査である（図18）。この調査の成果は、陸平貝塚の保存範囲を決める重要な情報となり、将来の整備・活用計画の基礎データとして活用されることになる。
　調査の結果、個々の貝層の範囲は1968年の測量調査時よりさらに広がること、貝層は谷部まで及ぶこと、台地平坦部には多数の遺構が存在すること、縄文時代以降の遺構もあり、長期にわたる生活の場であったこと、などが明らかとなった。また、同時に行われた霞ヶ浦沿岸低地部での縦断的なボーリング調査の結果、縄文時代、陸平貝塚のある台地は海に囲まれた島であり、支谷奥まで海が浸入していた可能性のあることがわかった。一連の調査により、貝塚のある台地部はもちろん、谷部も重要な生活の舞台であったことが示された。
　一方、周辺地域ではテストピットを併用した遺跡分布調査も進められ、これまで知られていなかった旧石器時代から中・近世の遺跡が34ヶ所発見された（図19）。
　こうした地道な調査の積み重ねや粘り強い協議の結果、陸平貝塚については谷部や周辺環境を含むおよそ14haの保存範囲が決定された。なおこの範囲は、

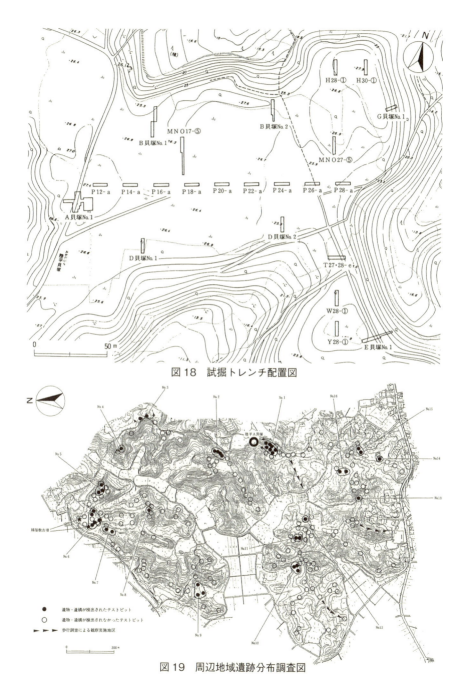

図18 試掘トレンチ配置図

図19 周辺地域遺跡分布調査図

将来の保存・活用に必要とする具体的なビジョンを基に決められたものであり、保存範囲のみ優先させた結果ではないことは重要である。また分布調査で発見した遺跡については、設計変更で極力残し、現状での保存が困難な遺跡については記録保存の措置が図られ、計画的な調査が行われた。

(5) 守られた陸平貝塚

　その後、経済情勢の変化で、またも開発計画は頓挫してしまう。しかも今回は企業側の全面協力で陸平貝塚の完全保存はもちろん、これに付属する博物館建設計画まで話は進んでいたのである。これで陸平貝塚の整備・活用計画がすべてが白紙に戻ってしまうと思われた。だが、再び陸平貝塚が荒れ野に戻ることはなかった。陸平貝塚それ自体や、これを取り巻く自然環境の素晴らしさに気づいた一部住民が立ち上がり、陸平貝塚の活用に様々な手法で取り組み、その重要性の周知に一役も二役も買ってくれたのだ。その住民団体は後に、「陸平をヨイショする会」と命名されることになる。「陸平をヨイショする会」の活躍や最近の動向については、本書の馬場論文（第Ⅳ章第2節）に詳述されているのでそちらを参照願いたい。

　1998（平成10）年9月11日、陸平貝塚は国史跡に指定される。佐々木・飯島の調査から120年余、酒詰調査時にささやかれた史跡指定構想から半世紀かかって、ようやく陸平貝塚は将来にわたって保存されることが約束された。この指定に至るまでには、多くの方々の有形・無形の絶え間ない努力の積み重ねがあったということは決して忘れてはならないことであるが、そうした人々の情熱の原点となったのが佐々木と陸平貝塚の邂逅ではなかったか。それは「日本人のみによる初めて発掘調査が行われた遺跡」という表徴が、常に陸平貝塚に冠されるきっかけとなったからにほかならない。これにより日本考古学史の中で確たる位置を占め、縄文時代や貝塚といった研究の歩みを取り上げる際には、必ずと言ってよいほどその名が登場することになる。このことに、大森貝塚と並ぶ縄文時代貝塚研究の原点として"学史上重要な遺跡である"との意味が込められていることは自明であろう。さらに学術上でもきわめて貴重な情報を内包している遺跡であることが近年の調査により明らかになりつつあるが[14]、こうした調査を現在継続できるのは、重要な遺跡であるという意識が住民や研究者、行政の間に敷衍し、今日に至るまで様々な形で支援の手が差し伸べられ、残されてきたからであろう。我々を突き動かす佐々木の見えざる手が、今も暖かく陸平貝塚を包んでいる気がしてならない。

註

1) 1857（安政4）年8月10日、福井市神明町で誕生。8歳の頃から、中庸、漢

学、漢詩、習字を学ぶ。1877 年、東京大学理学部生物学科進学。1881 年 7 月、山椒魚の発生に関する論文を提出し卒業。同年農商務省農務局傭となり、駒場農学校勤務を命ぜられた。また東京大学理学部準助教授も兼任した。1891 年 8 月、理学博士学位授与。帝国大学農科大学教授となり、動物学、昆虫学・養蚕学第二講座を担当した。1899 年 10 月、「忠二郎」より「忠次郎」へ改名。1921（大正 10）年、退官。1922 年、東京帝国大学名誉教授。同年帝国学士院会員。1938 年 5 月 26 日、腸狭窄のため亡くなる。82 歳。

2) 『常陸国郡郷考巻八』行方郡逢賀郷に「岡、岡平、根小屋、宇崙四村を岡四ヶ郷と云う」、と見えることから、当地に「岡平」の呼称があったことがわかる。

3) 1861（文久元）年 6 月 17 日、浜松城下で誕生。1878 年、東京大学理学部生物学科進学。1881 年、蛭類生殖器の構成に関する論文を提出し卒業。同年東京大学御用掛となり、理学部准助教授を命ぜられた 1885 年、東京大学理学部講師、翌年理科大学教授に任命される。1904 年、東京帝国大学理科大学付属臨海実験所長に任命される。1909 年、東京帝国大学理科大学動物学第一講座担当となる。1921 年 3 月 14 日、脳溢血で亡くなる。61 歳。

4) Edward Sylvester Morse（1838—1925）。アメリカの動物学者。東京大学動物学教室初代教授。大森貝塚を発見、発掘調査を行う。

5) Jeffries Wyman（1814—1874）。アメリカの動物学者。アメリカで最初に貝塚の発掘を行い、モースに大きな影響を与えた。

6) Heinrich von Siebold（1852—1908）。オーストリアの外交官。在日中貝塚研究などを行い、「考古説略」を著した。

7) David Murray（1830—1905）。アメリカの教育者。モースが来日した際には文部省の顧問を務めていた。

8) この本の存在は中西道子著『モースのスケッチブック』（pp.342・471）に教えられた。1894 年にロンドン（T.FISHER UNWIN）とニューヨーク（G.P.PUTNAM'S SONS）の出版社からそれぞれ出されている。食人習の記述は pp.25-26 に見られ、モースの『大森貝塚』、「Some Recent Publications on Japanese Archaeology」やシーボルトの「Notes on Japanese Archeology」などが引用・参考されており興味深い。

9) この辺りの事情については川村（2006a）参照。

10) このことは「動物学教授エドワルド、エス、モールス氏申報」『東京大学法理文三学部第六年報』（自 1877 年 9 月至 1878 年 8 月）により知ることができる（磯野 1988）。

11) 例えば COLUMBIA UNIVERSITY LIBRARIES、HARVARD LIBRARIES、

YALE UNIVERSITY LIBRARY など。現在『英文報告』の所蔵が確認できる機関はアメリカ国内が多い。ほかではイギリスの BRITISH MUSEUM LIBRARY、SOCIETY OF ANTIQUARIES OF LONDON LIBRARY、BRITISH LIBRARY、フランスの STRASBOURG UNIVERSITY LIBRARY などで確認できる。

12) 筆者が所蔵する『英文報告』（Western Reserve Historical Society 旧蔵本）に添付されていた加藤弘之総理署名ラベルに、手書きで「Sent June 27 / 84」と記されている（図14）。

13) 現在の貝層のアルファベット表記は1987年の確認調査時に振りなおしたものである（美浦村教育委員会2010）。この図面ではB貝塚がA貝塚となっている。

14) 近年の調査・研究状況については本書中村論文（第Ⅱ章第2節）を参照。

引用・参考文献

磯野直秀 1988「[2] モース関係文書類復刻」『共同研究モースと日本』小学館

磯野直秀 1997「『メモア』と『理科会粋』」『東京大学創立百二十周年記念　東京大学展学問の過去・現在・未来第一部学問のアルケオロジー』東京大学

市川紀行 1987「縄文人と美浦ロマン」『陸平通信』創刊号、陸平調査会

茨城県立歴史館 2002「常陸国郡郷考」『茨城県立歴史館史料叢書5　近世地誌Ⅰ』茨城県

江見水蔭 1910「陸平行」『小説少年探検隊』博文館

陸平調査会 1989『1987年度陸平貝塚確認調査概報および周辺地域A地区分布調査報告』陸平調査会報告1

陸平調査会 1995「陸平貝塚の保存と活用の歩み」『陸平貝塚からのメッセージ』陸平調査会

川村　勝 2006a「Ⅱ．陸平貝塚の学史〜佐々木・飯島調査を中心に〜」『陸平貝塚―調査研究報告書2・学史関連資料調査の成果―』美浦村教育委員会

川村　勝 2006b「Ⅲ―3 英文報告「OKADAIRA SHELL MOUND AT HITACHI」」『陸平貝塚―調査研究報告書2・学史関連資料調査の成果―』美浦村教育委員会

瓦吹　堅 1984「過去からのメッセージ1陸平貝塚」『莵玖波』創刊号、莵玖波の会

小金井良精 1890「本邦貝塚ヨリ出タル人骨ニ就テ」『東京人類学会雑誌』6―56、東京人類学会

後藤和民 1977「モースと貝塚研究」『考古学研究』24―3・4、考古学研究会

近藤義郎・佐原真編訳 1983『大森貝塚　付関連史料』岩波書店

酒詰治男編 2011「常陸陸平貝塚發掘日録」『酒詰仲男　調査・日録　第8集』東京大

学総合研究博物館標本資料報告、91

佐々木忠二郎・飯島 魁 1880「常州陸平介墟報告」『学芸志林』6—31、東京大学法理文三学部

佐原 真 1977「大森貝塚百年」『考古学研究』24—3・4、考古学研究会

佐原 真 1988「日本近代考古学の始まるころ〈モース、シーボルト、佐々木忠二郎資料に寄せて〉」『共同研究モースと日本』小学館

佐原 真 1998「大森貝塚と陸平貝塚」『陸平貝塚の保存と活用からの地域文化創造』美浦村・ハンズオン陸平事業推進協議会

品川区立品川歴史館 2007『日本考古学は品川から始まった—大森貝塚と東京の貝塚—』品川区教育委員会

常総台地研究会 1975『陸平貝塚』

鈴木公雄 1989『貝塚の考古学』東京大学出版会

戸沢充則 1979「陸平貝塚」『茨城県史料 考古資料編 先土器・縄文時代』茨城県

鳥居龍蔵 1893「武蔵北足立郡貝塚村貝塚内部ノ状態」『東京人類学会雑誌』9—92、東京人類学会

鳥居龍蔵 1899「常陸吹上貝塚ヨリ發見ノ人類大腿骨ニ就テ」『東京人類学会雑誌』14—156、東京人類学会

中西道子 2002『モースのスケッチブック』雄松堂出版

美浦村教育委員会 2004『陸平貝塚—調査研究報告書1・1997年度発掘調査の成果—』

美浦村教育委員会 2006『陸平貝塚—調査研究報告書2・学史関連資料調査の成果—』

美浦村教育委員会 2010『陸平貝塚—調査研究報告書4・1987年度確認調査の成果—』

宮本元球 1860『常陸國郡郷考』三香社

守屋 毅編 1988『共同研究モースと日本』小学館

八木奘三郎・下村三四吉 1893「常陸國椎塚介墟發掘報告」『東京人類学会雑誌』8—87、東京人類学会

八木奘三郎・下村三四吉 1894「下總國香取郡阿玉臺貝塚探究報告」『東京人類学会雑誌』9—97、東京人類学会

矢田部良吉訳 1967「大森介墟古物編」『大森貝塚』大森貝塚保存会

無署名 1895「雑録（常陸陸平古土器図譜）」『東京人類学会雑誌』10—107〜111、東京人類学会

D. Murray 1894『THE STORY OF JAPAN』G. P. PUTNAM'S SONS

E. S. Morse 1879『SHELL MOUNDS OF OMORI. MEMOIRS OF THE SCIENCE DEPARTMENT, UNIVERSITY OF TOKIO, JAPAN. VOLUME Ⅰ. PART Ⅰ.』THE UNIVERSITY

E. S. Morse 1880「Some Recent Publications on Japanese Archaeology」『The American Naturalist』Vol.18, No.8. The University of Chicago Press

I. IIJIMA, AND C. SASAKI 1883『OKADAIRA SHELL MOUND AT HITACHI, BEING AN APPENDIX TO MEMOIR VOL. Ⅰ. PART Ⅰ OF THE SCIENCE DEPARTMENT, TOKIO DAIGAKU.』TOKIO DAIGAKU

J. Wyman 1875『FRESH—WATER SHELL MOUNDS OF THE ST. JOHN'S RIVER. FLORIDA』THE PEABODY ACADEMY SCIENCE

POPULAR SCIENCE 1884「PUBLICATIONS RECEIVED」『THE POPULAR SCIENCE MONTHLY』Vol.25 AUGUST D. APPLETON AND COMPANY

The American Museum of Natural History 1884「LIST OF ACCESSIONS—1884」『ANNUAL REPOT OF THE TRUSTEES』

The American Society of Naturalists 1884「Scientific News」『The American Naturalist』Vol.18,No.8. The University of Chicago Press

The New York Times 1884「NEW BOOKS」July 5.

第Ⅱ章　霞ヶ浦の貝塚

大谷貝塚貝層断面（川村・阿部論文）

1　大谷貝塚を掘る

川村　勝・阿部きよ子

1　大谷貝塚の調査

(1) 大谷貝塚の発見

「…採集家の通過する筋道は大概分つて居る。エルサレムの遺跡を巡禮するのと同じく、抑も人類學宗の宗徒であつて、福田椎塚陸平を訪はぬは無いのである…」(江見 1907) という記述からもわかるように、霞ヶ浦沿岸には、日本考古学史に今もその名を留める縄文時代の貝塚遺跡が、それこそきら星のごとく所在している。

1879 (明治 12) 年に日本人だけで初めて発掘調査が行なわれた茨城県美浦村・陸平貝塚を嚆矢に、「陸平式」と「大森式」という土器型式命名の端緒となる調査が行なわれた稲敷市・椎塚貝塚、日本の人類学を牽引した坪井正五郎により発見された同市・福田貝塚、霞ヶ浦での製塩研究の魁となった同市・広畑貝塚、ほかに縄文土器型式の標識遺跡である同市・浮島貝ヶ窪貝塚や美浦村・興津貝塚など枚挙にいとまがない。

先の江見の引用にあるように、陸平貝塚の調査成果が公表され霞ヶ浦沿岸地方の貝塚が注目されるようになると、多くの研究者や採集家たちが貝塚を目当てに訪れるようになった。そのうちの一人、辻武雄[1]による探訪記が残されている (辻 1893)。これによると、木原村 (現美浦村木原) から江戸崎 (現稲敷市) へ向かう途中の大谷村 (現美浦村大谷) で、3ヶ所の貝塚を発見していることが記されている。そのうちの2ヶ所が現在大谷貝塚と呼ばれているものに相当することが理解される。彼の記述から大谷貝塚の部分を拾うと、「其地名ヲ聞キシニ、大字矢津臺ト云ヘリキ、其ヨリ十四五間ヲ隔ツル、左傍ノ段畠大字貝塚ト云ヘル所ニ行キシニ、貝殻滿地ニ散布シ、皚然一白、土器ノ破片續々トシテ散布セリ」(※傍点筆者) と、現在確認されている大谷貝塚の2ヶ所の貝層が分布する字名が採録されている。さらにそこで採集した土器について、「多くは阿見、青宿、木原地方ノ土器ト、紋形相違ナラズ。就中鱗形、繩紋尤多シ」と、縄文前期の植房式の特徴を示唆するような記述がなされている。辻に

よるこの報文が、恐らく公表されている大谷貝塚についての最初の調査記録であろう。

次に大谷貝塚が記録に現れるのは、1948（昭和 23）年 1 月の酒詰仲男の調査である（酒詰編 2011）。1 月 4 日付の日誌を読むと現地踏査を行なっており、大谷貝塚には 5 ヶ所（A 地点、B 地点、C 地点、D 地点、北貝塚）の貝層が分布していることが記されている。日誌には簡略な分布図が添えられており、これから判断すると、「B 地点・北貝塚」が辻の「大字貝塚」地点、「C 地点」が同じく「大字矢津臺」地点に比定できる。「A 地点」と「D 地点」については現在所在不明となっている。出土遺物について酒詰は、「A、B、C、D 地点はハイガイはない。土器は加 E と加 B と堀之内もあるらしい。北貝塚丈がハイガイが多くこれは黒浜式でなかろうか。繊維土器もあるらしい。之丈を北貝塚として区別する必要があろう。フトヘナタリもこの貝塚丈で見かけた。シオフキは少ない」と、前期貝層の存在に注目している。なお酒詰は後年出版した『日本貝塚地名表』（酒詰 1959）で、大谷貝塚を「日光台」と「日光台（西）」の 2 ヶ所として掲載、日光台は阿玉台・堀之内・加曽利 B 式、日光台（西）は茅山式とし、先の踏査結果の所見と比べると若干の変更が見られる。恐らく日光台（西）とした地点が「北貝塚」に相当すると思われる。

（2）大谷貝塚の立地

大谷貝塚は稲敷台地の東端、美浦村を大きく南北に分断する高橋川が東流する主谷の開口部附近北岸に位置する（図 1）。大谷貝塚を載せる台地の東側は波食崖状の急崖を成すが、西および南、北側には当時の干潟へ続く小規模な開析

図 1　大谷貝塚位置

谷が見られ、生業上の重要なルートとなっていたことがうかがえる。
　霞ヶ浦の湖面に接する台地縁辺では、現在急傾斜の波食崖が観察されるが、当時の干潟である沖積低地へのアプローチには不向きな地形で、通常、湖岸低地から主谷をやや遡上し、そこからさらに枝分れする小支谷の谷頭付近の緩斜面に貝塚が形成されている場合が多い。大谷貝塚もそうした貝塚の一つで、高橋川流域のほかの貝塚でも見られる特徴である。
　高橋川流域には縄文時代の貝塚が点在しているが、その形成時期を追うと、一つの集団があたかも時期ごとに移動した結果を反映しているように見え、陸平貝塚が同じ場所で繰り返し貝層を形成していることと対照的な在り方を示している（中村1996）。こうした背景を探るために、遺跡群研究の視点から大谷貝塚を調査する意義は大きい。

(3) 大規模調査の実施

　2006（平成18）年、国道125号バイパス線伸長工事に先立ち、大谷貝塚の一部、辻の言う「大字貝塚」、酒詰の「北貝塚」の範囲をすべて含む発掘調査が都合3次にわたって行なわれた（図2）。その調査期間は2年3ヶ月、調査面積は13,009㎡におよび、出土遺物はコンテナ換算で527箱、斜面貝層はすべて

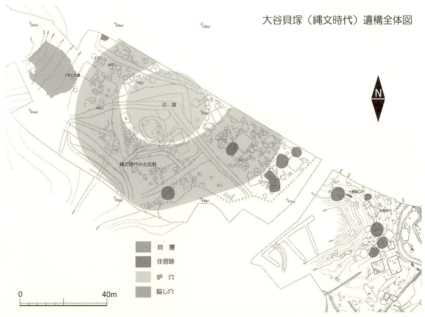

図2　大谷貝塚遺構全体図（縄文時代）

取り上げ、その総量は土嚢袋でおよそ25,000袋に達する。
　検出された縄文時代の遺構は、中期後葉の竪穴住居12軒、早期後半の炉穴9基、陥し穴4基、炉跡2基、土坑449基、土壙1基、前期中葉と中期後葉の斜面貝層1ヶ所である。なお土坑は出土遺物が少なく、所属時期が明らかになっていないものが多いが、形態などからそのほとんどが縄文時代で、時期が明らかなものは中期後葉の所産が主である。
　斜面貝層は、台地北西斜面部に形成され、標高17.5m～23.9mの範囲に分布する。平面形は長軸約24m、短軸約20mの広がりを示し、基本的に高所より斜面下方に向かって貝を投棄している様子が捉えられた。貝層形成前の斜面地形は小規模な谷状の窪地であったことが判明し、このことから当地は樹木や下草が繁茂しているような環境ではなく、表土が流失しやすい裸地に近い状況であったことがうかがえる。大谷貝塚を残した縄文人は、この窪地を利用して盛んに貝殻を投棄していたようである。

(4) 調査から見えてきた集落景観
　調査成果を基に大谷貝塚における集落景観の変遷を見てみよう（茨城県教育財団2009・2010・2015）。
　最初に大谷の地で縄文人の土地利用が始まるのは、早期後半の条痕文系土器の時期である。斜面窪地に近い台地縁辺部から該期の炉穴が見つかっており、キャンプ的な生活を送っていたようである。窪地には包含層が形成されるが、窪地を埋積させるほどの規模ではなかった。またこれより離れた東方の谷頭付近に陥し穴もみられることから、生活の拠点というよりは生業活動の場としての利用が考えられる。なお海産物利用の痕跡はなく、同時期の貝層が残されている陸平貝塚とは対照的である。
　無人期をはさんで土地利用が再開するのが、前期中葉の植房式土器の時期である。この時期から海産物の利用が盛んになり、窪地を埋め尽くすような貝層の形成が見られる。しかし、住居跡など集落の存在を裏付ける遺構は台地上からは見つかっておらず、早期同様、生業活動の場としての利用が主であったことが考えられる。ただし、貝層中に

図3　前期埋葬人骨

図4　大谷貝塚貝層断面

同時期の土壙（横臥屈葬）が検出されていることから、単なる生業の場ではない側面もうかがわせる（図3）。

再び無人期を経て大谷で初めて集落が形成されるのが中期後葉の加曽利E式土器の時期である。台地平坦部には環状にめぐる土坑群とその中央部は広場状の空間が認められ、竪穴住居は斜面貝層から離れた台地東部の谷頭を取り囲むような配置で展開している。斜面の窪地はこの時期の貝層で完全に埋積し、現在の地形の原型となる。土器片錘が大量に出土していることからも、この時期の海産物の利用は盛んであったことがうかがえる。なお、貝層中には焼土跡や炭化材、灰ブロック、破砕された貝層などが認められ、形成された貝層上でも何らかの人為的な営みがあったことが考えられる（図4）。

これ以降、再びこの地から人々の痕跡は消え、次にまた土地利用が始まるのは弥生時代後期を待たなければならない。

2　大谷縄文人の生活と環境

大谷貝塚は比較的古くから学会に紹介されていたものの、その後本格的に調査された記録はなく、これまで縄文時代研究の俎上に載せられることはなかった。しかし今般の調査により、膨大な遺跡情報—とくに斜面貝層に内包されていた縄文時代の自然環境や生業活動に関わる情報—が我々の前に提示されることとなり、その結果、遺跡自体はもとより、周辺同時代遺跡との比較検討も可能な状況となった。資料の分析・研究は現在も続けられているが、ここではこれまで明らかとなったその成果の一部を紹介したい。

(1) 出土した遺物とその特徴

報告書に掲載された資料及び未掲載の資料、土嚢袋で採取した貝層サンプルの水洗選別などにより新たに抽出された資料から、特記される所見の得られた遺物を中心に見てみたい[2]。

①石器（図5）

石器は主に石鏃、楔形石器などの剥片を素材とした石器群が多く出土している。石鏃は、前期貝層からは形態が二等辺三角形で基部が平らか若干窪むもの

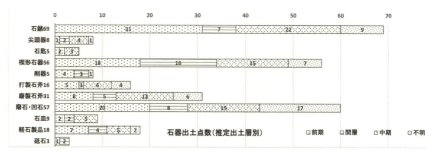

図5　出土した石器

が多く、中期貝層では鍬形のものが多い傾向が見られる。石鏃、楔形石器、尖頭器などの素材は前・中期ともにチャートが主で黒曜石はわずかである。木の実などの加工具である磨石も目立ち、叩き石、石皿、漁具の軽石製浮子なども出土している。

②骨角器（図6）

　刺突具が多数出土している。前期では返しのある鹿角製の刺突具が目立つ。小型のものが多く、細いもの、湾曲するものもあり、複数組み合わせて使用した可能性が考えられる。ヤス状の刺突具は、霞ヶ浦沿岸の後・晩期の貝塚では鹿の中手中足骨製が多数出土しているが、大谷貝塚では鹿角とイノシシの腓骨で作られたものが多い[3]。エイの尾棘も多数検出された。折れているものが大半だが、基部を細くしたもの、糸を結べるような刻みをいれたものがあり、ヤスとして利用されたのだろう。

　注目されるのは、これまで霞ヶ浦沿岸貝塚では少ないとされてきた釣針7点と未製品2点の出土である。中期の層からの1点は外側に返しがあり、細く丁寧な作りで、霞ヶ浦対岸の麻生町・於下貝塚出土の釣針とサイズ・形ともよく

図6　出土した骨角器

図7　鹿角製釣針　　　　　図8　釣針未製品

似ている（図7）。前期層サンプルから1点、層位不明のサンプルから1点、釣針の未製品と思われるものが出ている。鹿角から薄い板状の素材を切り取り、外縁を弧状にして中央に縦溝を刻んでおり、小型の釣針製作法がわかる好資料である（図8）。

　前期層を中心に、動物の歯に穿孔した垂飾りが出土した。バンドウイルカの歯が17点で最も多い。ほかにサメの歯、イノシシの犬歯と奇形の切歯、オオカミ、ツキノワグマ、キツネの犬歯もある。強く、大きく、珍しい動物の歯や骨が選ばれていることがうかがえる。ヘアピンと思われる製品、表面に線や点を刻んだ断片などのほか、擦り切り痕のある鹿角と鹿橈骨、加工痕跡のある骨や角の断片が多数出土し、この地で人々が動物の骨、角、歯を日常的に加工し多様な用途で使用していたことがわかる。

③貝製品

　貝刃、磨れ貝、貝輪とその素材、貝玉、穿孔した貝などが出土している。

　貝刃は二枚貝の縁辺を細かくはぎ取って刃をつくったもので、包丁、鱗落としなどに使われたと推定されている。約500点検出されたが、ほとんどがハマグリ製で、中期の貝層からの出土が多い。

　貝輪は前・中期ともにフネガイ科（サトウガイなど）製が主で、未製品素材を含めると70点以上検出されている。アカニシの貝輪ないし未製品と思われるものは、中期の層からの出土が多い。巻貝に穴をあけた貝玉（ビーズ、ペンダント）4点のうち、マクラガイ製1点は、関東地方では出土例が少ないものである。また、ツノガイ、ヤカドツノガイがあわせて約230点検出された。とくに前期層からの出土が多い。明らかに研磨加工されたものは5点だが、加工痕跡のない2点が入れ子状に重なるものがあるので、そのまま紐を通してビーズのように使われたと推定できる[4]。

④食用以外の貝殻・化石貝

　水生生物による穴が無数にあいた大きなアカニシの殻、化石と推定できる大型二枚貝ナミガイ、ミルクイなど、食用以外の目的で持ち込まれた貝殻がみられる。とくにナミガイは主に中期の貝層から多数出土した。前述の鮫歯穿孔品の中にも化石があるが、大谷の縄文人が化石に価値を見出し、利用したりしていたことがうかがわれる[5]。

⑤動・植物遺体

　植物　低湿地遺跡などでは植物遺体が良好な状態で出土することがあるが、大谷貝塚では炭化したオニグルミの殻が目立つほかは検出できていない。

　貝（図9）　図は貝層の中位部（前・中期）と高位部（前期）、低位部（中期）でのサンプル分析による貝組成グラフである。同じ時期の貝層でも地点によりその組成が異なることも予想されたるため、現在も継続している貝層サンプル分析調査の成果を加えたものである。

　これまでの調査から見えてきた大谷貝塚の貝利用の特徴点を列記してみると、ⓐ前・中期とも内湾砂底干潟に棲息するハマグリが多い、ⓑ前期は利用貝種が少なく、とくにウミニナ類がわずかだが、中期にはウミニナ類の集中的な出土例もあり[6]、巻貝の積極的な利用がうかがえる、ⓒ前期には暖海の内湾

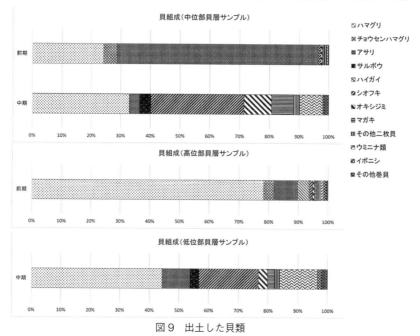

図9　出土した貝類

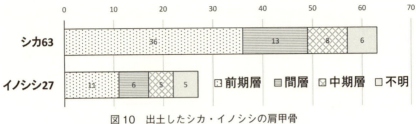

図10 出土したシカ・イノシシの肩甲骨

泥底干潟に棲息するハイガイ、外洋に面した潮間帯下部以深の砂地に棲息するチョウセンハマグリが一定量見られ、同様の環境に棲息するコタマガイも少数出土するが、中期にはこの3種は見られなくなる一方、シオフキ・オキシジミ・サルボウが増える、ⓓアサリはどの時期にも見られるが、いずれの時期も小型のものが多い[7]、ⓔ前期は地点による貝組成割合の偏りが大きく、中期の方がより安定的な貝組成を示す、ⓕ汽水域のヤマトシジミ、イシマキガイ、淡水域のカワニナなどがごく少量あるが、内湾干潟の貝が主である。

貝組成から、周辺の水域環境を復元しようとしたとき、前期のチョウセンハマグリ出土の背景が今後の検討課題である。近隣貝塚をみると、沖積地を挟んだ対岸に位置する前期前葉の美浦村・虚空蔵貝塚の調査でもチョウセンハマグリが一定量出土している（大川ほか1972）。一方、同じ水系にある前期後半の同村・興津貝塚や稲敷市・浮島貝ヶ窪貝塚では報告されていない（西村1984）。

哺乳類・鳥　現地採取の骨で最も多いのはシカ、次いでイノシシである。とくに前期はシカが多い（図10）。また、出土した部位に明瞭な偏りがみられる[8]。中型動物の現地採取資料ではイヌの点数が最も多く、集中的な出土が数か所でみられた。次いでタヌキが中期中層中心に出土している。ノウサギ、キツネ、アナグマもみられ、少数だが、カワウソ、イタチ、ムササビ、クマも出土した。ほかにイルカの椎骨5点が出土している。

鳥の骨は多く、そのほとんどがカモ類である。キジなども見られるが、ハクチョウ、アビ類に加え、大型のフクロウ科（ワシミミズクかシマフクロウ）の烏口骨1点の存在が注目される。

魚（図11）　発掘中に現地で採取された魚骨を見るとマダイ、クロダイ、スズキの順に出土している。大型の魚骨の中でのマダイの割合の高さは大谷貝塚の特徴である[9]。水洗選別資料ではニシン科（マイワシが主）の骨が多く、とくに前期には多数のマイワシの骨が検出されるサンプルがある。中期には、加

えてウナギとハゼの骨がほとんどのサンプルから出土する。

　クロダイ、スズキ、ボラ、エイといった内湾沿岸貝塚で一般的な魚種がどの時期にもみられるが、加えて前期のマダイとマイワシ、中期のウナギとハゼが大谷貝塚に特徴的な魚種といえる。稀ではあるがイシダイ科・ベラ科といった磯魚も出土している。貝組成での特徴とあわせて外洋的環境があったのか、時期によってどんな変化があったのか、多方面から解明すべき課題である。

水域	環境等	分類群	前期層	中期層
沿岸	磯・岩礁	コショウダイ	○	
		イシダイ科		○層不明
		ベラ科		○層不明
外洋ー内湾	回遊	サメ類	○	○
		マダイ	●	○
		フグ科	○	○
		エイ類	◎	○
		ダツ科	○	
		ニシン科	●	●
		ブリ属	○	
		サバ属	○	
		アジ属	◎	○
		サワラ属	◎	
		サヨリ属	◎	
沿岸ー汽水域	砂地	コチ属	○	○
		ヒラメ科	○	○
		キス属	○	
		カレイ科	○	
		スズキ属	●	●
		クロダイ属	●	●
		ボラ科	◎	◎
海ー汽水ー淡水域		ハゼ科	○	●
		ウナギ属	○	●

多量● 普通◎ 少量○

図11　出土した魚類

（2）出土遺物からみた大谷縄文人の生業

　貝塚を残した縄文人の生業イメージは、魚介類を中心に据えた生業活動が盛んであったという見方が一般的ではなかろうか。一方、霞ヶ浦沿岸の貝塚からは木の実などの加工や狩猟用の石器の出土は少なく、1879年に最初に調査された陸平貝塚の報告書でも石器の出土は極めて少ないと記され（美浦村教育委員会2006）、狩猟活動は低調であったというイメージで語られやすい。こうした背景には、これまでの貝塚調査が部分的な調査に終わっていたという量的な制約が大きく作用している可能性があり、そうした中で今回の大谷貝塚の調査は、斜面貝層をすべて調査するという稀有な事例となった。その結果は報告書に詳しいが、現在も分析が続けられている未選別貝層サンプルからも剥片石器を中心に、製品や未製品、剥片などが多く見つかっている。豊富な資料―磨石、石皿、クルミの殻、石鏃、獣骨など―からは、木の実の採集・加工を日常的に行ない、弓矢による狩猟などが行なわれ、水辺ではカモ猟も盛んであった、という重層的な生業活動の存在が見えてきた。また、見つかった前期中葉人骨のコラーゲン分析では、彼らの食性は海産物に大きく依存しているもののそればかりではなく、草食動物や植物も一定量摂取していたことが判明している。

　漁労具として、前・中期ともに小型釣針、ヤス状刺突具が出土し、ほかに前

期には返し付刺突具、中期には900点以上の土器片錘が出土している。マイワシなどは、回遊してきた魚群を岸や網に追い込んで捕獲したと推測され、中期には錘のついた刺し網、たて網などが使われたことであろう。釣り、潜水や丸木舟からの刺突漁で、大型魚も獲られていた。中期にウナギとハゼ類の捕獲量が増える背景には、資源量の増加の

図12　大谷縄文人を支えた森と干潟（イメージ）
現在の大谷貝塚付近の谷津田と干潟写真を合成。

可能性もありうるが、うけ漁や粗朶漁（枝などを束にして投げ込んでおき、潜り込む魚を獲る）など、罠設置型漁法が日常的に行なわれたためではないかと推測している。中期の層に特徴的なクロダイの幼魚骨の存在も、漁法の変化と関連があると思われる。

斜面貝層で出土した豊富な遺物から、多様な活動がこの地で繰り広げられていたことがわかる。台地上では中期の住居址や土坑が検出されており、集落の姿が浮かんでくるが、前期の住居址や遺物は検出されていない。前期にどのような生活が行なわれていたのか、今後多方面からの検討が必要である。

3　大谷貝塚の調査から見た貝塚調査の意義と課題

ここに記載したのは、大谷貝塚斜面貝層資料の整理・分析から見えてきた個別・具体的事象を列挙したものに過ぎない。資料分析の途中経過であり、大谷縄文人が暮らした自然環境や暮らしぶりの様子が断片的に見えてきた、という程度である。残された膨大な貝層資料をすべて整理・分析し、これらを研究資料として活用するのはまだまだ先の話である。

大谷貝塚では斜面貝層全体が発掘調査の対象となった。調査を担当した茨城県教育財団は限られた条件の中で、厚く複雑な堆積状況を示す斜面貝層を慎重に確認しながら調査を進め、細かな貝層の時期や性格の把握に意を注ぎ、気の遠くなるような作業を通して膨大な調査記録を残した。しかしそうした努力にもかかわらず、斜面貝層を構成するすべての資料を現地で完全に調査するということは不可能なことであった。だが貴重な情報を内包する貝層であるため、現地での調査を補う手法として斜面貝層の全量を採集する方法がとられた。

現地調査終了後、土嚢袋に収納された貝層サンプルは順次美浦村教育委員会へ移管された。その後村ではこの未調査資料の継続的な整理・分析調査を計画し、文化財協力員を中心に、文化財センターにおいて貝層サンプルの水洗選別作業をすすめてきた。その結果、新たな遺物が多数発見されることになり、例えば石鏃56点、貝刃494点、釣り針7点などがこの作業で新たに追加された。ただしこの数値は途中経過のものであり、今後さらに増加することは確実である。

　人工遺物ばかりではなく、動物遺体についても新たな成果が蓄積されている。それは、局所的なコラムサンプルで得られた資料だけではわからない、魚骨・獣骨・貝などの集積密度や種の偏在などが悉皆調査によって次第に明らかとなりつつあり、貝層の実像が見えてきたことである。こうした動物遺存体が時系列で整理されて行けば、その時期的特徴がより鮮明になり、大谷貝塚を取り巻く自然環境や生業活動の具体的な姿が浮かび上がってくることだろう。

　一方、水洗選別前の万を数える土嚢袋の山を見るにつけ、この先の不安を拭うことができない。実際、月日が経つにつれて、土嚢袋や位置情報を記録したラベルも劣化し、出土地点、層位が不明なものが増えていくという問題が起きている。貝層の全量採集は大きな成果を生み出すことは間違いない。ただ手続き的には終了している遺跡の調査を、発掘後に長期にわたって行なうためには、これを継続させるだけの場所と体制、何よりも行政内での理解が不可欠である。大谷貝塚の事例はそのことを私たちに問いかけている。ともかく、この地道な調査を今後も続けていくためには、その成果を様々な形で情報発信し、掘り出された大谷縄文人の遺産を生かしていく道を常に探っていかなければならない。

註

1) 辻武雄(1868—1931)。熊本市出身。号聴花。慶応義塾に学ぶ。劇評家・中国文学者。教育視察の目的で中国に赴き、南京などの師範学校で教鞭を執る。また京劇の研究に没頭し、その劇評は斯界の権威として重きをなした。1894年に初等教育教科書『肥後史談』(郷土史)を編纂する。

2) 今回掲載した内容は、現時点(2016年5月)での結果を基にしている。各資料の層位確認は、ラベル記載事項、共伴した土器、貝相、断面図から行なった。異なる時期の土器が共伴する例も多く、時期判断はあくまで推定である。表グラフなどで「間層」としたのは、明瞭な前・中期層の間の貝の比率の低い層と破砕貝の多い層である。「前期層」とした中には貝層下土層もあり、早期

の遺物が含まれている可能性が高い。
3) イノシシの腓骨は四肢骨の中でとくに細い骨だが、現生標本よりはずっと太いものが使われており、当時のイノシシの大きさが想像できる。
4) ツノガイ類は食用にはならず、生きた状態での採取が困難な貝である。とくにツノガイの生息域は潮間帯より下で、死殻を浜辺で見ることも稀である。陸平貝塚の後期貝層出土のツノガイ類は年代測定から化石貝であったことが判明しており、大谷貝塚のツノガイも化石の可能性が高い。
5) 霞ヶ浦沿岸には、10数万年前の化石層があちこちに露出している。近隣の美浦村西端の崖面では、ナミガイ、ツノガイ、イタヤガイなどの化石貝が多数見られ、自然湖岸の残る稲敷市西ノ洲岬には霞ヶ浦が海だったころの様々な貝がうちあげられている。大谷貝塚の縄文人は、化石を含めた多種類の貝殻を近くで採取できたことだろう。陸平貝塚D貝塚の後期貝層では、ウチムラサキ・イタヤガイの化石、生痕化石の棒状砂岩が並んで検出された（美浦村教育委員会2012）。容器、玩具、祭祀的な使用など、その用途は今後の検討課題の一つである。
6) 中期層出土のウミニナの多くは殻頂が欠けている。民俗例にもあるような、殻頂に穴をあけて中身を吸い出す食べ方が推測される。
7) 殻長1cm未満を含む小型のアサリが多い点から、砂ごと掘りあげ、笊などで濾すような採り方が想像される。小型貝の多い理由は、採集時期、環境条件、捕獲圧など多方面からの今後の検討が必要となる。
8) シカの場合、角は多数出土しているが、ほかの頭部の骨（上顎骨、下顎骨ほか）がごくわずかである。種類ごとに狩猟後の処理から廃棄に至る定まった扱い方があったのだろう。
9) マダイ（現地採取資料から468点確認）は貝層斜面上部（前期層が主）に目立ち、下部（中期層が主）に向けて減少している。クロダイ(230点確認)は地点の偏りなく出土し、スズキ(50点確認)は斜面下部にむけて増加する。マダイは特有の分厚い前頭骨、上後頭骨が多く、1サンプル(50×50×5cm)に頭9個体分という例もみられる。霞ヶ浦沿岸貝塚出土のマダイについては、外洋魚であるとして、交易説がある。しかし、浮島貝ケ窪貝塚（前期）からマダイが最も多く出土したとの報告例もあり（西村1984）、筆者は一定の海洋状況・季節（産卵期など）に、近隣の海に出現したのではないかと考えている。今後各資料の時期推定、復元体長、部位の偏りなど詳細な分析を進めたい。

引用・参考文献

茨城県教育財団 2009『大谷貝塚』茨城県教育財団文化財調査報告 317
茨城県教育財団 2010『大谷貝塚 2』茨城県教育財団文化財調査報告 330
茨城県教育財団 2015『大谷貝塚 3』茨城県教育財団文化財調査報告 401
茨城県史編さん第一部会原始古代専門委員会 1979『茨城県史料　考古史料編　先土器・縄文時代』茨城県
江見水蔭（忠功）1907『地底探検記』博文館
酒詰仲男 1959『日本貝塚地名表』土曜会、日本科学社
酒詰治男編 2011「常陸陸平貝塚發掘日録」『酒詰仲男　調査・日録　第 7 集』東京大学総合研究博物館標本資料報告 89
辻　武雄 1893「茨城縣信太、河内兩郡ニ於ケル石器時代ノ遺蹟」『東京人類学会雑誌』9—92
中村哲也 1996「生業活動と遺跡群」『季刊考古学』55、雄山閣
西村正衛 1984『石器時代における利根川下流域の研究―貝塚を中心として―』早稲田大学出版部
美浦村教育委員会 2006『陸平貝塚―調査研究報告書 2・学史関連資料調査の成果―』

2　陸平貝塚の形成過程

中村哲也

1　陸平貝塚の地勢

　全国第2位の面積を誇る湖・霞ヶ浦の南岸に面した茨城県稲敷郡美浦村の安中地区に、縄文時代の大規模貝塚遺跡である陸平貝塚は所在する。霞ヶ浦南岸と利根川下流の間には、「稲敷台地」と呼ばれる更新世の地形面を基盤とする台地が広がっている。霞ヶ浦に突き出たその北端部に位置する「安中台地」は、稲敷台地本体とは沖積地によって切り離された周囲約7.5km、標高20～30m程の島状台地で、その中央に遺跡は位置する。北側と東側は狭い湖岸低地を挟んで霞ヶ浦に面し、現在干拓地となっている南側は、1950年代までは「余郷入」と呼ばれる霞ヶ浦の入江であった。

　安中台地内には、「谷津」と呼ばれる樹枝状に発達した狭い開析谷が複雑に形成され、陸平貝塚はその谷頭が集まった台地中央部に展開している。四方から入り込んだ谷津に区切られた標高20～26m、面積約30,000㎡に及ぶ台地上平坦部を取り囲むように、A～G、I貝塚と呼称する8ヶ所の斜面貝塚が分布し、E貝塚だけが尾根部で隔てられた狭い平坦部に面して形成されている。

　また、陸平貝塚は、1879（明治12）年に、E. S. モースの薫陶を受けた、東京大学生徒の佐々木忠二郎と飯島魁によって、日本人の手による最初の発掘調査が行なわれた遺跡として考古学史にその名をとどめている。

(1) 周辺の水域環境（図1・2）

　貝塚がつくられた背景となった縄文時代の水域環境については、当時、霞ヶ浦が鹿島灘に口を開いた内湾であったことはよく知られている。さらに、縄

図1　霞ヶ浦と安中台地
（美浦村教育委員会提供）

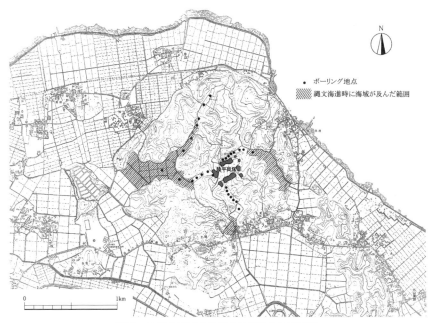

図2　珪藻分析による縄文時代の海域の復元

文海進時に陸平貝塚周辺で海がどのように広がっていたのか詳細な水域環境を復元するために、ボーリングによる珪藻分析が行なわれている（鹿島・阪口 2009）。珪藻は水中に棲む微生物で、淡水、海水など生息環境によって種類が異なる。そのことを利用し、地中に残された珪藻化石をボーリングなどで採取し調べることにより、往時の水域環境を復元するのである。

　安中台地内の複数の谷津で調査を実施したところ、海抜2～4mを上限とする地層から、海水又は汽水に生息する珪藻の化石が検出され、その地層の下限年代は、縄文時代前期末から中期の初め頃にあたる約5,000年前である。その頃霞ヶ浦の水面が現在（海抜0m）より2～4m程上昇し、遺跡から数百mも離れていない台地内の谷津の奥まで入り込んでいたことを示す。また、縄文時代後期の約3,500年前にはかなり海が後退し、台地内の谷津から海水性の環境が消失していたことも明らかになった。

　これら海水の影響が認められる地層が検出された最も谷奥側の地点は、いずれも地表面の標高が6m前後の場所に位置する。そのためこの6mの等高線が、当時の海岸線を平面的に復元する目安となる。現在の地形図上でこのラインを追っていくと、台地の周囲はすべて海岸線となり、最大海進時、陸平貝塚が位

置する安中台地は、霞ヶ浦に浮かぶ島であったことが想定されるのである。
2　保存のための確認調査
　1980年代後半、陸平貝塚を含む安中台地一帯に、ゴルフ場造成などのリゾート開発計画が持ち上がる。このとき開発計画の中で陸平貝塚のより完全に近い形での保存を達成するために、坪井清足を顧問に迎え、戸沢充則を調査団長として陸平調査会が組織され、保存に必要な情報を得るための総合的調査が1987年から実施される。前述した水域環境の復元調査もその一環として行なわれたものである。総合調査のもう一つの柱となったのは、貝層の範囲確認調査と試掘による確認調査であった。そして、これらの調査成果に基づき、村当局の熱意と開発企業の英断により、開発区域の中に周囲の自然景観も含めた約14haに及ぶ現状保存範囲が確保され、陸平貝塚は完全に近い形で保存されることになる。

(1) 大規模で長期にわたる貝層
　まず、最初に行なわれたのは、貝層の範囲確認調査であった。長さ1m程の検土杖を使い貝が分布する範囲を調べたところ、以前に知られていたよりかなり広範囲に貝層が広がっていることが確認された。とくに、A、B、C貝塚と名付けられた3ヶ所の貝塚は、長さ100m以上、幅50m以上に及ぶものであり、酒詰仲男が戦後間もなく調査した時の貝層の厚さが4.7mもあったという記録を加味すると（酒詰1951）、その体積は、全国屈指の規模といっても過言ではないであろう。
　一方、試掘による確認調査は、貝層の堆積状況や形成時期の把握と、斜面貝塚に囲まれた台地上平坦部を対象に、貝塚を残した人たちの集落跡の存在を明らかにすることを目的とした。貝層は地形図でみると、斜面の中でも尾根状部分に区切られ、ノッチ状に窪んだ部分に、台地縁辺部から谷底にかけて形成されていることがわかる。貝層の確認調査は貝層がかかるその台地縁辺部に調査区（トレンチ）を設けて行なわれたが、まず驚かされたのは、現状の台地縁辺から、長いところでは30m程手前から貝層が堆積していることであった。これらは、もともとあった斜面が貝で埋められ、台地縁辺がせり出したことを意味する。
　また、試掘によって時期が特定できた貝層は、従来から言われていた中期〜後期にかけてのものが中心であったが、新たに早期後葉の貝層が確認されたのをはじめ、前期後半、中期初頭、中期前葉、中期後葉、後期初頭の時期の貝層が確認され、過去の調査から確実視される後期前葉と後期中葉の貝層も含めると、早期後葉〜後期中葉にわたる長期間、貝層が形成され続けたことが明らか

になった。これほど多くの時期の貝層が残された遺跡は、貝塚密集地帯といわれる関東地方の中でも陸平貝塚だけであろう。なお、後で触れるが、この試掘調査により、各時期の貝層サンプルが得られたことは重要であった。

(2) 集落跡の調査（図3）

もう一つの目的である集落跡の調査については、台地平坦部上に10m×2mを基本とするトレンチを17ヶ所設定し、遺構の有無などを確認した。発掘してみると、古墳時代以降の集落跡が重複しており、台地東側では遺物包含層の残りが悪いといった状況もあり、縄文時代の住居跡の検出に苦労した。しかし、結果的には、住居址の可能性がある縄文時代中期に該当する遺構が4基確認されたほか、多くの土坑や後期の土器埋設遺構、それに人骨が残っていた墓壙などが確認され（墓壙については後に平安時代のものと判明）、中期～後期にかけての集落跡の存在が明らかになった。さらに、1997（平成9）年に便宜施設建設のためにA貝塚北側の台地上で約170㎡の範囲で実施された発掘調査では、中期の住居跡1軒と後期の住居跡1軒が検出されている。

集落跡が確認されたものの、その在り方は、調査前に想定していた東京湾沿

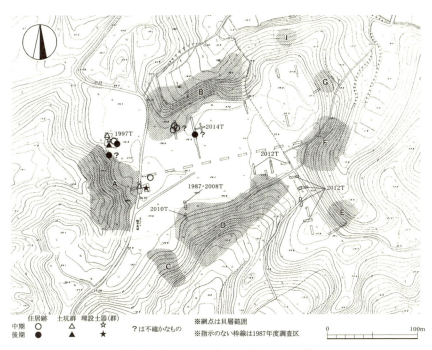

図3　陸平貝塚の調査区と確認された遺構

岸の大規模貝塚のような、環状に台地を取り巻く貝層に対応して、住居跡が密集して環状に残された大規模集落（西野 2001・2005）とは、様相を異にするものであった。それは貝層の規模の大きさに比べ、住居跡などの居住痕跡が少ないという印象でもある。とくに、早・前期については、住居跡は確認されず、早期の炉穴と思われる焼土がみられる土坑が僅かに確認されたのみであった。この状況を解釈する仮説のひとつには、貝塚を残した人々は、陸平貝塚以外に居住していたということも考えられよう。

3　周辺の遺跡群の調査—陸平遺跡群の調査—

(1) 安中台地の分布調査

確認調査が実施された 1987（昭和 62）年の暮、陸平貝塚が所在する安中台地内の遺跡の有無を調べる分布調査が開始された。この調査は陸平貝塚の周辺地域が開発予定地になっていたことが実施の要因であったが、同時に陸平貝塚を理解するには、周辺に存在する同時期の遺跡群の在り方を把握する必要があったためでもある。前述したように、縄文時代のある時期、安中台地は霞ヶ浦に浮かぶ島であったと考えられ、そのような地理的に限定された範囲に所在する遺跡同士は、当然何らかの関係をもって形成されたと考えられるのである。

分布調査は 1989 年度にも実施され、藪が生い茂る台地全域にわたり、計 500 ヶ所以上の試掘坑（テストピット）が掘られ確認が行なわれた。その中で遺構や遺物が検出されたテストピット群は、地形などをもとに最終的に旧石器時代から近世に及ぶ計 39 ヶ所の遺跡としてまとめられ、「陸平遺跡群」と呼称される（小杉 1990）。

(2) 陸平遺跡群の発掘調査（図4）

分布調査によって把握された陸平遺跡群（美浦村）のいくつかの遺跡については、開発に伴う事前の記録保存のための発掘調査が、1988 年から 1998 年にわたって実施された。そして、分布調査とこれらの発掘調査で得られた成果は、かなり意外なものであった。通常、大規模な遺跡の周囲には、その遺跡と関連を持つ同時期の遺跡が多数分布するものであるが、陸平貝塚の周辺には縄文時代の遺跡が希薄だったのである。

陸平貝塚で貝層が確認されている縄文時代早期〜後期の陸平遺跡群をみてみると、早期で集落跡と考えられる遺跡は、多古山Ⅱ遺跡と下の下遺跡である。それぞれの遺跡で早期後葉の条痕文期の重複する 2 軒の住居跡と炉穴群が検出されている。前期については、天神平Ⅰ遺跡で重複する 2 軒の住居跡が、陣屋敷遺跡と木の根遺跡、内出遺跡で 1 軒の住居跡がみつかっている。天神平Ⅰ・多古山Ⅱ遺跡は分布調査時の限られた試掘による確認なので、遺構がもっと多

く存在する可能性はあるが、いずれも小規模な集落遺跡といえる。さらに、細別土器型式の時期でみると、遺跡ごとに時期がすべて異なっており、2軒検出された遺跡でもそれが重複していることから、陸平遺跡群内における早・前期の居住痕跡は小さな集団が単期的に営んでいたものと考えざるを得ない。

縄文時代中・後期になると、さらに居住痕跡は希薄になる。住居跡は陸平貝塚に隣接する押井戸遺跡で、中期前葉の住居跡と考えられる竪穴が1基発掘されたのみで、台地上ではほかに下の下遺跡で後期の土坑とまとまった土器が検

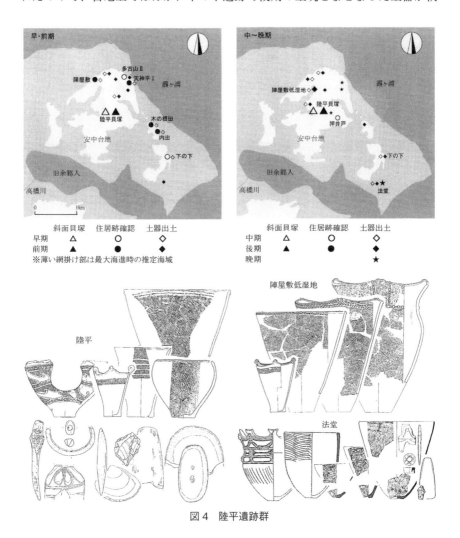

図4　陸平遺跡群

出されたのが目立つぐらいである。ただし、集落遺跡以外では、陸平貝塚から500m程離れた谷底に大量の縄文時代後期の土器が廃棄されていた陣屋敷低湿地遺跡が存在する。

以上のことから、1987年の確認調査で課題となった陸平貝塚における居住痕跡の少なさは、近隣遺跡での居住の在り方から、単純に補えるものではないということになる。

4 住民参加による新たな確認調査

保存に関わる一連の現地調査が終了してから10年後の2008年、その間に国指定史跡となり、地域住民による活用事業が軌道にのった陸平貝塚では、より貝塚の内容を把握するための、住民参加による確認調査が10ヶ年計画でスタートする。当然そこで調査目的となったのは、以前の調査で把握されたいくつかの課題である。

(1) 貝層サンプルの分析（図5・6）

この調査は現地での発掘調査から報告書の作成まで、専門家の指導を受けながら地域住民が主体となって行なうもので、2015年度時点で4回の現地調査と4冊の報告書が刊行されている。このうち最初の2回は、1987年の調査では得られていなかった縄文時代後期前葉以降の貝層サンプルを採取し、陸平貝塚における縄文時代早期から後期に至る食料資源の利用の変遷を明らかにする目的で実施された。1987年調査時に後期初頭の称名寺式期の貝層が確認されたD貝塚西部に新たな調査区（トレンチ）を設定したところ、予想通り称名寺式の貝層を覆う形で、後期前葉の堀之内式期の貝層が検出され、目的のサンプルを採取することができた。これらの採取された貝層サンプルは、5mm、2.5mm、1mmという異なる大きさのメッシュのふるいにかけて水洗され、それぞれのふるいに残った貝や骨類を抽出・同定し、種類ごとの数や重さが定量的に分析される。

このような多時期にわたる貝層サンプルの定量的な分析が一遺跡で行なわれるのは、霞ヶ浦沿岸はもとより全国的にもあまり例がないといえる。分析の成果の詳細は樋泉岳二の論考（第

図5　陸平貝塚の縄文時代中期初頭の貝層
（B貝塚西部出土、美浦村教育委員会提供）

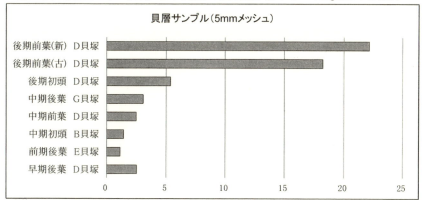

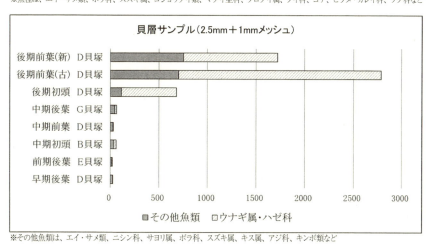

図6 陸平貝塚における漁労具と魚骨の包含密度

Ⅲ章第1節）に委ねるが、簡単に述べると、当時内海であった霞ヶ浦を背景とした、前期以降のハマグリへの強い嗜好性と、内湾性の魚類を対象とした漁労の在り方といえる。また、後期初頭になると汽水〜淡水域に多い小さなウナギ属やハゼ科が激増し、加えて、後期前葉には従来から捕獲の対象であった内湾性の魚も増加するという顕著な変化がみられる。このウナギの増加の要因として、樋泉はこの時期周辺に淡水域が一気に拡大した可能性と、嗜好の変化や漁法の開発といった人為的要因を指摘している（美浦村教育委員会 2010a）。

このことは、漁労具の変遷を考える上で興味深い。陸平貝塚を含む霞ヶ浦沿岸地域では、前期では片側に多数のかえしを設けた、大型魚を対象とした骨角製の刺突具が特徴的であり、中期から後期前葉にかけては、小型魚を対象にしたと思われる漁網のための土器片錘が多出する。そして後期中葉には、かえしの無い細身の刺突具が多くみられるようになることが知られる（渡辺 1984）。一方、貝層サンプルの分析結果では、確かに後期には刺突漁に対応した5mmメッシュのふるいに残る様な大型魚骨の増加が認められる。しかし、前期と中期に関しては、前期に大型魚骨の割合が多く、中期になると1mmや2.5mmのメッシュで検出される小型魚の骨が増えるというような、漁労具との対応関係は認められない。このことは遺物として残された漁労具が示す漁法が、そのまま当時の漁法のすべてではないことを示唆する。つまり、漁労具の消長は捕獲対象魚の変遷を示しているのではなく、その道具を使った漁法が用いられたか否かを単に示しているに過ぎないといえる。そして、時期ごとに異なる漁労具の選択の背景には、技術革新とともに、漁労に関わる組織体制の違いをも見通す必要があろう。

なお、後期に多産するウナギについては、調査に参加した住民からの「淡水域、海水域どちらで採取されたものなのだろう」という疑問から発展し、近年ウナギの産卵場所の特定といった生態研究で成果を上げている東京大学の研究グループによる耳石の分析が試みられようとしていることを付記しておく（ただし、耳石の同定にまだ問題があり、研究はこれからである）。

(2) 居住痕跡のさらなる検証

残りの2回の調査は、1987年の調査時に課題となった居住痕跡の在り方をさらに検証することを目的とした。まず、2012年には早・前期の居住痕跡を確認するために、早期の貝層が存在するD貝塚東部と前期のE貝塚に接する台地上に、およそ10m×2mの試掘調査区（トレンチ）を7ヶ所設け、遺構の有無を確認したが、当該期の遺構は全く検出されなかった。それどころか、1987年の調査時に早期の炉穴と考えられていた焼土を含む土坑群も、再調査したところ炉穴ではないことや時期が異なることが明らかになった。また、D

貝塚東部周辺の台地上では土層の残りが悪いことが再認識され、そこで中世の土坑が検出されたことなどから、早期の遺構については、城郭造成などにより中世以降に削平を受けている状況も考慮しなくてはならなくなった。しかし、霞ヶ浦沿岸の早・前期の貝塚遺跡において、今までに斜面貝層に伴って住居跡が検出された事例は無い。広範囲の発掘事例が少ないことにもその要因が求められようが、陸平貝塚における当該期の居住痕跡の在り方も、霞ヶ浦沿岸地域の早・前期の在り方にそったものである可能性が強いと思われる。

2014年の調査では、中・後期の居住痕跡の在り方を調べるために、1987年の調査時に中期中葉の住居跡と考えられる遺構群と、中・後期の土器が多量に検出されたB貝塚西部にトレンチを設けた結果、後期後葉の加曽利B式期の住居跡の可能性がある竪穴遺構1基が確認できた。これで陸平貝塚の中・後期には居住痕跡が伴うことが再認識されたわけであるが、住居跡が散在するという想定を覆す状況は認められなかった。やはり住居跡が密集して環状に巡るという縄文時代の大規模集落遺跡のイメージとはかなり異なる。

(3) 貝塚が形成された古地形（図7）

上記の貝層サンプルの分析と、居住痕跡の調査と並行して、貝塚が形成された場所の古地形を復元する調査も実施された。前述したように、陸平貝塚では斜面を埋めるように厚く貝層が堆積しているため、貝層下の基底となっている土層の状況を発掘によって確認することは簡単ではない。そのため明治大学の協力などを受け、深さ3mまでの土壌が採取できるハンドボーリングを使い、古地形の復元を試みた。

ボーリング地点は、B貝塚西部とD貝塚西部の2ヶ所を選定した。B貝塚西部の南側に広がる台地平坦部では、遺物を包含する土層の堆積状況が良好なことが1987年の調査時に確認されていたが、ボーリング調査の結果、B貝塚が面する谷津の谷頭が、埋没谷として南側に曲がって入り込んでいることが明らかになった。また、その下部に堆積した土層中の炭や貝片を年代測定したところ、中期前葉から中葉の年代が得られた。つまり、現在はほぼ平坦な当該台地上も、縄文時代中期以前には明確な谷状の地形であったことになる。そのように起伏があったことを前提にすると、住居跡が密集せず散在する状況の一因として、地形の制約を考慮する必要がある。現にA貝塚周辺で検出された住居跡群や、B貝塚西部に隣接する加曽利B式期の竪穴遺構は、この埋没谷周縁の高い場所に位置する。現状が広域な平坦部をなしているからといって、住居跡が密集する環状集落を安易に想定することはできなさそうである。

一方、D貝塚西部では、貝層直下の土層が基盤層である粘土層になっていることが、ボーリング調査によって明らかになった。貝層の下が斜面地になって

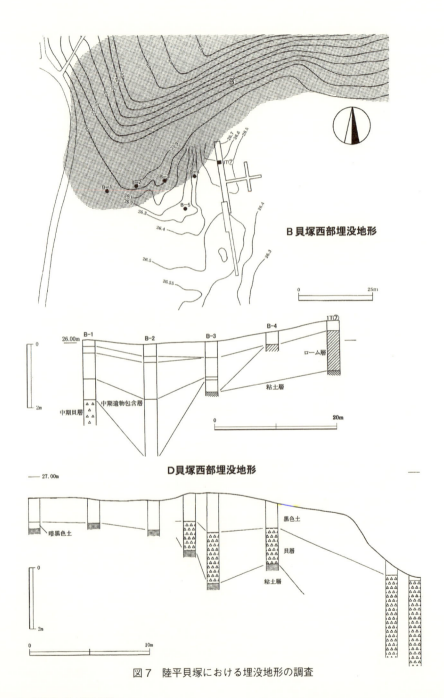

図7　陸平貝塚における埋没地形の調査

いることは、1987年調査時にもいくつかの地点で確認されていたが、基盤層と貝層の間にはローム層や黒色系の土層が堆積していた。これは斜面がロームや土層が堆積する以前、つまり貝層が残されるかなり前に形成されていたことを物語る。それがD貝塚西部では、上位のローム層や土層が一気になくなる様な崩落が貝層形成の直前に起こり、斜面地が形成されたことを想起させる。当時の縄文人たちは、崩落によって新たに出現したノッチ状に抉られた斜面地を、絶好の貝の廃棄場所として選択したのかもしれない。

5 陸平貝塚の形成過程

では次に、今までの調査成果から分かった陸平貝塚の形成過程について時間を追ってまとめてみよう。

(1) 縄文時代早期以前

陸平貝塚に残された最初の人の痕跡は、旧石器時代のナイフ形石器であるが、旧石器時代を対象にした調査は実施しておらず、詳細は不明である。今のところ縄文時代の最も古い遺物としては、早期前葉の撚糸文系土器が数片確認されているが、まとまって土器がみられるようになるのは、早期中葉の田戸下層式を中心とした沈線文系土器からである。

続く、早期後葉になるとマガキとハイガイを主体とする貝層がD貝塚東部の斜面に形成される。現時点では、これが陸平で海産資源が利用された最初の痕跡である。同時期の条痕文系土器はこの貝層周辺のほかに、E貝塚の斜面で包含層が存在するほか、A貝塚近辺でもまとまった出土がみられる。貝層以外の遺構については、A貝層北側で炉穴が1基確認されているのみで、その存在は希薄といわざるを得ないが、周辺の陸平遺跡群では住居跡と炉穴を伴う早期後葉の小規模な集落跡が2遺跡で確認されている。

なお、縄文時代早期では、現台地上平坦部はまわりの谷津の谷頭が入り込み、起伏に富んだ複雑な地形を呈していたものと思われる。

(2) 縄文時代前期

縄文時代前期前半については、D貝塚とF貝塚の間の台地上に設定された調査区から土器が僅かに出土しているに過ぎないが、前期後葉では、E貝塚で早期条痕文系期の包含層を覆って貝層が形成される。この時期になると貝は完全にハマグリ主体となり、周囲の干潟環境が砂泥質に変化したことを物語る。貝層中からは、当該期の浮島式土器などの大形破片が大量にみつかるが、台地上では貝層以外の遺構は全く確認されておらず、土器の出土も低調である。

陸平遺跡群内では、4ヶ所の遺跡で前期の住居跡が確認されているが、いずれも1、2軒の小規模なもので、それぞれ時期が異なる。なお、このうちの天

神平Ⅰ遺跡では、住居跡内にハマグリを主体とする地点貝塚が残されていた。
(3) 縄文時代中期
　縄文時代中期になると、複数の地点に貝層が形成されるようになる。まず、中期初頭では、B貝塚西部と同東部の下層で五領ヶ台Ⅱ式〜阿玉台Ⅰa式期の貝層が検出されている。続く中期前葉の阿玉台Ⅰb〜Ⅱ式期になると、貝層形成の最盛期を迎え、発掘によって確認されているだけでもA貝塚、B貝塚西部、D貝塚西部、F貝塚と、その形成地点は広範に及ぶ。中期中葉〜中期後葉では、B貝塚西部とG貝塚で加曽利E式期の貝層が検出されているほか、佐々木・飯島などの過去の調査記録をみるとA貝塚に当該期の貝層が存在する可能性が高い（美浦村教育委員会2006）。また、ボーリング調査の年代測定の結果から、この時期に形成されたと思われるD貝塚東部の埋没斜面の最下層に加曽利E式末期の（中期末葉）の貝層が存在することが予測される。
　貝層以外の遺構としては、中期中葉の時期から居住痕跡を示す遺構がみられるようになる。発掘された住居跡は、A貝塚北側の台地上で発掘された中期後葉の加曽利EⅠ式期の竪穴住居跡1軒だけであるが、1987年度確認調査の折には、B貝塚西部で中期中葉の、A貝塚東側で中期後葉と思われる住居跡の可能性がある遺構が確認されている。また、A貝塚北側や東側の台地上では、中期中葉から後葉にかけての貯蔵穴や土器が廃棄された土坑が検出されており、北側では中期末葉の土器埋設遺構も確認された。
　この時期の遺物としては、以前から霞ヶ浦沿岸地域の特徴として指摘されてきたように（渡辺1984）、網漁の錘に使われたと思われる土器片錘が中期前葉から大量に出土するようになり、小型の魚を対象に網を用いた漁労が盛んになったことを示唆する。また、鹿角製の刺突具や、イタボガキ、サトウガイを素材に用いた貝輪やその未成品などの装身具もみられるようになる。なお、石器は、磨石や石皿などの粉砕具を主体とする当地域に特徴的な組成（今村1985）を示すが、その絶対量は少ない。なお、石鏃などの小型の剥片石器の素材には、黒曜石と地元の礫層中に存在する拳大以下のチャートの円礫が多く用いられており、中期前葉の阿玉台式Ⅰb〜Ⅱ式期の貝層から出土した黒曜石片64点の原産地を調べたところ、ほとんどが神津島産であったが、3点だけは北海道白滝産との結果が出ている（明治大学古文化財研究所2009）。今後、各時期の貝層中から検出された黒曜石片の原産地を調べていくことによって、一遺跡における石材利用の変遷が明らかになるであろう。早期から後期に至る貝層が残されている陸平貝塚でこそできる研究テーマといえる。
　この時期、周辺の陸平遺跡群内では、住居跡が検出された遺跡は、今のところ押井戸遺跡で中期前葉の阿玉台Ⅰb式期の竪穴が1軒確認されているのみで

あり、活動が陸平貝塚に集中する。

(4) 縄文時代後期

　縄文時代後期では、中期末頃に新たに崩落したと想定されるD貝塚西部の窪地斜面に、後期初頭の称名寺式期の貝層が残される。続く後期前葉の堀之内式期には、中期と同様に複数の地点で貝層が形成される。発掘調査で貝層の存在が確認されたB地点西部とD貝塚西部のほか、佐々木・飯島資料をみると、A貝塚にもこの時期の貝層が存在している可能性が高い。次の後期中葉の加曽利B式期の貝層については、確実なものは発見されていないが、やはり佐々木・飯島の調査時の出土品や、表面採集の土器の在り方からみて、A貝塚とB貝塚東部に貝層が存在するのは間違いないと思われる。後期後葉の安行式期の貝層も確認されていないが、土器の量をみると後期中葉にくらべ少なくなり、貝層が存在する可能性も低くなる。なお、後期になっても貝の主体をなすのはハマグリであり、周囲には鹹度の高い干潟が広がっていたものと思われる。

　後期の貝層以外の遺構としては、前葉堀之内式期の住居跡1軒がA貝塚北側で検出されており、過去にもA貝塚北部で、内部に貝層が堆積した住居跡が確認された記録がある（庄司1981）。また、最近の2014年の確認調査では、B貝塚西部寄りの台地平坦部上から、後期中葉の加曽利B式土器が出土する竪穴遺構が検出されており、住居跡である可能性も予測されている。住居跡以外では、A貝塚東側で後期前葉の堀之内式期の土器埋設土坑3基がまとまって確認されている。

　住居跡などの確認された遺構が少ないため、居住域の分布傾向を読み取るのは難しいが、土器の出土分布からみると、中期から後期前葉の堀之内式期までは、貝層に接した台地縁辺部に集中するのに対し、後期中葉以降になると、B貝塚西部から入り込んだ埋没谷が確認された台地内部寄りの場所からも、多くの土器が出土するようになる（図8）。加曽利B式期の竪穴遺構は、まさにその埋没谷に臨んだ場所に存在する。

　後期後葉の堀之内式期までは、中期から引き続き土器片に刻みをいれた土器片錘が多量に出土し、錘を使用した網漁が盛んだったことを物語る。なお、後期中葉でも土器片を意図的に整形した刻みが無い土器円板がみられるが、これが網錘なのか今後一考を要する。ほかの漁労具としては、後期後葉の堀之内式期末期からシカの中肢骨を素材にしたヤス状の刺突具が多くみられるようになるが、これは先学の指摘のとおり（西村・金子1956）、続く後期中葉の加曽利B式期へ引き継がれる傾向と思われる。ほかの遺物としては、石器はやはり低調であるが、後期になると土偶や陸平貝塚を代表する双口土器などの祭祀・儀礼的な遺物が目立つようになり、流通が想定されているベンケイガイの貝輪や、

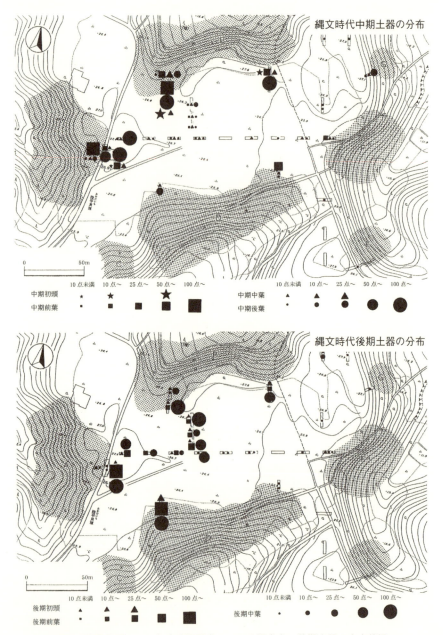

図8 陸平貝塚1987年度確認調査における縄文中・後期土器の出土状況

戦前期に収集された技巧を凝らした骨角製装身具も当該期のものと想定されている。

　後期の陸平遺跡群では、少量の土器や土坑が検出された台地上の遺跡はあるものの、住居跡が存在する遺跡は今のところ確認されていない。一方、後期前葉末期の土器が谷底に集積していた陣屋敷低湿地遺跡が遺跡群内に形成される。この遺跡は、海退によって陸化した谷底に大量のいわゆる粗製土器が焚火跡を伴って遺棄・廃棄されていたもので、粗製土器の割合が卓越する土器組成はもちろん、ほかの遺構や遺物がほとんど検出されていないことなど、居住域であり多種多様な生産道具や儀礼・装身具が出土する陸平貝塚の在り方と比べると様相がかなり異なる（図4）。そこで何の活動が行なわれたか特定することは現状ではできないが、特定の活動が集中的に行なわれた場所として、その活動に陸平の縄文人が深く関与していたと想像される。

(5) 縄文時代晩期以降

　縄文時代晩期になると、後期に引き続いてB貝塚西部から入り込んだ埋没谷周辺で土器の出土はみられるもののその量を減じる。陸平遺跡群内では、有名な製塩専用の土器が多量に残されていた法堂遺跡が霞ヶ浦に面した砂丘上に形成され（戸沢・半田1966、図4）、周囲の水域が鹹度の高い状態を保っていたことを示しているが、陸平貝塚では貝層の形成も確認されていない。なお、陸平貝塚でも少量製塩土器が出土している。

　縄文時代も終わり弥生時代になると、陸平遺跡群では特定の谷津に面した台地上に集落が形成されるようになり、陸平貝塚でも数は少ないが弥生時代中期の土器が出土している。続く古墳時代では陸平遺跡群に多くの集落や古墳が形成され、とくに後期になると広域の台地上平坦部を有する場所に集落が営まれる傾向がみられ、陸平貝塚でも住居跡が多数検出されている。陸平貝塚における居住の痕跡は、奈良・平安時代をもって終焉する。しかし、その後も中世には城郭が作られた可能性が指摘されており、2014年の確認調査では年代測定によって15世紀に下る土坑も確認されている。そして近世から近代にかけては、陸平貝塚を含む安中台地は寺院など信仰の場や、里山、耕地として利用されるようになり、明治時代頭初の佐々木・飯島の陸平貝塚の発見と発掘を迎えることとなる。

6　陸平貝塚形成の謎

　以上みてきたように、陸平貝塚が形成された理由については、まだ多くの謎が存在する。とくに、集住が大規模な貝塚形成を促したという、東京湾東岸の大規模貝塚遺跡にみられるパターンが、陸平貝塚にはそのまま当てはめられな

いことは注意される。古地形の復元による居住域の成り立ち方の研究も今後の重要な視点となろう。貝で埋め尽くされた現状における広い平坦地形のイメージと、環状集落という従来の縄文集落のイメージに捉われていないであろうか。居住痕跡の乏しい大規模貝塚の事例は、利根川下流域の貝塚でもみられ、人口集中に拠らない利根川下流域を含む霞ヶ浦沿岸地域独自の貝塚形成の背景があるものと考えられる。

　縄文時代早・前期の居住の在り方は、散在する小規模な集団が短期的に移動を繰り返す中で、陸平貝塚で漁労を行なうという行動様式を想起させる。さらに、複数の集団が陸平貝塚に一時的に集まって、集中的に貝や魚の獲得及びその加工をしていた姿も描けるかもしれない。中期では、陸平貝塚に少ないながらも居住の痕跡が認められ、複数の地点に貝塚が残されることから、いくつかの集団が陸平にムラを営み、漁労活動をしていたことが予想できる。ただし、早期から中期にかけて貝層サンプル中の魚骨量があまり変化しないことや（図6）、居住痕跡の少なさを考えると、基本となる集団規模や、生業の中で漁労の占める割合は、早期から中期にかけてあまり変わらなかったものと思われる。逆に言えば、積極的に漁労を生業に取り入れた小規模な集団が基本的な単位となっていたのであろう。ただし、中期になって出現する土器片錘を用いた網漁は、ムラを営むことと関係のある漁法なのかもしれない。

　後期になると明らかに魚骨の量は増え、生業の中で漁労の割合が増加したものと思われる。その背景には、陣屋敷低湿地遺跡や法堂遺跡など特定の活動が集中して行なわれた遺跡の出現が示すように、陸平ムラを超えた集団間の協働・分業体制が生じ、より専業的に漁労が行なわれた可能性を見通しておきたい。陸平貝塚は、いわば伝統的に漁労を生業の一部に組み込んでいた集団が、そのつながりを変えつつも、長い期間をかけて残した貝塚なのではないであろうか。

　一方、陸平貝塚の貝層の規模は、霞ヶ浦沿岸地域のほかの縄文時代貝塚を圧倒している。これには島状の台地に立地するという地理的・環境的要因が関わっている可能性がある。

　美浦村内には、陸平貝塚以外にも縄文時代貝塚が密集する地域がみられる。旧余郷入に注ぐ小河川・高橋川流域の台地上には、谷奥側から興津貝塚（西村1968）、虚空蔵貝塚（大川・大島1977）、大谷貝塚（茨城県教育財団2009）、平木貝塚と斜面貝塚を伴う遺跡が存在する。おそらく、縄文海進時に、海が入り込んでいた高橋川の谷筋を背景として、これらの貝塚群が形成されたものと思われる。貝層の形成時期は、興津貝塚が前期後葉（浮島・興津式期）、虚空蔵貝塚が前期前葉（関山式期）及び中期初頭（五領ヶ台式期）〜中期中葉（加曽利ＥⅠ

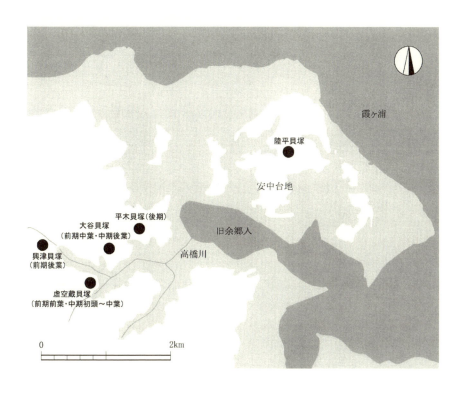

貝層の広がり（縮尺同一）

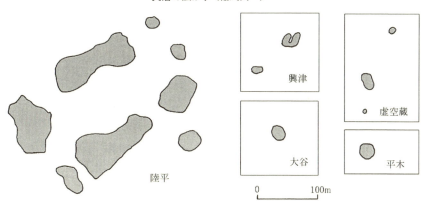

図9　陸平貝塚と高橋川流域の貝塚群

2　陸平貝塚の形成過程（中村哲也）　83

式期)、大谷貝塚が前期中葉（植房式期）及び中期後葉（加曽利EⅡ、Ⅲ式期）、平木貝塚が後期前葉（堀之内式期）で、各遺跡で形成時期がほぼ異なるのが特徴である。貝塚群全体としてみれば、陸平貝塚と同様、縄文時代前期から後期にかけて長期的に貝層が形成された地域といえるが、その貝層の広がりは、4つの貝塚を全部足しても、陸平貝塚には遠く及ばない（図9）。

　高橋川流域のように幅の狭い谷筋においては、海進・海退の影響を敏感に受けて、時期によって海岸線が大きく移動し、干潟などの貝採取地としての環境が変化するのに対し、陸平貝塚が立地する島状の安中台地では、周囲に広い水域を有するため、海進・海退に伴う海岸線の移動はさほど大きくはなく、干潟などの貝の採取に適した水域環境が長期にわたって維持されやすかったことも考えられる。

　また、霞ヶ浦に突き出た島状の地形は、地理的に海上交通の拠点として最適な場所であったのかもしれない。この課題を解明していくためには、水域環境の更なる詳細な調査と、遺物から他地域との交流を探っていくことが必要となろう。まだまだ課題は多いが、それだけ今後の調査・研究が楽しみな遺跡でもある。

引用・参考文献

茨城県教育財団 2009『大谷貝塚』茨城県教育財団文化財調査報告317
今村啓爾 1985「群集貯蔵穴と打製石斧」『考古学と民族誌』六興出版
大川　清・大島秀俊編 1977『茨城県美浦村・虚空蔵貝塚』美浦村教育委員会
陸平調査会 1989『1987年度陸平貝塚確認調査概報および周辺地域A地区分布調査報告』陸平調査報告1
陸平調査会 1992『陣屋敷遺跡』
鹿島　薫・阪口　豊 2009「陸平遺跡周辺のいくつかの小規模な谷底低地における沖積層の特徴と縄文海進に伴う海域の変遷」『陸平貝塚―調査研究報告書3―』美浦村教育委員会
小杉　康 1990「陸平貝塚の保存と調査―遺跡群の再認識と広域調査の可能性―」『駿台史学』79
酒詰仲男 1951「茨城県陸平貝塚」『日本考古学年報』1
庄司　克 1981「茨城県陸平貝塚発見の縄文土器」『貝塚博物館紀要』6
戸沢充則・半田純子 1966「茨城県法堂遺跡の調査―製塩址をもつ縄文時代の遺跡―」『駿台史学』18
中村哲也 2008『霞ヶ浦の縄文景観　陸平貝塚』新泉社

西村正衛・金子浩昌 1956「千葉県香取郡大倉南貝塚」『古代』21・22
西村正衛 1968「茨城県稲敷郡興津貝塚（第一次調査）―東関東における縄文前期後半の文化研究その三」『早稲田大学教育学部学術研究』17
西野雅人 2001「縄文時代中期の通年定住性集落と周辺遺跡群」『史館』31
西野雅人 2005「東京湾東岸の大型貝塚を支えた生産居住様式」『地域と文化の考古学Ⅰ』明治大学文学部考古学研究室
美浦村教育委員会 2001『美浦村遺跡分布調査報告書および美浦村遺跡分布図』
美浦村教育委員会 2004『陸平貝塚―調査研究報告書1・1997年度発掘調査の成果―』
美浦村教育委員会 2006『陸平貝塚―調査研究報告書2・学史関連資料調査の成果―』
美浦村教育委員会 2010a『陸平貝塚―調査研究報告書4・1987年度確認調査の成果―』
美浦村教育委員会 2010b『陸平貝塚―調査研究報告書5・2008年度確認調査の成果―』
美浦村教育委員会 2011『陣屋敷低湿地遺跡』
美浦村教育委員会 2012『陸平貝塚―調査研究報告書6・2010年度確認調査の成果―』
美浦村教育委員会 2014『陸平貝塚―調査研究報告書7・2012年度確認調査の成果―』
美浦村教育委員会 2016『陸平貝塚―調査研究報告書8・2014年度確認調査の成果―』
明治大学古文化財研究所 2009『蛍光X線分析装置による黒曜石製遺物の原産地推定―基礎データ集Ⅰ―』
渡辺　誠 1984『縄文時代の漁業』雄山閣出版

3　上高津貝塚の研究

石川　功

1　上高津貝塚の環境

(1) 桜川河口部の地形の特徴

　上高津貝塚は、JR土浦駅から西へ約4km、土浦市西方の上高津字貝塚・柿久保・宍塚字吉久保に所在している。

　桜川河口部の地形は、所謂洪積台地である北側の新治台地と南側の筑波稲敷台地、その間の南北幅約2kmの沖積低地である桜川低地から構成されている。低地の中央には桜川が北西から南東に向かって流れ、東端は全国第2位の面積を持つ湖である霞ヶ浦に面している。この桜川は現在筑波山北側の桜川市鏡ヶ池を水源とする全長約60kmの河川であるが、桜川低地は約2万5千年前まで古鬼怒川が流れていた痕跡であり、そのため桜川低地は現在の桜川の規模に比べて非常に大きいのが特徴である。標高は桜川河口部を望む新治・筑波稲敷台地上では約25m前後、西に行くに従いやや標高が高くなり土浦市西端の田宮付近では約28mとなる。桜川低地も河口部の土浦市街地周辺では約1～2m、河口から約4km遡った上高津貝塚東側約0.5kmの谷戸出口付近で約3m、河口から約6km遡った土浦市上坂田付近では6m前後と、そのまま西の筑波山麓へ向けて緩やかに上昇する。この新治台地・筑波稲敷台地は、地形学上は下末吉面相当の上位台地とされており、台地上の地形はほぼ平坦であるが、開析谷形成は顕著で樹枝状開析が進行している。ただし、よく見ると台地縁辺の形状には違いがあり、新治台地側はやや急峻で谷戸の発達が少なく、筑波稲敷台地側はやや緩やかで細かな谷戸が複雑に浸食し入り組んでいるといった差異が見受けられる。なお筑波稲敷台地には桜川に並行して全長約10kmの小河川である花室川があり、この川も台地を浸食して複雑な谷戸を形成しているため、上高津貝塚の周辺では北側の桜川と南側の花室川の両側からの浸食により、複雑な谷戸形状が錯綜しているかのような形態を呈している。

　上高津貝塚は南側の筑波稲敷台地に発達した谷戸の先端部、谷戸出口から約0.5km内陸に入り東側・北側・西側を谷戸に囲まれた、やや独立した標高約

26mの台地上とその斜面に形成されている。上高津貝塚は現在の霞ヶ浦の汀線からは約5km離れており、貝塚から霞ヶ浦を望むことはできないが、縄文時代には現在の土浦市街地などの桜川低地河口部に霞ヶ浦が広く浸入していたものと想像される。ただし貝塚に隣接する小谷戸は貝塚直下で標高約10m以上あり、後述するボーリング調査結果を考え合わせると、縄文海進期でも貝塚のすぐ下まで海水が浸入することはなかったと思われる。このことから、当時の上高津貝塚は、貝塚から見て東側の谷戸出口方向に霞ヶ浦が遠望でき、そこから谷戸に沿ってやや奥まった台地上の上高津貝塚までつながるような風景であったろうと思われる。

　上高津地区は、1982（昭和57）年の国道6号バイパス建設以降、1992（平成4）年の茨城県住宅供給公社による大規模な住宅開発が行われたほか、2009年には大型商業施設が建設されるなど自然環境が大きく変化した地域もある（上高津ふるさと歴史の広場2007）。ただし上高津貝塚および隣接する宍塚大池の周辺には、谷戸が発達した自然地形と里山の景観が維持されており、縄文時代を想起させる貴重な緑のオアシスとなっている。

(2) 桜川河口部の縄文遺跡

　この地域の縄文遺跡を概観すると、早期の田戸下層期頃の資料が両側の台地上で散見される。前期には関山期の地点貝塚が北側の新治台地側では赤弥堂遺跡（下坂田）（勾玉工房 Mogi 2009・2010・2011）・南側の筑波稲敷台地側では宍塚貝塚（宍塚）[1]で発見されており、この両貝塚を結ぶあたりが縄文海進最盛期の汀線になるのではと推定される。

　前期末から中期初頭は遺跡数が減少するが、その後の阿玉台III・IV〜加曽利EII期には遺跡数が最大となり、新治台地上では東台遺跡（木田余東台）（土浦市教育委員会1989b）・神明遺跡（常名町）（常名台遺跡調査会2002）・赤弥堂遺跡、筑波稲敷台地上では六十原遺跡（土浦市遺跡調査会2003）・六十原A遺跡（桜ヶ丘町）（山武考古学研究所1996）・龍善寺遺跡（中高津二丁目）（龍善寺遺跡調査会2006）・栗崎遺跡（宍塚町）[2]などで多数の貯蔵穴を伴う大規模な集落が、場所によっては遺跡間の距離約2kmと非常に連続した状態で形成されている。ただし、この時期の遺跡には大規模な貝塚が発達せず、小規模な地点貝塚が少数発見されるのみである。桜川河口域のこのような遺跡の消長は、中期から大型貝塚が形成される陸平貝塚周辺とは大きな違いであるといえる。

　加曽利EIII・EIV期以降再び遺跡数が減少となり、後期初頭堀之内〜加曽利B期にはやや増加するもののその後晩期には再び減少する。ただしこの地域において貝塚形成が最盛期を迎えるのはこの後期・晩期であり、筑波稲敷台地上には小松貝塚（富士崎町）[3]・上高津貝塚・上境旭台貝塚（つくば市上境）（茨城

県教育財団 2012) が加曽利 B 期から安行 3a 期頃に並んで形成されている。それに対し、北側の新治台地側では下坂田中台遺跡（下坂田）（毛野考古学研究所 2013）・下坂田貝塚（前田 1991、毛野考古学研究所 2013）のほかには神立平遺跡（神立町）（神立遺跡調査会 2009）が見られる程度であり、上高津貝塚のような斜面貝塚も確認されておらず、筑波稲敷台地上とは集落形成環境に違いがあったことが想定される。なお、小松貝塚・上高津貝塚・上境旭台貝塚・下坂田中台遺跡・下坂田貝塚・神立平遺跡からは製塩土器も発見されており、土器製塩活動が活発化していることも注目すべき点である。その後、晩期中葉以降は遺跡数が更に減少し、現在のところ安行 3b 期以降の遺跡は桜川河口部では発見されていない。また、桜川河口部の桜川低地の自然堤防もまだ陸化していなかったと思われ、現在のところ縄文時代の遺跡は発見されていない[4]。

　桜川流域の貝塚は、前期はハイガイ、中期はハマグリ・マガキなどを主体とするものが多いが、後期・晩期になると霞ヶ浦に近い神立平遺跡・小松貝塚は引き続きハマグリ主体であるのに対し、桜川に面する上高津貝塚・下坂田貝塚・上境旭台貝塚はヤマトシジミが主体となる。桜川河口部の水辺環境に違いがあったことが想定される。

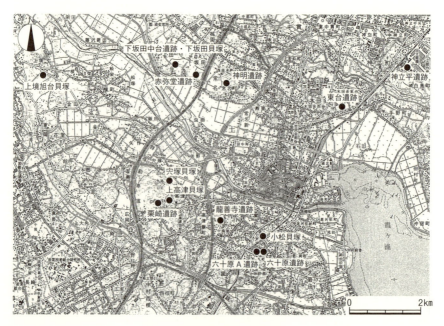

図1　桜川流域遺跡位置概略図

2　上高津貝塚の特質

(1) 上高津貝塚調査の歴史

　上高津貝塚が学会に発表されたのは、1900（明治33）年に沼田頼輔が『東京人類学雑誌』「茨城県新治郡中家村貝塚発見の遺物に就きて」で出土品を紹介したのが嚆矢である。次いで1901年に沼田が『東京人類学雑誌』に発表した「石器時代土器把手の分類」において、初めて「上高津貝塚」の名が記されている。上高津貝塚の資料を収集し、この2つの論文に資料を紹介したのは、上高津貝塚から北へ約3km、桜川対岸の新治郡都和村大字常名（現在の土浦市常名町）に在住していた地元の研究者である島田増次郎である。島田は1902年『考古界』「本邦石器時代の磨製石鏃及び角鏃に就きて」において上高津貝塚及び小松貝塚出土資料の紹介も行っている（佐藤1996）。

　その後1906年に大衆小説家で考古学研究者でもあった江見水蔭がこの地を訪れ、地元住民の協力のもと10月と12月の2回にわたって発掘調査を行ったのが『探検実記　地中の秘密』（江見1909）の中に記された「上高津と小松」である[5]。この調査を行った場所はどちらもB地点貝層であるが、10月に調査した場所では福田式（加曽利B式）の土器が出土し、12月に2間離れた場所を調査した時には飯出式（安行1・2式）の土器が中心であると記している点が興味深い。なお、この時に出土した資料の一部は現在京都大学総合博物館に江見水蔭コレクションとして収められているほか、東京国立博物館にも所蔵されており、挿絵に描かれている大型の鹿角製髪飾りは現在東京国立博物館平成館の常設展示室縄文時代のコーナーに展示されているので、目にした方も多いであろう。また、土浦市在住の小塩十一郎より「宍塚」出土の土偶、骨器、小玉などを寄贈されたことが、江見が小松貝塚や上高津貝塚を訪れる契機となっているなど、島田を含め明治期の土浦における地元での歴史研究という点についても大変興味深いものがある。

　1925（大正14）年には、徳富武雄がB地点貝塚斜面下から出土した土器を紹介しているが、挿図を見る限りでは土師器の甕である（徳富1930）。1930年頃には大山史前学研究所もB地点貝層を調査しているが、残念ながら戦災などで資料は失われており、この時の調査の詳細は不明である。

　戦後になり、1953年7月に慶應義塾高校考古学会がA地点貝層の発掘調査を行った（慶應義塾高等学校考古学会1954）。この調査は慶応義塾大学考古学研究室清水潤三の指導のもと行われたもので、A地点については初の本格的な発掘調査である。慶應義塾大学所蔵・現在上高津貝塚ふるさと歴史の広場に展示されている猪牙製額飾りや曽谷式の深鉢は、この時の調査で出土したもの

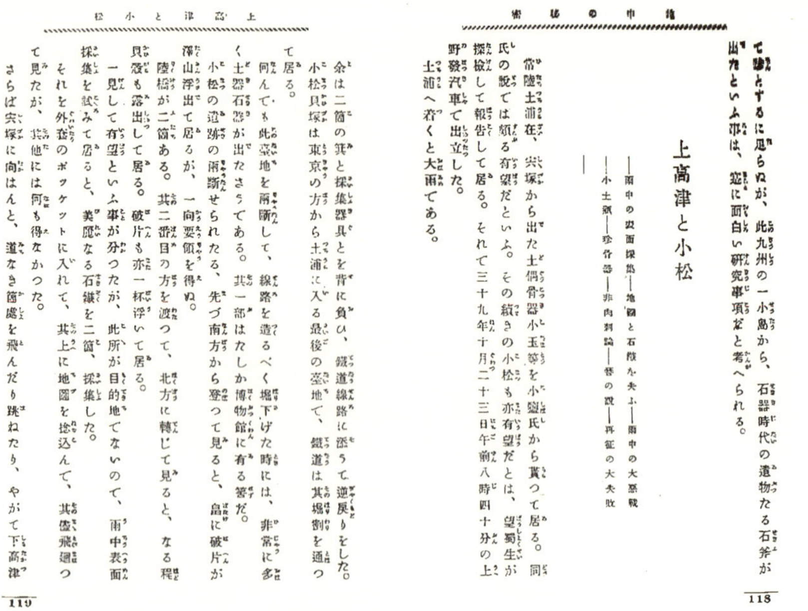
地中の秘密

て證とするに足らぬが、此九州の一小島から、石器時代の遺物たる石斧が出たといふ事は、確に面白い研究事項だと考へられる。

上高津と小松

—雨中の表面採集—地圖と石鏃を失ふ—雨中の大奮戦—小土瓶—珍骨器—非肉刺論—琴の説—再征の大失敗—

常陸土浦在、宍塚から出た土偶骨器小玉等を小鹽氏から貰つて居る。同氏の說では頗る有望だといふ。その續きの小松も亦有望だとは、望蜀生が探檢して報告して居る。それで三十九年十月二十三日午前八時四十分の上野發汽車で出立した。土浦へ着くと大雨である。

118

上高津と小松

余は二箇の箕と採集器具とを背に負ひ、鐵道線路に添うて逆戻りをした。小松貝塚は東京の方から土浦に入る最後の臺地で、鐵道は其堀割を通つて居る。何んでも此臺地を兩斷して、線路を造るべく堀下げた時には、非常に多く土器石器が出たさうである。其一部はたしか博物館に有る筈だ。小松の遺跡の兩斷せられたる、先づ南方から登つて見ると、畠に破片が澤山浮出て居るが、一向要領を得ぬ。陸橋が二箇ある。其二番目の方を渡つて、北方に轉じて見ると、なる程貝殻も露出して居る。破片も亦一杯浮いて居る。一見して有望といふ事が分つたが、此所が目的地でないので、雨中表面採集を試みて居ると、美麗なる石鏃を二箇、採集した。それを外套のポッケットに入れて、其上に地圖を捻込んで、其處飛廻つて見たが、其他には何も得なかつた。さらば宍塚に向はんと、道なき箇處を飛んだり跳ねたり、やがて下高津

119

図２『探検実記　地中の秘密』の一節「上高津と小松」

である。この調査を皮切りに、1968〜1971年には慶応義塾大学考古学研究会が3回にわたってA地点貝層の学術調査を実施した。これによって、上高津貝塚は今まで調査が行われていた台地東南側斜面のA地点貝層と東北側斜面のB地点貝層のほか、北側台地上のC地点貝層、北西側斜面のD地点貝層、南側台地上のE地点貝層の５ヶ所の貝層が台地を環状に巡って構成していることが紹介され、初めて貝塚の全体像が明らかにされた。また、本調査では魚類遺体の定量的把握が試みられ、貝塚を形成した人々の漁労活動に関する研究が進められたことでも知られている（小宮 1970）。また1969年には東京大学総合研究資料館によるB地点貝層の発掘調査が行われ、B地点貝層の形成時期がA地点貝層の形成時期よりもやや新しい後期末葉から晩期初頭であることや、出土資料の中に製塩土器が含まれることなどが紹介されている（Akazawa. ed.1972）。これらの調査成果をもとに、上高津貝塚は霞ヶ浦沿岸を代表する大規模貝塚としての評価が高まり、1977年10月4日付けで国指定史跡となった。

土浦市では、国指定史跡となった上高津貝塚の保存と活用を図るため、1981年から文化庁の補助を受け史跡の公有化を開始し、1986年までに指定地4.4haの公有化を行った。また、1987年国の第4次全国総合開発計画に伴う業務核

都市構想に、上高津貝塚周辺及び隣接する宍塚大池地区が選ばれたことから、1986・87年に貝塚周辺の遺跡の有無を確認するための広範囲な試掘調査を行った。この調査では上高津貝塚の周辺に貝塚と同時期の遺跡を確認することができなかったが、併せて実施した貝塚に隣接する東側・西側谷部のボーリング調査によって、限定的ながら初めて上高津貝塚の自然環境についての新知見を得ることができた（鈴木・辻本1992）。
　その後、1989年度より文化庁が開始した史跡等活用特別事業（ふるさと歴史の広場事業）による史跡整備について打診を受けたため、事業の可否について検討したところ、今までの調査だけでは資料が充分ではないことが確認され、再度調査を行うこととなった。まず、1990年度に上高津貝塚の旧地形確認、及び発掘調査に先立つ各種遺構の確認を目的に貝塚指定地全体の地中レーダー探査を行った（渡辺1990、土浦市遺跡調査会1992）。その結果、台地上に何地点かまとまりのある遺構の分布が確認されたほか、貝層の広がりや厚さについて資料を得ることができ、貝塚がある台地に旧地形として埋没谷が存在する可能性が提示された。この地中レーダーの調査結果をもとに、遺構復元整備のための資料収集として、まず明瞭な住居跡の存在が期待された上高津貝塚台地北側（C地点貝層の南側）について1990・91年に約1,000㎡の発掘調査を行った（土浦市教育委員会2006）。この調査は上高津貝塚における初の台地上の遺構調査である。この調査では地中レーダー探査によって確認されていた埋没谷の存在が確認できたほか、縄文時代中期～晩期の竪穴住居跡や土坑、土壙墓などを検出することができた。次に台地南側（E地点貝層）についても1991年に約190㎡の発掘調査を行い、縄文時代中期～晩期の竪穴住居跡や土坑が検出されたほか、掘立柱建物跡や製塩活動に使われた可能性がある大型炉跡が発見された（土浦市教育委員会2000）。また同年に貝層断面展示の資料収集及び貝塚の総合的調査研究のため、慶應義塾大学鈴木公雄教授を団長としてA地点貝層3.75㎡の発掘調査を実施した（土浦市遺跡調査会1994）。この調査では縄文時代後期の良好な貝層が検出されたほか、貝層下の土器・獣骨集積などが新たなに確認され、貝層出土陸産貝類の研究による上高津貝塚の古環境推定など貝塚研究についての新知見が加えられた。
　翌1992年には、貝塚東側の谷部において貝塚形成時の自然環境の確認のための2度目のボーリング調査を行い、貝塚周辺の古植生・古環境について重要な資料を得ることができた[6]。これらの調査成果をもとに上高津貝塚の復元整備が行われ、1995年10月、史跡整備された貝塚と貝塚出土資料を中心とする考古博物館を合わせ「上高津貝塚ふるさと歴史の広場」として開館した（上高津ふるさと歴史の広場1996）。その後、開館20周年を経た現在に至るまで上高

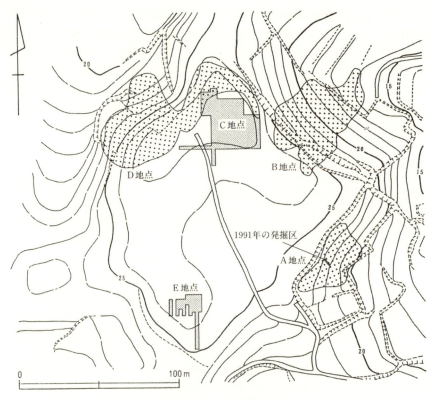

図3 上高津貝塚全体及び調査箇所位置図

津貝塚は保護され、教育普及の場として活用されている(第Ⅳ章第1節)。一方で、1991年以来、上高津貝塚における発掘調査は一切行われていないが、近年周辺低地を対象とした学術調査を実施している(第Ⅱ章第5節)。
(2) 上高津貝塚の特徴
　①古環境の特徴
　旧地形について　1990年の調査以前、貝塚が存在する台地は平坦な1つの台地と思われていた。地中レーダー探査によって、貝塚の存在する台地には東西方向に伸びる浅い埋没谷があり、この谷によって貝塚西側の谷戸と東側の谷戸がつながり台地を南北に二分していることがわかった。
　台地北側調査時のトレンチ調査では、この谷は台地上から谷底に向かって約10度の傾斜で緩やかに下降し、確認された部分では地表面から1.2mほどの深さを有している。谷の堆積土は自然埋没であり風化が進んで花粉が検出でき

なかったことから、この谷は
湿潤環境で埋没したのではな
く、どちらかといえば乾燥が
進むような環境の中で次第に
埋没していったものと思われ
る。なお、埋没谷の下層から
縄文時代晩期の資料が確認さ
れていることから、縄文時代
晩期前葉にはまだこの谷地形
が残っており、その後次第に
自然埋没が進み、縄文時代晩
期のうちにほぼ埋まったもの
と推定できる。このことから、
上高津貝塚が形成し始めた縄

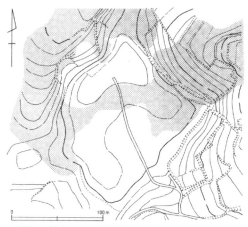

図4　地中レーダー探査によって確認された
　　　埋没谷の範囲（トーン部）

文時代後期頃、上高津貝塚がある台地上の集落は、この浅い谷によって台地の
南北に集落域が分かれていた可能性が想定されることになった[7]。

　古植生について　貝塚形成時における霞ヶ浦・水辺環境を推定するために貝
塚周辺の谷戸においてボーリング調査を行っている。調査場所は、貝塚から
霞ヶ浦を望む方向となる東側の谷戸最奥部のA地点貝層直下にNo.1地点、少
し戻ったB地点貝層下にNo.2地点、貝塚から東に約300m、谷戸出口から西に
約200m付近にNo.4・5地点、No.5地点から東に約100mのより谷戸の出口に
近い場所にNo.6地点を、また貝塚を北側から西側に伸びる谷戸の最奥部D地
点貝層斜面近くにNo.3地点の計6ヶ所である（第Ⅱ章第5節、図7-1〜6）。

　この調査によって、西側のNo.3地点については堆積土が風化の進んだ陸生層
で滞水の影響を受けていないことがわかった。No.1、No.2、No.4地点について
は、縄文時代後期・晩期に対応する層を確認できなかったことや、年代測定可
能な資料が得られなかったため、充分な成果を上げることができなかったが、
No.5・6地点では、縄文時代中期頃に対応する地層からは花粉は検出できな
かったものの、珪藻については主に淡水生種の珪藻化石、中でも陸生珪藻の産
出が多いこと、後期・晩期に対応する地層では、花粉についてはコナラ属―
コナラ亜属が多産し、クマシデ属―アサダ属、ニレ属―ケヤキ属、トチノキ
属、カエデ属などの花粉が多く検出されたほか、珪藻は陸生珪藻が減少し、河
川堆積の影響を受ける中〜下流域性河川指標群種や流水性の珪藻化石が特徴的
に多産することなどがわかった。

　このことから、貝塚西側の谷戸先端部においては水域の浸入はなくずっと陸

地であったことや、貝塚東側谷戸出口付近においては、縄文中期頃はしばしば陸化して花粉も分解され風化が進むような環境であったが、後期・晩期になると周辺の台地上はナラ類を種とする広葉樹林が広がり、斜面にはカエデ、トチノキ、シデ類・ニレ類などの渓谷林も形成されており、谷戸出口まで河川や流水の影響を受けるような環境であったと推定することができた。ただし、この場所では海水性の珪藻は未確認であり、ここが海水の影響が及ぶ環境ではなかったことがうかがわれる[8]。2014年度に実施したボーリング調査でも、谷の内部まで海域は浸入していないことが追認されている（第Ⅱ章第5節）。

　なお、A地点貝層の柱状サンプルから得た微小貝類の分析からは、貝層斜面上部では開放地生息種のヒメコハクガイとホソオカチョウジガイが全検出数の約1/4を占めるが、斜面中段ではイブキゴマガイやミジンヤマタニシなどの林内生息種が全体の2/3と多く検出されるようになり、開放地生息種は約8％と減少することが報告されている。このことから、上高津貝塚の斜面上部の台地上の居住空間は人為的に樹木が伐採された、開放地生息種が好む開けた環境となっており、斜面下部に行くに従い樹木が増えて林内生息種が多く棲む落葉広葉樹林に遷移していたと考えることができる。

　なお、これらの花粉分析や微小貝類分析によって得られた古植生・古環境のデータは、貝塚復元整備における植栽（植生復元）に活かされている。

②貝層の特徴

　昭和40年代の調査によって、上高津貝塚はA〜E地点の5ヶ所の貝層から構成されることが知られていたが、1990年に調査に先立ち遺跡全体の地中レーダー探査を実施したところ、A・B・D地点では厚い貝層の存在を示す明確な反応が確認されたものの、C地点貝層は薄い貝層の反応しか確認できず、E地点では貝層の反応を得ることができなかった。そこで、展示資料としての剥離標本の作製と今まで得られていた成果を補完するデータを収集することを目的として、1991年にA地点貝層について調査を行っている。この調査ではⅢ〜XVI層に分類された厚さ約1.5mにわたる、純貝層・混土貝層・混貝土層・土層の堆積が確認されている。各層の特徴を概述すると次のようになる（図5）。

　Ⅰ・Ⅱ層は表土層で図示していない。

　Ⅲ層（土層：安行1以降）は貝層の包含はごくわずかであり、遺構排土または地表土の再堆積の可能性がある。

　Ⅳ層【第1貝層群】（純貝層・混土貝層：加曽利BⅢ〜曽谷期）は、全体個数比の約95％以上・重量比の10％以上をヤマトシジミが占める。とくに殻長2cmに満たない小型のヤマトシジミを主体とした層で、ほかの貝層と比べると海産貝類の包含層が極めて少ない。1〜4層に細分される。

Ⅴ層（土層：加曽利BⅢ～曽谷期）は貝層間の厚い土層で、貝類の包含は極めて少ないが、焼けた獣骨や炭化物が多く含まれている。
　Ⅵ層【第2貝層群】（混貝土層：加曽利BⅢ～曽谷期）は3層に細分されている。貝類は全体個体比の90％弱、重量比の約70％がヤマトシジミであるが、ほかの層に比べれば最もヤマトシジミの構成比が少ない。とくに1層は今回検出した中ではハマグリをとくに多く含む層で、殻長4.5cm前後のほかの層に比べて大型のハマグリを多く含む。
　Ⅶ層（混貝土層：加曽利BⅡ～BⅢ期）は第2・第3貝層群の間の層で、部分的に存在する。2層に細分され、2層の方がやや貝殻の含有が少ない。
　Ⅷ層（混貝土層：加曽利BⅡ期）は第2・第3貝層群の間の層の層で、2層に細分されている。Ⅶ層～Ⅸ層の混貝土層群はそれぞれの層厚が薄く、断面図では一括されている。
　Ⅸ層（混貝土層：加曽利BⅡ期）は第2・第3貝層群の間の混貝土層最下層で、Ⅶ、Ⅷ層に比べ獣骨、土器片、炭化物の含有が多い。Ⅸ層・Ⅹ層はⅥ層に次いでヤマトシジミの構成比が低い。
　Ⅹ層【第3貝層群】（混土貝層：加曽利BⅠ～Ⅱ期）は2層に細分されており、1層より2層の方が貝殻の含有が多い。マダイはⅨ層～ⅩⅢ1層にかけて検出されているが、とくにⅩ2層から集中して出土している。
　ⅩⅠ層（混土貝層：加曽利BⅠ期）は南壁面では検出されたものの北壁面ではほとんど認められず、発掘区の南西側に広がっている層と思われる。
　ⅩⅡ層【第4貝層群】（混土貝層：加曽利BⅠ期）は貝類の包含層の差から2層に細分されているが、内容には著しい違いはなく、一連の堆積層と思われる。
　ⅩⅢ層（混貝土層：加曽利BⅠ期）は第4・第5貝層群の間の層で、2層に細分される。ほかの混貝土層に比べ、貝殻の含有が少ない。
　ⅩⅣ層【第5貝層群】（混土貝層：加曽利BⅠ期）・ⅩⅤ層【第5貝層群】（純貝層：堀之内Ⅱ～加曽利BⅠ期）は、今回の発掘区で捉えた最下層の貝層群である。貝殻の含有量から分けられているが、一連の堆積層の可能性もある。殻長2.5cm未満の小型のハマグリを多く含む。
　ⅩⅥ層（混貝土層：堀之内Ⅱ期）は4層に細分されている。2層はほかの層位に比べて著しく多量の土器や獣骨を含んでおり、土器が重層になり、ほぼ完形に近い鹿角などほかの層位には認められない大型の資料も出土している。3層はやや貝殻や炭化物の含有が多い。
　ⅩⅦ層（土層：加曽利E、堀之内Ⅰ・Ⅱ期）は層厚1m以上の土層で、土器片を含有する。貝塚形成以前に長期間にわたって堆積した土層である。
　層中に包含する貝類は各層とも河口部感潮域（汽水域）に生息する殻長20～

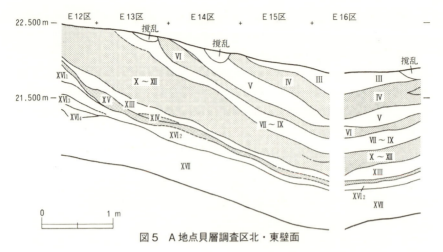

図5　A地点貝層調査区北・東壁面

30mmのヤマトシジミが最も多く、93.5%と圧倒的多数を占める。次に多いのが内湾砂泥底棲種であるハマグリで、ついで湾奥泥底棲種のオキシジミと内湾砂泥底棲種のサルボウ、シオフキとなるが、ハマグリ以下の5種総計でも4%に満たない。これらの貝類の構成から見ると、上高津貝塚に住む縄文人が主に貝の採取を行っていたのが桜川河口の汽水域で、次いで干潟〜内湾の鹹水域であったことが想定できる。近隣の貝塚の状況を見ると、上高津貝塚から約2km上流に位置する下坂田貝塚ではヤマトシジミの割合が98%を超えることが報告されているが、上高津貝塚より約2.5km下流の小松貝塚では主体となるのはハマグリであった。このことから桜川河口域の延長約5kmに満たないような狭い範囲の中でも、貝類の生息環境または縄文人の採取活動範囲が異なっていたことをうかがわせている。また、非常に少量ではあるが外洋沿岸に棲むチョウセンハマグリやイモガイも検出されている。これらは桜川河口に広がっていた汽水域や内湾域では生息しない種類であり、これらの貝が上高津貝塚で出土する理由として、交易による入手の可能性が想定されている。

　次に貝塚から出土する魚類を見てみよう。上高津貝塚において大型のマダイの骨が検出されることは、昭和40年代に行われた慶應義塾大学・東京大学の調査でも指摘されている（小宮1970・1980、Akazawa.ed.1972）。1991年のA地点の調査でも、マダイの骨が多く検出されたのはIX層からXIII1層にかけて、とくにX2層から集中的に出土しており、かつその大きさは体長50〜60cmのところに分布の中心があり、30cm以下の幼魚が見当たらないという特異な分布状況を示している。このマダイの検出状況は全長10cm未満の幼魚から50cmを超える成魚まで検出され、かつ分布の中心が15cm以下の幼魚にあるスズキ

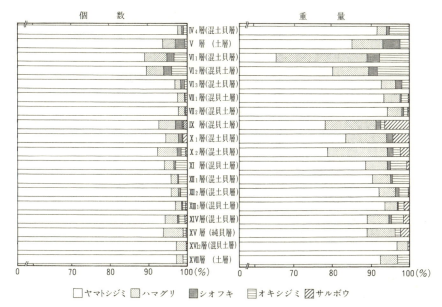

図6　A地点貝層出土貝類構成比

やクロダイとは大きく異なっている。このことから見れば、上高津貝塚の縄文人は、マダイについては成魚だけを選別して入手していたことになる。大型マダイの生息環境は深い鹹水の内湾であり、上高津貝塚が位置する霞ヶ浦の桜川河口部は本来マダイが生息する環境ではない。にも拘わらず全長30cm以上の大型のマダイに限定して、しかもある時期に集中して検出されるという特徴は、上高津貝塚におけるマダイの入手方法を考えるうえで大変興味深い。なおコラムサンプルによる微小魚骨の分析では、上高津貝塚で検出される魚類で最も個体数が多いと思われたのがハゼ科であり、次いでコイ科、カタクチイワシ、ウナギ、クロダイなどが目立つ。とくにニシン科やカタクチイワシ、コイ科、ハゼ科の骨は1mmという微小なメッシュによって検出された例が多く、かなり小さなものまで漁獲していたことがうかがわれる。

③集落と貝層の形成時期

1990・91年の調査では、台地北側（C地点）では竪穴住居跡4軒・土坑8基・土壙墓4基などが、台地南側（E地点）では竪穴住居跡3軒・建物跡1棟・掘立柱建物跡1棟・土坑2基・炉跡1基などが検出されている。これらの遺構と、A地点貝層の検出状況を年代順に整理してみよう。

まず集落の形成時期については、台地北側の調査では早期条痕文系土器が、

北側・南側の調査では前期黒浜式や浮島式の土器片が確認されていることから、この時期から上高津貝塚において人々の何らかの生活が営まれていたと思われる。ただし出土量は非常に少なく、遺構も未確認であり、この時期に上高津貝塚の場所に大きな集落があったとは考え難い。遺構が確認できるのは中期の加曽利 E 期からであり、台地北側において加曽利 E Ⅱ 期の竪穴住居跡 1 軒、E Ⅱ 〜 E Ⅲ 期の竪穴住居跡 1 軒、E Ⅳ 期の土坑 1 基が、南側において加曽利 E 期の竪穴住居跡 1 軒が確認されている。また A 地点貝層下（ⅩⅦ層）からはこの時期の土器が比較的多く発見されており、台地上の集落の形成に伴い斜面に遺物を含む土層の堆積が始まったものと思われる。ただしこの時期の遺構からはまとまった貝類の廃棄は確認されておらず、まだ貝塚としての形成は始まっていない。上高津貝塚において、縄文時代中期の遺構・遺物の検出量は多いわけではなく、上高津貝塚よりもむしろ西側約 200 m の台地上にある栗崎遺跡のほうが遺物の出土量は遥かに多い。この時期の大規模集落の中心は隣接する栗崎遺跡の方であり、上高津貝塚は栗崎遺跡の周辺集落といった様相だったのではないかと思われる。

　後期前葉の称名寺・堀ノ内期については、台地南側から竪穴住居跡 1 軒が発見されているのみで検出された遺構は多くはないが、A 地点貝層では貝層形成直前及び形成初期の層位にあたる ⅩⅥ 層・ⅩⅤ 層が堀之内 Ⅱ 式の時期に形成されたものであり、現状で確認できる上高津貝塚の貝層が形成され始めた時期であるということができる。なお、貝塚形成直前の ⅩⅥ 2 層からは精製土器及び鹿角などの集積が確認されており、貝塚形成に伴う何らかの祭祀行為が行われた可能性が想定された点は興味深い。

　後期中葉の加曽利 B 期及び曽谷期については、遺構としては台地北側で後期中葉の土坑 1 基が、台地南側で加曽利 B Ⅰ 期の土壙墓 1 基が発見されているのみで検出されている遺構は多くはないが、A 地点貝層については最も厚く発達したのがこの時期であり、ⅩⅤ 層〜Ⅺ層が加曽利 B Ⅰ 期、Ⅹ層が加曽利 B Ⅰ・B Ⅱ 期、Ⅸ層〜Ⅷ層が加曽利 B Ⅱ 期、Ⅶ層が加曽利 B Ⅱ・B Ⅲ 期、Ⅵ層〜Ⅳ層が加曽利 B3 期・曽谷期に形成されたものであり、貝塚形成が活発に行われていたことがうかがわれる。

　後期後葉の安行 1・2 期については、台地南側では安行 1 期と思われる草壁建てと思われる簡易な平地建物 1 棟と貝廃棄土坑 1 基が確認され、活動の最盛期を迎えており、台地北側でも後期後葉〜晩期前葉の貝類や獣骨が多く含まれる土坑 1 基と安行 2 期の土坑 1 基が確認されるなど遺構の増加がうかがわれる。それに対し A 地点貝層は最上部の Ⅲ 層が安行 1 期以降の層であり、そろそろ形成の終わりを迎える。一方で、明治期の江見の調査や 1969 年の東大調

査から見ると、B地点貝層の形成は後期後葉から晩期前葉が形成の最盛期となるようであり、貝塚形成の中心がA地点貝層からB地点貝層へ移動したことがうかがわれる。

　晩期前葉の安行3a・3b期は、台地北側において活動が最も盛んになる時期である。ここからは3b期の竪穴住居跡1軒と晩期前葉の竪穴住居跡1軒、3a～3b期の土壙墓2基、3a期の遺構外土器集積1ヶ所及び3a～3b期の遺構外土器集積2ヶ所と多数の遺構が検出されている。なお、台地北側では通常の遺構確認面となる関東ローム層と表土層の間に、遺物を含む暗褐色土（Ⅲ層）の薄い層が部分的に確認されており、注意してみると縄文時代の遺構もこのⅢ層の上面で確認できたことから、この層が縄文時代の整地層であった可能性が想定される。なお、台地北側ではほぼ完形の製塩土器が4個体検出されているが、いずれも遺構検出時にほかの土器と一緒に狭い範囲で面的に出土したものである。竪穴住居跡や土坑などの遺構が検出できなかったことから遺構外として報告したが、本来はこの整地層の上に浅い掘り込みを持つ遺構が存在していた可能性もある。

　また台地南側においても晩期初頭と思われる掘立柱建物1棟や、姥山Ⅱ式の土器が共伴する大型炉跡が発見されている。この掘立柱建物跡は、南北約5.5m、東西約4.5mの方形に、東・南・北面は4本、西面は3本の柱が並んでいるもので、竪穴を伴わず、居住の痕跡も見られないことから、作業小屋的な掘立柱建物ではないかと推定されている。大型炉跡は長軸1.8m、短軸1.4mの、西側は皿状・東側は盌状の径約1mの2つの土坑が並んだような瓢形をした浅い土坑で、床面や壁面が強い火熱を受けて硬化している。覆土内から灰白色の物質が付着した製塩土器と思われる土器片が検出されたほか、炉床面の土壌からカルシウムやナトリウム、マグネシウムなどの海水に由来する成分や、海藻に付着する珪藻の化石が検出された。このことから、本炉跡では製塩に関する作業が行われていた可能性が想起されるが、異論もある[9]。

　このように、台地北側で検出された遺構は居住域や墓域を示すものであるが、南側で検出された遺構は作業空間を思わせるものであり、上高津貝塚の台地上においても南北の土地利用に差があったことをうかがわせる。ただし台地南側からは大型炉が検出されているものの、製塩土器の出土はあまり見られず、それに対し完形の製塩土器が発見された遺構外土器集中区2ヶ所を含め、台地北側及びB地点貝層の方が製塩土器の出土は多い。

　晩期中葉は台地北側から大洞C2～A期の廃棄土坑1基が確認されているのみで検出遺構が激減する。土坑は貝が出土せず鳥獣骨が多く含まれる晩期独特の「骨塚」的要素を示すものである。またB地点貝層からもこの時期の遺

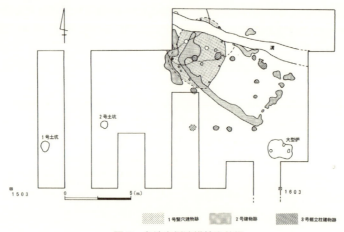

図7　台地南側遺構検出状況

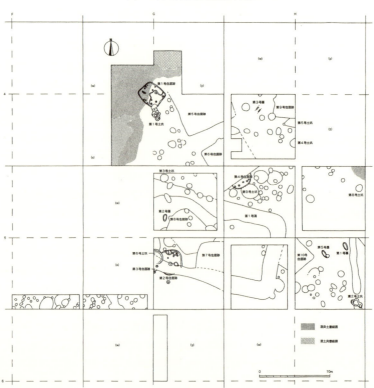

図8　台地北側遺構検出状況

物はほとんど出土しておらず、上高津貝塚における貝塚形成の終焉が感じられる。なお、台地北側の調査では少量ではあるが前浦式の土器片も出土していることから、この時期までは散発的に集落が継続していたことがうかがわれる。

おわりに

　上高津貝塚の調査はかなり多く行われているものの、今になって思えば全体を俯瞰した調査が不十分であった。今後の研究の方向としては、桜川低地の海岸線の確認などの古環境調査や、周辺遺跡の調査成果などを活かした土浦入り・桜川河口域の縄文時代についての総合的な研究が想起される[10]。なお、陸平貝塚ほか縄文時代の遺跡では、遺跡の近隣にしばしば湧水があることが報告されている例がある。2012年度から始まった上高津貝塚周辺谷の調査は、こうした縄文時代の古環境の復元や、低湿地遺跡の探索を目的としたものである。また、製塩活動については近年小松貝塚や神立平遺跡の資料が報告されているほか、上境旭台貝塚や下坂田中台遺跡・下坂田貝塚からも製塩土器が出土しているなどこの地域における事例が増加している。霞ヶ浦沿岸の製塩活動について現在は阿部芳郎を主として研究が進められており、今後に期待したい。

註

1) 宍塚貝塚は以前上高津貝塚の一部として誤認されていたが、関口満の研究により別の貝塚であることが明らかになった（関口2006）。出土資料は藤田・中村(1972)参照。
2) 本調査は行われていないが、1987年に行われた試掘調査で、多数の遺構が確認されている。
3) 小松貝塚は江見水蔭『探検実記　地中の秘密』にも「上高津と小松」として紹介されている。常磐線敷設工事により湮滅したと思われていたが、1991年に発見・調査された（土浦市遺跡調査会2012）。
4) 土浦城跡本丸土塁の中から、加曽利B式と思われる土器片や打製石斧が、外丸御殿の調査時に独弧石が確認されているが、土塁などの構築に伴う搬入土に含まれていたものと思われる（土浦市教育委員会1989a・2002）。
5) 江見の調査及び資料の現在の状況については斎藤編(2001)参照。また江見の発掘調査に参加した地元住民の話が、土浦市文化財愛護の会の会報に収められている（坂本2002）。
6) 分析はパリノ・サーヴェイ㈱に依頼した。詳細な結果は未公表であるが、その内容は常設展示に反映されている。

7) 埋没谷の地中レーダー反応については渡辺(1990)、土浦市遺跡調査会(1992)、埋没谷の調査所見については土浦市教育委員会(2006)参照。整備にあたっては、台地の南北をやや高めに盛り土することにより、中央がやや窪んだ谷地形を表現している。
8) №5・6地点は、台地縁辺からの湧水などにより真水が流れているような環境であったものと思われる。
9) 阿部(2015)によれば、上高津貝塚E地点の大型炉から出土した土器付着物を対象として珪藻分析と元素分析を実施したところ、珪藻自体の検出が少ないうえ、製塩の証拠となる藻場指標種群ではなかった。さらに、土器に付着した灰状物質は、草木灰であることも明らかとなった。加えて、これまで製塩の根拠とされてきた覆土中の珪藻分析結果も、炉以外の比較対象が示されていないことから、根拠足り得ないことが指摘されている。
10) 2012年に上高津貝塚ふるさと歴史の広場で開催した「花室川の縄文時代」展時の調査から、土浦市南部の花室川流域では縄文中期の遺跡が多いものの貝塚がほとんど存在しないなど、桜川流域とは遺跡の特徴や消長が少し異なることがうかがえた。周辺地域との比較検討を進めたい。

引用・参考文献

阿部芳郎 2015「縄文時代における土器製塩の展開と多様性」『明治大学人文科学研究所紀要』76

茨城県立歴史館 2002『特別展　考古紀行いばらき―考古学に魅せられた人々―』

茨城県教育財団 2012『上境旭台貝塚2』茨城県教育財団文化財調査報告 364

上高津貝塚ふるさと歴史の広場 1996『国指定史跡上高津貝塚整備事業報告書』土浦市教育委員会

上高津貝塚ふるさと歴史の広場 2007『第12回企画展　土浦の遺跡11―宍塚古墳発掘40年・上高津貝塚史蹟指定30年―』

上高津貝塚ふるさと歴史の広場 2012『第17回企画展　海と河と縄文人―霞ヶ浦の古環境と遺跡―』

神立平遺跡調査会 2009『神立平遺跡』土浦市教育委員会

慶應義塾高等学校考古学会　1954「茨城県土浦市上高津貝塚発掘調査報告」『Archaeology』19

毛野考古学研究所 2013『坂田台山古墳群・下坂田中台遺跡・下坂田貝塚』土浦市教育委員会

小宮　孟 1970「捕獲対象魚からみた漁撈活動の一側面―特に上高津貝塚を中心と

して―」『研究会報告』1、慶応義塾大学考古学研究会
小宮　孟 1980「土浦市上高津貝塚産出魚貝類の同定と考察」『第四期研究』19―4
斎藤　忠編 2001『江見水蔭「地底探検記」の世界解説・研究編』
坂本武雄 2002「上高津貝塚と父のこと」『文化財つちうら』25、土浦市文化財愛護の会
佐藤次男 1996「上高津貝塚の発見から保存整備まで」『文化財つちうら』19、土浦市愛護の会
山武考古学研究所 1996『六十原A遺跡』土浦市教育委員会
鈴木公雄・辻本崇夫 1992「土浦市上高津貝塚周辺の後期更新世より完新世の古植生」『土浦市立博物館紀要』4
関口　満 2006「上高津貝塚と宍塚貝塚の交錯」『国指定史跡　上高津貝塚C地点』
土浦市遺跡調査会 1992『国指定史跡上高津貝塚の発掘―史跡整備に伴う調査の概要―』土浦市教育委員会
土浦市遺跡調査会 1994『国指定史跡　上高津貝塚A地点』土浦市教育委員会
土浦市遺跡調査会 2012『小松貝塚』土浦市教育委員会
土浦市教育委員会 1989a『茨城県指定史跡　土浦城址発掘調査報告書』
土浦市教育委員会 1989b『木田余台Ⅰ』
土浦市教育委員会 2000『国指定史跡　上高津貝塚E地点』
土浦市教育委員会 2002『史跡　土浦城跡』
土浦市教育委員会 2003『六十原遺跡』
土浦市教育委員会 2006『国指定史跡　上高津貝塚C地点』
徳富武雄 1930「常陸国上高津貝塚発見の弥生式土器に就いて」『考古学』1―3
常名台遺跡調査会 2002『常名台遺跡群確認調査・神明遺跡（第3次調査）』土浦市教育委員会
藤田　清・中村盛吉 1972『常総古文化研究』
前田　潮編 1991『「古霞ヶ浦湾」沿岸貝塚の研究』筑波大学先史学・考古学研究調査報告Ⅵ、筑波大学
勾玉工房 Mogi 2009『赤弥堂遺跡（東地区）』土浦市教育委員会
勾玉工房 Mogi 2010『赤弥堂遺跡（中央地区）』土浦市教育委員会
勾玉工房 Mogi 2011『赤弥堂遺跡（西地区）』土浦市教育委員会
龍善寺遺跡調査会 2006『龍善寺遺跡』土浦市教育委員会
渡辺広勝 1990『国指定史跡上高津貝塚地中レーダー探査報告書』土浦市教育委員会
T.Akazawa.ed.u 1972『Report of the investigation of Kamitakatsu shellmidden site』

4　製塩活動の展開と霞ヶ浦の地域社会

阿部　芳郎

はじめに

　霞ヶ浦周辺は『常陸の国風土記』にもみられるように、古代の塩作りを示す記載があることがこれまでにも注目されてきた。浮島における「住める百姓は塩を焼いて生業となす」という記述を字句の通りに考えるならば、製塩を生業とした集団の存在を示すと思われ、そのことを解明する目的の発掘調査も行なわれたこともあるが、現時点においてそうした遺跡の発見はない。このことは一見不思議にも見えるが、こと塩をめぐる理解のなかで文字資料を対象とした古代文献史学と考古学的な事実との間には、未検証で重要な課題が残されているといえる。
　文字資料を前提にした議論の進展と考古学的な成果には、それぞれ一長一短があるが、古代の製塩については将来的には考古学との交差検証が必須となるであろう。本論は、そうした議論の発端となった霞ヶ浦の製塩史について先史考古学の視点・手法を用いて検討する。

1　縄文土器製塩研究の展開

　これまで近藤義郎による稲敷市広畑貝塚（近藤 1962）や明治大学考古学研究室による美浦村法堂遺跡の調査（戸沢・半田 1966）などを契機として、霞ヶ浦を中心に縄文の製塩研究が展開してきた。
　さらにまた、近年では筆者らによる灰や土壌を対象とした製塩行為の分析手法の開発や、それに基づく具体的な資料の分析が進められ（阿部 2014a など）、一定の知見が蓄積してきている。ここではこれらの成果について整理するとともに、現時点における製塩研究の基本的問題点について整理する。
　縄文時代の土器製塩研究において、近藤による広畑貝塚の発掘は、灰層を伴う多量の製塩土器の存在を明らかにした点で重要である（近藤 1962）。さらに、調査記録の再検討から、貝層中または貝層上面に確認された厚い灰層は製塩にかかわる遺構であった可能性も指摘されている（高橋 2007）。

1966（昭和41）年には明治大学考古学研究室によって、法堂遺跡の発掘が行なわれた。法堂遺跡からは大量の製塩土器をともなう製塩炉が発見されており、製塩土器と施設の関係がはじめて確認された点で重要である（戸沢・半田前掲）。広畑貝塚も含めて眼前に霞ヶ浦を臨む微高地上に立地している点でも、台地上の遺跡とは異なる特徴の1つだ。
　これらの発見を契機として、関東地方では製塩土器出土遺跡の確認や、製塩の目的を水産物の塩蔵に求め、流通論へと展開した（鈴木・渡辺1976）。さらに、製塩土器の口縁部の特徴に着目した型式学的な研究により時期的な細別が行なわれ、製塩研究の時間軸の整備がすすめられつつある（鈴木1981、常松1994など）。また、土浦市上高津貝塚では台地上の集落の一角に大型の炉跡が検出されたことや、別地点ではあるが、未使用の製塩土器が出土したことなどから、海辺での製塩以外に、近隣集落内での工程を別にした製塩作業が行なわれた可能性も指摘されている（髙橋1995）。
　関東地方の土器製塩の開始の意義については、貝塚形成の観点から、晩期における貝塚遺跡の激減と関連させ、干し貝交換から製塩が発生したという指摘も現われた（後藤1974）。これに対して、貝塚の形成とは直接的な因果関係はもたないとする反論もなされた（鈴木1981）。こうした研究に連動して、奥松島を中心とした東北地方でも、晩期から弥生時代にかけて製塩土器と炉跡がともなう製塩址の発見が相次ぎ（岡村1988）、両者の年代的な関係から関東地方の製塩技術が東北地方へと伝播したという理解が広まった（近藤1984）。
　一方、近年に至るまでの製塩研究は、塩を用いた生産物の流通論へと議論が高次化する反面、製塩自体の技術史的な解明はほとんど進んでいないのが現状である。
　こうした状況の中で、加納哲哉は東京都渋谷区豊沢貝塚において、後期前葉の土坑内貝層から、ウズマキゴカイやカワザンショウガイなどが焼けた状況で検出された事実をもとに、製塩土器出現以前に海草を焼いて利用した「初期製塩」が存在したことを指摘した（加納2000・2001）。黒住耐二も微小貝の存在状況から、海草や葦などを焼いて利用した製塩の存在を予測している（黒住2009）。こうした予測は、製塩遺跡である法堂遺跡や広畑貝塚においても同様の状況が確認されたことによって、一層確実性が増した（阿部ほか2013・2015）。現時点での問題点として、製塩土器を用いた製塩に、海草が利用された可能性とその具体的な利用方法の解明が指摘できる。いずれにしても、製塩の研究は土器に限定されることのない、多視点的な研究が必要となってきたのである。
　一方で、製塩の工程や器具、素材の復元なしに、流通論や生業論を展開した

場合、焼き塩による結晶塩の精製の有無や小型の製塩土器の機能や、塩自体あるいは塩蔵品などの流通の存否や規模、性格などに大きな影響を及ぼすことは確実であり、現時点においてすでに、議論は検証不能な解釈論の展開へと移行している[1]。こうした類推の累積は研究の進展ではなく、むしろ現在では停滞的な様相を招いている一因であろう。仮説や推測は検証することによってはじめて意味をもつのであり、経験則を下敷きにして推測の上に推測を重ねるのは必ずしも研究の進展にはつながらない。

2　広畑貝塚・法堂遺跡の分析

(1) 広畑貝塚における製塩痕跡の分析（図1）

　広畑貝塚は、霞ヶ浦湖岸の低台地上に立地する後期から晩期の貝塚である。これまでの調査報告では加曽利B式期以降の遺物が豊富に出土しているが、2014（平成26）年に指定地の表面を観察したところ、少量ではあるが中期末葉の加曽利E4式土器の破片を確認したので、遺跡形成の時期はこの時期にまで遡る可能性がある[2]。

　本遺跡は近藤義郎が発掘調査の報告（近藤1962）においても述べているように、貝層上および貝層中に固化したコンクリートのような灰の塊が堆積している状況が指摘されているが、かつて表面採集された遺物の中には、これと同様の資料が存在する。

　筆者らはこれを白色結核体と命名し、その由来を分析した（阿部ほか2013）。蛍光X線分析では、炭酸カルシウムを主成分としていることがわかり、その形状などから、土中あるいは貝層中の続成作用によって生成されたと思われるが、生成のメカニズムについては、なお不明な点が残されている。その一方で注目されるのは、内部に多量の焼けたウズマキゴカイが濃集する部分と、製塩土器の破片が含まれていることである。本物質の生成の由来および、これが近藤の発掘時に確認された固化した灰であったか否かについてはなお不明確であるものの、製塩行為の残渣、とくにウズマキゴカイなどを含む藻灰を核としていることが指摘できる点は重要である[3]。

　この資料の分析から、製塩土器とウズマキゴカイが近位置に存在する状態が縄文時代の遺跡において初めて確認できたことになる。そして、この事実は次に述べる法堂遺跡での分析によってより鮮明なものとなった。

(2) 法堂遺跡における製塩痕跡の分析（図2）

　湖岸を臨む低台地上に形成された本遺跡は、砂層中に灰を伴う炉跡が検出され、その周囲には多量の製塩土器の破片が層を成して発見された（戸沢・半田1966）。広畑貝塚はトレンチによる調査であったが、法堂遺跡の場合は部分的

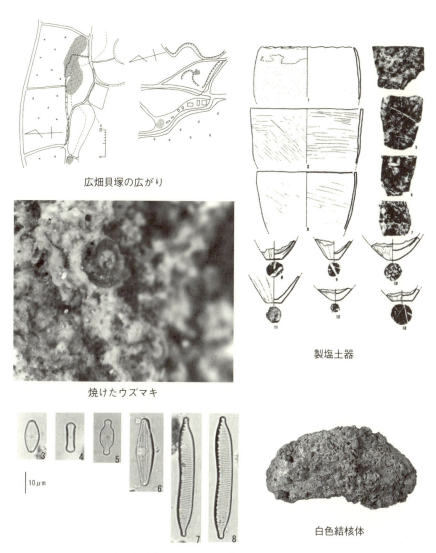

湖岸の低台地に形成された貝塚は、大量の製塩土器と灰を含み製塩遺跡と考えられている。採集された白色結核体は、貝層中に存在したという灰状の硬化物と考えられる。その内部には、製塩土器の小破片と焼けたウズマキゴカイが多量に発見され、製塩活動に伴う痕跡と考えられる。

図1　広畑貝塚の製塩遺跡

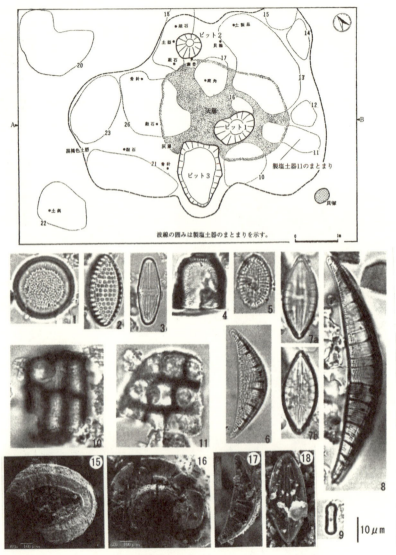

1. *Hyalodiscus scoticus*（No.2） 2. *Nitzschia granulata*（No.2） 3. *Navucula mutica*（No.2）
4. *Melosira moniliformis*（No.1） 5. *Cocconeis scutellum*（No.1） 6. *Rhopalodia acuminata*（No.5）
7a・7b. *Mastogloia smithii*（No.5） 8. *Rhopalodia acuminata*（No.5） 9. *Navicula contenta*（No.1）
10. 植物細胞片（No.1） 11. 植物細胞片（No.2） 12. 植物細胞片（No.3） 13. 植物細胞片（No.4）
14. 植物細胞片（No.5） 15. ウズマキゴカイ（全体形） 16. ウズマキゴカイ（破壊後）
17. *Rhopalodia acuminata*（No.6） 18. *Mastogloia smithii*（No.6） 19. *Diploneis smithii?*（No.6）

図2　法堂遺跡における製塩痕跡の分析（1～14：生物顕微鏡、15～19：走査型電子顕微鏡）

108　第Ⅱ章　霞ヶ浦の貝塚

に平面的な調査が実施され、製塩炉とされる炉跡と土坑および夥しい製塩土器の集積が検出され、製塩行為の実態がより明確に確認できた点に大きな意義がある。製塩土器は姥山Ⅱ式土器に主体的に伴うものであり、広畑貝塚の製塩土器と一部で時間的に重複するため、2つの遺跡は同時期に製塩を行なっていた可能性が高い。

炉は土層断面と調査所見の検討から最低2回（推測を含め3回）の作り替えの痕跡を確認することができる。また、灰層には製塩土器が集中する部分が形成されている。そして収蔵品の再整理の結果、調査当時の土壌と灰のサンプルが保管されていることがわかり、調査当時のラベルも残存しており、具体的な採取地点がわかるサンプルであることが確認されたため、その分析を行なった（阿部・樋泉2015）。製塩炉の周囲の製塩土器のまとまりの範囲と掘り込まれたピットの内部のサンプルの土壌からは、多くの被熱したウズマキゴカイの棲管が発見された。その産状は製塩炉の周囲に集中しており、製塩とこれらの微小生物の遺体が密接に関係したことを示唆している。さらに、カワグチツボなどの海草の葉上付着性種も少量が伴う点は広畑貝塚の組成と類似している。

また、すでに報告されているように、製塩炉の周囲には、現地性の破砕を伴う大量の製塩土器が検出されていることから、製塩活動により消費された土器の多くはその場で残置された可能性が高く、一部で指摘されてきた塩の付いた破片の遺跡外搬出や、土器とともに持ち出されたという推測とは整合しない出土状態であることも確認できる。つまり、藻灰を用いた製塩行為では、製塩土器は加熱されることによって破損し、その場で土器から塩が取り出された後は、その場に廃棄されたのである。

検出された製塩土器は、口縁部の破片から口縁径と器形が復元され、サイズと形態に複数の類型が存在することが指摘されている（戸沢・半田前掲）。法堂遺跡は、製塩炉の周囲に基本的には製塩土器の破片が集中して検出されている点からみて、愛知県東海市松崎遺跡の古代の製塩址のように、廃棄物の捨て場が独立して形成されるようなものではなく、加工場と廃棄空間が未分離な状況であったことをうかがわせる。同様な状況は、トレンチ調査ではあるものの、広畑貝塚などにも共通するようである[4]。

(3) 上高津貝塚の製塩土器と大型炉（図3）

土浦市上高津貝塚からはE地点で晩期の土器を伴う大型炉が検出され、その規模や形成時期などから、製塩に関連した施設であることが指摘されている（塩谷2000）。確かにやや離れた地点からは、大小のサイズの異なる製塩土器が煮沸痕跡を残さない未使用の状況で発見されている状況などから、上高津貝塚の集団が製塩活動にかかわりを持っていたことは確実であろう。

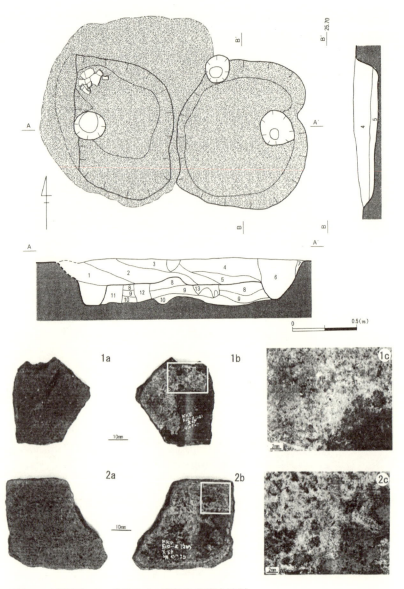

1a. 分析 No.1 土器外面　1b. 分析 No.1 土器内面（□部を採取）
1c. 分析 No.1 内面付着部の拡大写真
2a. 分析 No.2 土器外面　2b. 分析 No.2 土器内面（□部を採取）
2c. 分析 No.2 内面付着物の拡大写真

図3　上高津貝塚における大型炉出土土器の分析

ただし、この推測を後押しするとされる大型炉の理解（塩谷前掲）には分析手法上の問題もある。1つは、遺構覆土から藻場指標種群のケイソウが検出されているという報告があるが、ウズマキゴカイなどの検出がない。さらに土坑底面に遺存した土器片に付着していた白色の物質は筆者らの蛍光X線分析によれば、製塩にともなう析出物であることが指摘されているが、それは再分析の結果、木灰であることが確認された（阿部2015a）。

　遺跡自体が貝塚を伴う場合、魚介類には生息海域のケイソウが付着、あるいは捕食時に体内に取り込まれることは容易に想定される。そのため、遺跡内土壌におけるケイソウの有無だけでは製塩の判定の根拠とするのは危険である。また、サンプルも平面的な比較サンプルを必要とするが、比較資料が乏しいなど検証力に欠ける部分は否めない。遺構としての性格をこれらの根拠から推測するのは筆者の観点に立てば充分とは言えない。

　ただ一方で、上高津貝塚では過去の調査でも比較的豊富な量の製塩土器が出土している事実から、法堂遺跡や広畑貝塚とは異なる規模や性格の製塩活動が台地上の集落遺跡において行なわれたことは、指摘できる重要な事実であろう。法堂遺跡の状況から考察したように、使用後の製塩土器はその場に残置することが一般的であると考えた場合、湖岸より河川をさかのぼった台地上に立地する上高津貝塚は、独自で集落の内部において製塩を行なっていた可能性がある。

　その一方で河川を遡上した台地上にあるため、海水の確保や結晶技術の問題が残されている。そして、こうした立地をもつ製塩遺跡での製塩技術は現時点ではまったく不明である。

　法堂遺跡は、居住遺構からは距離を置いた位置で、独立した施設としての在り方を示す好例である。ただし、筆者は製塩土器以外に貝輪や骨角器、土偶や耳飾りといった、むしろ集落の指標となる道具箱の存在を示唆する遺物の在り方（阿部2012a）を重視し、法堂遺跡は集落であったと考える立場にあり、未調査部分として当時残された台地上に居住痕跡が存在したと想定している。小規模な複数の地点貝塚の形成も、居住地であることを示唆しているのではないか。

　同様の様相は、広畑貝塚においてより鮮明に確認することができ、埋葬人骨や各種の祭祀遺物、生活用具や骨角器の未成品などの出土から、周年居住を基本とした集落であり、製塩址は海辺により近い貝塚部分に重複して形成されていたと考えるべきであろう。

3　製塩の起源

　霞ヶ浦沿岸の製塩研究において、製塩土器は近藤の初期の指摘によれば安行1式期に出現時期を持つという（近藤1962）。その後の研究では川崎純徳がそ

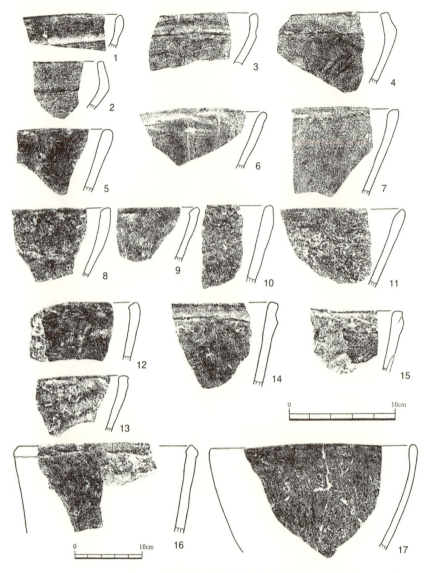

図4 立木貝塚F地点出土の無文土器

の起源を加曽利B式期の無文土器に求めたが、具体的な資料の分析を伴う進展を見なかった（川崎1970、寺門・芝崎1969）。一方、取手市中妻貝塚では安行3a式期より製塩土器が検出されており、口縁部断面形態の詳細な観察から時期的な細分が試みられている（鈴木1981）。

　筆者は利根町立木貝塚F地点の土器を精査し、曽谷式から安行1式期の精製土器に伴って、厚手の無文土器が存在することを確認し、それらの口縁部形態が加曽利B式期の無文浅鉢からの型式変化の上に位置づけられることを根拠に、晩期の製塩土器のプロトタイプであることを指摘した（図4）（阿部2014b）。一部の資料には被熱により赤化した破片も存在すると共に、型式学的な連続性を確認することができる。しかし、現時点においては立木貝塚の貝層に海草付着性の微小生物が存在するか否かは不明である。

　一方、海草付着性の微小生物に着目した分析によると、黒住耐二は美浦村陸平貝塚A地点貝塚において、中期の貝層中から葦原に生息するカワザンショウガイの被熱個体の検出を挙げて、葦や海草の利用期限が製塩土器よりもより古く遡る可能性を指摘している（黒住2009）。しかし、広畑貝塚や法堂遺跡などの製塩址に伴って多量に発見されたウズマキゴカイは検出されていない[5]。

　さらに、D地点貝塚では堀之内2式期の灰層や貝層が良好に遺存していたが、製塩に関係する被熱した海草葉上種などの遺存体の発見はなかった（黒住2010）。同時期の東京湾沿岸地域では、東京都豊沢貝塚（加納2000）や北区西ヶ原貝塚（阿部2014c）、千葉県松戸市牧之内遺跡（阿部2015）では被熱したウズマキゴカイが一定量検出されているので、現時点ではウズマキゴカイを指標とした海草利用痕跡は霞ヶ浦沿岸よりも東京湾沿岸地域が古い年代を示している。これが実態を示すのか否かは、より豊富な資料の蓄積を待ち判断する必要があるが、いずれにしても筆者の分析によって製塩土器の出現以前に藻灰を利用したことは確実となった。

4　近年の成果と新たな課題

　近年の筆者らによる分析研究の蓄積によって、これまでの製塩研究における認識のいくつかについて、より具体化できた部分、あるいは一部の知見に変更の余地があることが明らかになった。以下に今後の展望も含めて本論での要点をまとめておく。

(1) 土器製塩技術の問題

　近年の製塩研究の成果として、製塩自体の技術と工程について一定の進展があった。それは広畑貝塚の白色結核体の分析が示すように、アマモに由来する微小生物遺存体であるウズマキゴカイが多量に検出されたことにより、海草

を焼いた灰が製塩に利用された可能性が高まったことである。この発見によって、「藻を焼く」または「塩を焼く」などの古代史料に見える製塩関連用語との関係が一定の確実性をもつことになった。

　海草を焼いた灰については、塩分を含んでいるために、これを「灰塩」として消費対象と考えるならば、法堂遺跡の製塩炉に生産物である海草の灰が存在したことになる。ウズマキゴカイのサイズが0.3〜0.8㎜程度である点から考えて、これらを不純物として取り除くことは至難の業であろうし、そもそも海草を焼くだけであるならば、製塩土器が出現する必然性はなかったはずである。したがって、「灰塩説」は否定される。

　灰塩説を主張する意見の中には、パプアニューギニアにおける民族事例を根拠とする言説があるが（加納2001、川島2015）、そのことを検証するための遺跡における資料の具体的な検証は何らなされておらず、机上の空論の域を出ない。

　筆者は法堂遺跡において製塩址に製塩土器とウズマキゴカイと灰が存在すること、僅かではあるが製塩土器の内面にウズマキゴカイを含んだ灰が固着した資料が存在することから、藻灰は製塩土器の中に入れて海水の煮沸を行なった際の結晶媒体に用いた可能性を考えている（阿部2015a・2016）[6]。

(2) 製塩の開始期はいつか

　土器製塩の起源は、近藤の指摘によれば広畑貝塚における発掘調査の結果から安行1式期とされている（近藤1962）。それは霞ヶ浦沿岸におけるこれまでの研究からも支持されている（寺門・芝崎1969）。これらの主張は、製塩土器の出現時期を根拠としたもので正しいように思われる。ただし、その場合は製塩土器の出現が製塩の開始とみるという前提を証明しなければならない。鹹水を煮沸することによって結晶塩を得るという前提に立てば、通常の土器で製塩ができないという要件は成り立たず、むしろ人類の道具利用の長い歴史を見るならば、臨機的な道具利用から独自の道具化の過程を経て専用の器具の出現へという道をたどることが多い。

　さらに、筆者による海草付着性の微小生物遺存体の分析では、広畑貝塚と法堂遺跡におけるウズマキゴカイなどの存在から、これらが製塩にかかわる痕跡であることを指摘したが、同様の根拠に基づいて広く資料を分析すると、牧之内遺跡や、八木原貝塚、西ヶ原貝塚など、霞ヶ浦沿岸地域とは異なる地域からの発見に蓄積があり、その時期も牧ノ内遺跡（堀之内1式期）、西ヶ原貝塚（堀之内1式期・高井東式期）、八木原貝塚（加曽利B2式・同3式期）など、いずれも製塩土器の出現よりも古い年代を示している。これらの発見はいずれも製塩土器出現以前の事例であり、藻灰が少なくとも現時点において製塩土器として認識できない土器を利用して塩作りをしていた可能性が高いこと

を示唆している。

(3) 土器製塩の空間的な展開

　従来、土器製塩の開始は霞ヶ浦沿岸地域と考えられてきた。しかし、近年では奥東京湾および東京湾東岸地域において、製塩土器出現以前における海草利用の痕跡が相次いで確認されている状況がある。霞ヶ浦沿岸地域における後期前葉〜中葉地域の分析が急がれるが、現時点でこれまで分析した遺跡において、その発見はない。今後分析対象遺跡の数を増やして検討を続ける必要があるが、この問題は将来的に製塩技術の起源地を解明する際の重要な知見となることは間違いない。

　また、筆者は以前に晩期の製塩土器の胎土分析の成果から、関東地方の各地の製塩土器は在地産粘土を利用する事例が主体的である点を指摘した（阿部 2010）。こうした体制が後期前葉以来の伝統の上に形成されたか否かを確認する必要もある。しかし、その一方で晩期において湖岸低地に集約的な製塩活動の痕跡を残す遺跡は現時点では霞ヶ浦西南岸地域に集中していること、上高津貝塚のように、近隣集落において使用の痕跡が認められる製塩土器の出土や、複数の遺跡が製塩活動によって結びつきをもつとは事実である（鈴木・渡辺 1976、関口 2012、髙橋 2014 など）。

　その場合、塩自体をどのように結晶化させたのかという技術上の問題、さらには、塩自体をどのような目的に用いたのかという課題を追究することが最も重要である。多くの製塩実験の報告例が指摘するように、製塩土器が一度の使用で破損してしまうのであるならば、製塩土器の出土量は見かけの上での多さとして映り、大量の結晶塩を一度に必要とするような魚介類の塩蔵品などの計画的かつ多量の生産を想定するには無理がある。法堂遺跡や広畑貝塚、上高津貝塚での小型の製塩土器の出土なども考えると、大量の塩の利用形態を前提とした塩の生産も再考が必要であろう。これらの現象については、晩期における当該地域固有の社会的な背景を解明する必要がある。

(4) 霞ヶ浦沿岸の製塩技術史研究の展開

　海草を利用した製塩技術が霞ヶ浦沿岸の後晩期の遺跡で確認されたことは、当該地域における製塩技術史を考える場合にいくつかの課題を提示していることになると思われる。焼けたウズマキゴカイの検出は、愛知県松崎遺跡では古墳時代後期から奈良時代にかけての製塩土器と共に発見されているし（渡辺 1991）、福岡県福岡市板付遺跡（山崎 1991）、同市海の中道遺跡（山崎 1993）など西日本のかなり広い地域において、同様の技術が展開していることが明らかにされている。さらに、近年では宮城県東松島市江ノ浜貝塚においても 9 世紀の製塩址から灰とともに大量のウズマキゴカイが検出されており[7]、海草利用

の技術圏は西日本にとどまらず、全国的な広がりを持って存在していた可能性が指摘できるようになってきた。

　その場合、古くから文献史学において指摘されてきた『常陸国風土記』における浮島の製塩の記載が問題とされることになる。つまり「居める百姓は塩を焼きて業と為す」という一文は古代製塩を示唆する記載として注目されてきたが、その具体的な技術とは一体どのようなものであったかという点である。

　浮島で実施された、古代製塩の実態解明を目的とした調査でもその証拠は見つかっていないし、その後の調査においても法堂遺跡や広畑貝塚のような灰層やそれに伴う古代製塩土器の出土は、現時点においては認められない（渡辺1994）。ここに霞ヶ浦沿岸における製塩技術史の大きな課題が横たわっているように思われる。現時点の状況から指摘できる仮説の1つとしては、古代浮島における製塩はあくまでも自給的なもので、製塩土器のような特定な器具を利用せず、通常の土師器を転用した小規模な製塩にとどまっていた可能性も想定しておく必要がある。なぜならば、すでに指摘したように縄文時代の製塩においても、製塩土器を利用しない小規模な製塩は、現時点で判明しているだけでも約4000年前の後期前葉にはすでに存在していたし（阿部2014a）、製塩土器が出現する晩期初頭においてさえ、そうした技術は併存し、以後の時代においても継続していた可能性も十分に考えられるからである。

　つまり、製塩土器の出現は在来土器の転用から製塩土器の出現という発展段階的な図式的理解だけでなく、社会的な状況によっては技術選択の適応性の問題として捉え直す必要があるのである（阿部2016）。その当否は考古学的な手法によって遺跡の分析を行なうことによってのみ検証できる。将来的に霞ヶ浦沿岸の古代遺跡において、そうした検証が行なわれることが強く望まれる。

　以上、霞ヶ浦を中心に展開してきた縄文の製塩研究の成果と課題についてその概略をまとめた。筆者の視点と方法は先史考古学を基礎としたものであるため、民族・民俗学的な比較や文献史料の解釈はここでは対象とはしていない。仮にその効用を考えるならば、諸事例の参照からの類推には役立つ点が少なくはない。しかし反面で、検証という点では精度を欠いており、とくに歴史における時間と空間の問題を無視して類似度の指摘をもって解釈するだけでは問題点が多いことは自明である。文化的な背景の異なる事象を比較する際には、「見かけの類似」を区別する手法の提示が最低限必要になるであろう。

謝辞　本論の分析において微小貝の同定では、黒住耐二、珪藻などの分析手法について佐々木由香、上高津貝塚の資料分析では関口満、石川功、亀井翼の諸氏の協力があった。また、関連資料の調査では明治大学考古学博物館、土浦市上高津貝

塚ふるさと歴史の広場のお世話になった。

　本研究は科学研究費挑戦的萌芽研究「古代製塩技術の実証的研究」（研究代表者　阿部芳郎　課題番号 16K12810）の一部である。

註

1) 塩の生成に焼き塩などの概念を持ち込んだのは近世の製塩技術の研究である。しかし、この枠組みは本末転倒であり、確認された技術の存在を前提にした議論である。焼き塩技術の存在を検討するためには、まず歴史上で確実な事例の分析からはじめなくてはならない。その場合は江戸時代の「焼き塩壺」などが候補となる。筆者は焼き塩壺の断面構造や被熱の状況について分析しているが縄文時代の製塩土器とは異なる特徴が指摘できる。詳細は後日発表する準備がある。
2) 当該資料は遺跡地にて観察し、その後は遺跡地に残置した。地元教育委員会の有効活用を願いたい。
3) 加納によって指摘された豊沢貝塚の堀之内式期の貝層中のウズマキゴカイの発見は、縄文時代にアマモを焼いたことを示す間接的な証拠としての意味をもつ。ただ、製塩土器の存在しない時期の資料であることから、それが製塩に関係するという指摘は推論の域を出ないものであった。とくに縄文時代の製塩土器との直接的な共存関係を指摘できたのは広畑貝塚（阿部ほか 2013）と法堂遺跡（阿部・樋泉 2015）の分析が初例となる。
4) 近藤によれば製塩土器の出土する層と灰層は一体化しており、高橋満はこうした状況からセクション図で浅い掘り込みを持つ部分が製塩址であったことを指摘している（高橋・中村 1999）。
5) 河口の葦原などに生息するカワザンショウガイなどが被熱した状況で遺跡から出土する事例は後期から晩期の遺跡でも類例があり、ほとんどがウズマキゴカイを伴う事例である。しかし、両者の生態は基本的に異なるので、海浜部の葦などの利用の痕跡と考えるか、枯死したアマモが海浜部に打ち上げられた際にカワザンショウガイが混獲されたかであろう。黒住は前者を指摘し、加納は後者の立場をとる（黒住 2009・加納 2000）。
6) この発見については、2014 年の考古学協会総会研究発表および阿部・樋泉（2015）において公表したが、その後西ヶ原貝塚において、高井東式土器の深鉢の内部に藻灰が収納された状況で発見され、時期は異なるものの、藻灰利用の方法について法堂遺跡での想定の妥当性が高まった（阿部 2016）。この土器は煮沸痕跡を残すことから、藻灰を入れて海水を注いで煮沸を行ない、塩

を結晶化させたものと考えることができる。
7) 2015年に発掘調査が実施され、その概要が奥松島縄文村歴史資料館の「JomonTimes」vol.118号に掲載されており、炉周辺の土の中から焼土や灰に混じって、大量の焼けたウズマキゴカイが見つかったという記載がある。

引用・参考文献

阿部芳郎 1998「「当盤押圧技法」の起源と系譜」『貝塚博物館紀要』25

阿部芳郎 2010「製塩土器の生産と資源流通」『移動と流通の縄文時代史』雄山閣、pp.107-122

阿部芳郎 2012a「土器製塩研究の展開と多様性」『陸平の上高津～縄文の資源利用と地域社会～』明治大学日本先史文化研究所研究成果シンポジウム予講集

阿部芳郎 2012b「総論 縄文時代の資源利用と地域社会」『考古学ジャーナル』627

阿部芳郎 2013「土器製塩研究の展開と多様性」『陸平と上高津～縄文の資源利用と地域社会～』研究成果報告会資料集、pp.63-66

阿部芳郎 2014a「縄文時代土器製塩の実証と展開」『日本考古学協会第80回総会研究発表要旨』日本考古学協会

阿部芳郎 2014b「関東地方における製塩土器の出現過程―器種変遷と製作技法からみた製塩土器の出自―」『駿台史学』150

阿部芳郎 2014c「奥東京湾口部における土器製塩の展開」『北区飛鳥山博物館研究報告』16

阿部芳郎 2015a「縄文時代における土器製塩の展開と多様性」『明治大学人文科学研究所紀要』76

阿部芳郎 2015b「SI06住居内貝層から発見された微小生物遺存体と製塩痕跡」『牧之内遺跡』松戸市秋山土地区画整理組合

阿部芳郎 2016「「藻塩焼く」の考古学」『考古学研究』63―1

阿部芳郎・河西 学・黒住耐二・吉田邦夫 2013「縄文時代における製塩行為復元～茨城県広畑貝塚採集の製塩関連資料の検討～」『駿台史学』149

阿部芳郎・樋泉岳二 2015「縄文時代晩期における土器製塩技術の研究―茨城県法堂遺蹟における製塩行為の復元―」『駿台史学』155

安藤一男 1990「淡水産珪藻による環境指標種群の設定と古環境復元への応用」『東北地理』42

茨城県史編纂第一部会原始古代史専門委員会 1979『茨城県史料 考古資料編 先土器・縄文時代』茨城県

岡村道雄 1988「東北地方の縄文時代における塩の生産」『考古学ジャーナル』298

河西　学 1998「西ヶ原貝塚出土縄文晩期土器の胎土分析―茨城県法堂遺跡出土製塩土器との比較―」『都内重要遺跡等調査報告書』都内重要遺跡等調査団、

加納哲哉 2000『微小生物遺存体の研究』國學院大学研究叢書文学研究科 7

加納哲哉 2001「初期製塩研究の新視点」『ツンドラから熱帯まで』東北アジア古文化研究所

川島尚宗 2015『生産と饗宴からみた縄文時代の社会的複雑化』六一書房

川崎純徳 1970「縄文時代における交易の発生史的研究」『常総文化』5

金井慎司・辻本崇夫 1998「西ヶ原貝塚における自然科学的分析調査」『都内重要遺跡調査報告書』東京都教育委員会

喜兵衛島遺跡調査団 1956「謎の師楽式土器」『歴史評論』河出書房

黒住耐二 1994「柱状サンプルから得られた微小貝類遺存体」『上高津貝塚 A 地点』土浦市教育委員会

黒住耐二 2009「微小貝類からみた東京湾沿岸の巨大貝塚の時代」阿部芳郎編『東京湾巨大貝塚の時代と社会』雄山閣

黒住耐二 2010「微小貝類遺体」『陸平貝塚』陸平貝塚研究所叢書 6

小杉正人 1988「珪藻の環境指標種群の設定と古環境復元への応用」第四紀研究、27

後藤和民 1974「社会と集落」『千葉市史』1、原始古代中世編

近藤義郎 1962「縄文時代における土器製塩の研究」『岡山大学法文学部紀要』15

近藤義郎 1978『日本塩業体系』資料編　考古、日本専売公社

近藤義郎 1984『土器製塩の研究』青木書店

近藤義郎編 1994『日本土器製塩研究』青木書店

亀井　翼 2012「地形発達が遺跡分布に与える影響～霞ヶ浦南西岸の縄文時代を対象として～」『考古学ジャーナル』627

塩谷　修 2000「集落調査（E 地点）」『国史跡上高津貝塚の発掘』土浦市教育委員会

鈴木正博・渡辺裕水 1976「関東地方における所謂縄紋式「土器製塩」に関する小論」『常総台地』8

鈴木正博 1981「縄紋時代における「土器製塩」の研究（序説）」『取手と先史文化』下巻

鈴木正博 1992「土器製塩と貝塚」『季刊考古学』41、雄山閣

関口　満 2012「製塩遺跡の分布と製塩活動」『考古学ジャーナル』627

高橋　満 1995「土器製塩の工程と集団」『季刊考古学』55、雄山閣

高橋　満 2007「土器製塩と供給―関東地方の 2 遺跡を中心に―」『縄文時代の考古学』6、同成社

高橋　満 2014「製塩活動の展開と技術」『季刊考古学』別冊 21、雄山閣

高橋　満・中村敦子 1999「茨城県広畑貝塚出土の縄文時代晩期の土器　直良信夫氏調査のNトレンチ資料」『茨城史研究』82、茨城県立歴史館
神立平遺跡調査会 2009『神立平遺跡』土浦市教育委員会
寺門義範 1986「土器製塩」『縄文文化の研究』2 生業、雄山閣
寺門義範・芝崎のぶ子 1969「縄文・後晩期にみられる所謂『製塩土器』について」『常総台地』4
廣山堯道 1993『日本製塩技術史の研究』雄山閣
堀越正行 1985「縄文時代の土器製塩と需給」『季刊考古学』12、雄山閣
宮内慶介 2012「内陸における製塩土器の出土事例」『移動と流通の縄文社会史』雄山閣
森　勇一 1991「松崎遺跡における古代製塩法について」『松崎遺跡』愛知県埋蔵文化財センター
戸沢充則・半田純子 1966「茨城県法堂遺跡の調査―製塩址をもつ縄文時代の遺跡―」『駿台史学』18、駿台史学会
常松成人 1994「関東各都県」『日本土器製塩研究』青木書店
山崎純男 1991「九州の弥生時代貝塚」『考古学ジャーナル』336
山崎純男 1993「出土遺物各論IV―自然遺物―」『海の中道遺跡、II』朝日新聞社・海の中道遺跡発掘調査実行委員会、pp. 96-108, pls. 16-20
渡辺則文 1952「藻塩から塩浜へ」『ヒストリア』3
渡辺　誠 1991「松﨑遺跡におけるブロックサンプリングの調査報告」『松崎遺跡』愛知県埋蔵文化財センター
渡辺　誠 1994「藻塩焼考」『風土記の考古学』①常陸風土記の巻

5　湖岸の地形発達と遺跡形成

亀井　翼

はじめに

　霞ヶ浦沿岸における人間活動は、霞ヶ浦の環境変遷と不可分であることは論を俟たない。しかし、当地域の縄文時代について、古環境と人間活動との関わりを検討した論考は多くない。このことは、花粉や動植物遺体、珪藻化石といった環境指標者が良好に保存され、人間活動と環境変遷を同時に議論することのできる低湿地遺跡が、霞ヶ浦沿岸でほとんど発見されていないためであろう（石川 2011）。具体的な事例研究は低湿地遺跡の調査を待たなければならないが、地域レベルでの古環境と人間活動の関係について、現状で議論可能な範囲を明らかにしておくことも有益であろう[1]。

　著者はかつて、霞ヶ浦南西岸を対象として遺跡立地の変遷をまとめたことがある（亀井 2011・2012）。そこで本節では、まず霞ヶ浦の環境変遷について概観する。そして、海進時に海域となり、その後陸地化した谷底低地や湖岸の低地に立地する遺跡に注目し、低地の形成過程と遺跡立地との関係を議論する。

1　霞ヶ浦の環境変遷

(1) 霞ヶ浦の形成

　霞ヶ浦は茨城県南部に位置し、日本第2位の湖面積をもつ淡水湖である（図1）。霞ヶ浦周辺における地形発達史の大枠は、池田宏らによって明らかにされた（池田ほか 1977）。それによれば、約 2.9〜2 万年前、鬼怒川は現在の桜川低地を流れており、この古鬼怒川の下刻と礫の堆積によって桜川低地と霞ヶ浦の概形が形成された（図2）。現在の桜川の流量に比べて不釣り合いに広大な桜川低地も、古鬼怒川によって形成された。約2万年前に海水準がさらに低下すると、それまで桜川の流路を流れていた鬼怒川が、下館のあたりで流路変更し、放棄された低地に桜川が流れるようになった。その後、完新世に入ってこの谷地形に海が進入し、海域となった。

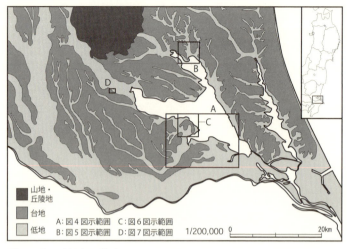

図1　霞ヶ浦沿岸の地形（土地基本分類調査「茨城県」地形分類図をトレース）

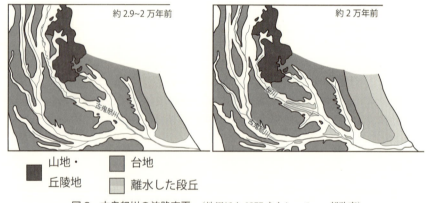

図2　古鬼怒川の流路変更　（池田ほか1977をトレース、一部改変）

(2) 海水準変動と海進・海退

　霞ヶ浦沿岸では、海水準はどの程度上昇したのであろうか。縄文海進期の海水準が標高5mを超えないことは、資源科学研究所による五霞村江川貝塚や、神栖市奥野谷貝塚の発掘調査によって指摘されていた（和島ほか1965・1968）。利根川下流域のボーリング調査に基づく海水準変動曲線によれば（Endo et al. 1982）、古鬼怒湾における海水準はもっとも高くても+2～3mであったようだ。後述するように、陸平貝塚周辺の谷底平野で行われたボーリング調査の結果、

海成層の上限高度は標高 4 m であった（鹿島・阪口 2009）。印旛沼周辺において、縄文時代の平均潮位と満潮時の潮位差は 1.7 m であることから（Chiba et al. 2016）、海成層上限高度を満潮時の潮位とすれば、海水準は 2.3 m と考えられる[2]。このことは先述の海水準変動曲線と無矛盾である。

次に、海進最盛期の時期とその当時の海域の分布について述べる。貝塚の形成時期と分布から、古鬼怒湾最奥部における縄文海進最盛期は関山式期であり、海域は現在の常総市石毛町付近まで到達していたと考えられている（佐藤 1996）。桜川沿いでは、現在の常磐道よりも西側、土浦市飯田のあたりまで海域となっていたことが、ボーリング調査による海成層の分布から示されている（遠藤ほか 1983、鈴木ほか 1993）。一方で、湾に直接面した沿岸部では、後述するように早期には台地縁辺まで海が到達していると考えられる。たとえば陸平貝塚では、早期後半にはマガキ、ハイガイ主体の貝塚形成が認められる（樋泉 2010）。

最後に、海退と低鹹・汽水化の様相について述べる。貝塚の分布からみると、古鬼怒湾奥部における海退は諸磯式期に始まったようである（佐藤 1996）。霞ヶ浦湖底のボーリング調査によれば、5,500 ^{14}CyrsBP ごろから海水準は低下しはじめるとともに、湾口からの堆積物の供給が少なくなり、閉鎖性が高まってゆく（齋藤・井内・横田 1990、井内・齋藤 1993）。とはいえ、霞ヶ浦南西岸の製塩遺跡や貝塚出土の貝組成が示すように、縄文時代を通じて霞ヶ浦は内湾であり続けた。『常陸国風土記』では霞ヶ浦は「流海」と記述され、浮島で塩づくりを行っていたことが記されている。少なくとも古代までは、霞ヶ浦の鹹度は高かったと考えられる。霞ヶ浦が低鹹汽水化した時期は、湖底堆積物のテフラの年代から 1400～1600 年が想定されるという（齋藤・井内・横田 1990、井内・齋藤 1993）。完全な淡水湖になるのは、常陸川水門が完成した 1963（昭和 38）年以降である。

(3) 霞ヶ浦沿岸地形の概観

霞ヶ浦沿岸の地形は、台地と低地に大きく分けられる。台地とは更新世に海域となった後、離水した段丘であり、『霞ヶ浦・北浦周辺地形分類図』では上位段丘（下末吉面に相当、12～13 万年前に形成）と下位段丘（立川面に相当、1～3 万年前）に区分される（大矢ほか 1986）。低地とは完新世に形成された地形であり、湖岸段丘（Ⅰ、Ⅱ）、湖岸低地、谷底平野（本節では以下、谷底低地）、後背湿地、砂州、砂嘴などが相当する（大矢ほか 1986）。縄文時代には台地が安定した陸域環境であったのに対して、低地、とくに霞ヶ浦に面した湖岸平野（湖岸段丘、湖岸低地）は、縄文海進最盛期に一度海域となり、その後陸地化した地形である。湖岸平野に形成された遺跡は、海退に伴って形成された陸地に当

時の人々が生活の場を広げた証拠といえる。

2 湖岸平野の形成と遺跡

(1) 霞ヶ浦沿岸における湖岸平野の形成過程

　湖岸段丘ⅠとⅡは、明治年間に実施された浮島貝ヶ窪貝塚の発掘調査報告において中段、下段とされた地形にそれぞれ相当し（佐藤・若林1894）、台地を取り巻くように分布している低段丘面である（図3）。湖岸段丘Ⅰは標高2～5m、縄文海進期に台地が浸食され、その構成物質が段丘崖に堆積して形成

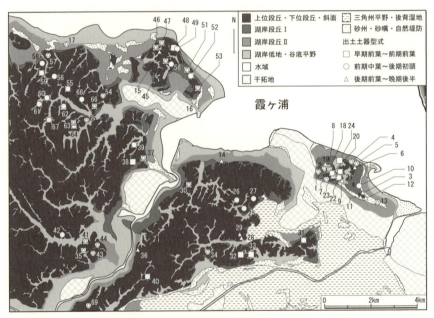

図3　霞ヶ浦南西岸の地形区分と遺跡分布 （亀井2012に加筆）

1：西戸崎遺跡、2：戸崎遺跡、3：後九郎兵衛遺跡、4：平山遺跡、5：平山東遺跡、6：浮島ヒガシ遺跡、7：前浦・殿内遺跡、8：年行地貝塚、9：内発勺遺跡、10：寄縄原遺跡、11：蛇峰前遺跡、12：宮の脇遺跡、13：真崎遺跡、14：広畑貝塚、15：陣屋敷低湿地遺跡、16：法堂遺跡、17：木原二本松遺跡、18：岡ノ内遺跡、19：年行地遺跡、20：貝ヶ窪下貝塚、21：上ノ窪遺跡、22：上ノ窪西遺跡、23：岡ノ内西遺跡24：丸峰遺跡、25：大室貝塚、26：所作貝塚、27：大門貝塚、28：竜貝貝塚、29：石神下貝塚、30：柏木遺跡、31：平台遺跡、32：幸田台遺跡、33：幸田遺跡、34：福田貝塚、35：村田貝塚、36：椎塚貝塚、37：大日山古墳群、38：思川遺跡、39：中佐倉貝塚、40：薬師後遺跡、41：豆薬師北遺跡、42：東前遺跡、43：中峰遺跡、44：児松遺跡、45：陸平遺跡、46：陣屋敷遺跡、47：根本遺跡、48：多古山Ⅱ遺跡、49：天神平Ⅰ遺跡、50：押井戸遺跡、51：木の根田遺跡、52：内出遺跡、53：下の下遺跡、54：平木貝塚、55：野中遺跡、56：原遺跡、57：木原城址、58：木原台遺跡、59：木原神田遺跡、60：摩迦陀遺跡、61：笹山遺跡、62：興津貝塚、63：原畑遺跡、64：高野台遺跡、65：虚空蔵貝塚、66：大谷貝塚、67：興津白井遺跡、68：沢田古墳群、69：道成寺貝塚

されたと考えられている（豊田・池田 2003）。その形成時期は、約 6000 年前（大矢ほか 1986、平井 1989）、あるいは 6000〜5000 年前とされる（豊田・池田 2003）。年代測定例は少ないが、美浦村上新田における湖岸段丘Ⅰあるいは砂州Ⅰに含まれる木材の^{14}C 年代は 6,710 ± 190^{14}CyrsBP であり（籠瀬 1976）、縄文時代早期後半に相当する[3]。

湖岸段丘Ⅱは標高 1〜2m で、湖岸段丘Ⅰに対応して形成された浸食面とされるが（豊田・池田 2003）、その形成時期は湖岸段丘Ⅰより新しいとする意見（大矢ほか 1986、平井 1989）と、湖岸段丘Ⅰと同時に形成されたとする意見がある（豊田・池田 2003）。

湖岸低地は、現在では水田となっている最も低い地形である。標高は湖水面とほぼ同じである。約 100 年前に作成された迅速測図でヨシ原とされる部分によく対応することから、ヨシ原に堆積物がトラップされて形成されたと考えられている（関・池田 2003）。

(2) 湖岸平野に立地する遺跡

霞ヶ浦南西岸の湖岸段丘Ⅰには、縄文時代前期中葉以降の遺跡が立地する（図 3・4）。例えば、法堂遺跡では明治大学調査地点（戸沢・半田 1966）とは別の地点が 1995 年に調査されており、前期中葉、中期後葉の土器片が出土している（茨城県教育委員会 1997）。また、浮島で実施された分布調査でも、前期中葉以降の土器が採集されている（齋藤ほか 2005）。さらに、高浜入り左岸の湖岸段丘Ⅰには、製塩土器の出土した下滝遺跡、下平前遺跡が立地する（図 5）。隣接する両遺跡では縄文時代前期から晩期の土器が出土しており、最も古い遺物は前期前半の繊維土器（関山式、黒浜式）である（小美玉市史料館 2007・2012、常松 2008、高橋 2012）。これらのことから、早期後半以降に形成された湖岸段丘Ⅰや砂州は、前期以降に利用されるようになることがわかる。しかし、前期や中期の土器片は小破片が多く、遺構も検出されていない。湖岸段丘Ⅰの利用が盛んになるのは、広畑貝塚の貝層が形成される後期中葉以降である。土器製塩が行われたとされる広畑貝塚（近藤 1962 など）、法堂遺跡（戸沢・半田 1966）、前浦・殿内遺跡（杉原・戸沢・小林 1969）のいずれも、湖岸段丘Ⅰに立地している。

湖岸段丘Ⅱには、縄文時代の遺跡は確認されていない。この地形面に立地する美浦村木原二本松遺跡では、前期後葉と後期の土器が自然流路跡に流れ込んだ状況で検出されているものの、異地性である（美浦村教育委員会編 2005）。同遺跡で行われた珪藻分析の結果、この自然流路跡の下位は海成層であると判断された。また、自然流路の上位に古墳時代の遺構検出面がある。これは、木原二本松遺跡の周辺が古墳時代以前に、干潟から自然流路が流れる景観へ

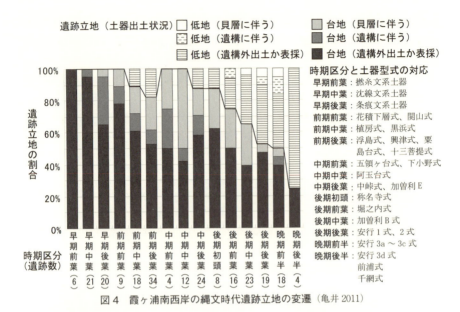

図4 霞ヶ浦南西岸の縄文時代遺跡立地の変遷（亀井2011）

図5 高浜入りおよび園部川沿岸の低地遺跡
（国土地理院発行2万5千分の1地形図「常陸高浜」「石岡」に加筆）

と変わったことを示している（美浦村教育委員会編前掲）。木原二本松遺跡の海成堆積物の時期は不明だが、陸平貝塚周辺谷底低地での調査成果（鹿島・阪口2009）を考え合わせると、少なくとも縄文時代後期まで海域であった可能性が高い。なお、古墳時代の遺物包含層が検出されていることから、それ以前には陸地化していたことがわかる。

(3) 小結

　湖岸平野では、前期以前に湖岸段丘Ⅰが陸地化したことがわかった。しかし今のところ、同地形面において後期以前の貝塚や遺構は見つかっておらず、集落は台地上にあった。その後、後期中葉以降には貝塚が形成され、後期後葉から晩期には土器製塩が行われるなど、湖岸段丘Ⅰの利用が活発化する。今回は詳細に触れられなかったが、鹿島の低地に立地する神栖市三渡遺跡では、製塩土器を少量伴う晩期前葉の竪穴建物跡が検出されている（汀編2004）。広畑貝塚も集落としてとらえられることを考え合わせると（高橋2007）、後晩期には集落自体が低地に形成されるようになることが指摘できる。

3　谷底低地の陸地化と遺跡

　縄文時代後晩期に増加する、水場遺構やトチ塚などを備えた低湿地遺跡の多くは、台地を開析する谷底低地に立地する。本項では、遺跡調査とともに詳細なボーリング調査が実施された陸平貝塚周辺と上高津貝塚周辺を取り上げ、復元された環境変遷と遺跡との関係を述べる。また、植物遺体がまとまって見つかっている園部川流域の低地遺跡についても紹介する。

(1) 陸平貝塚周辺

　陸平貝塚は、茨城県稲敷郡美浦村に所在し、霞ヶ浦南西岸の筑波稲敷台地上に立地する、縄文時代早期から後期の貝塚である。本貝塚については本書第Ⅱ章第2節に詳述されているのでそちらを参照されたい。1987年から実施された陸平調査会による総合的な調査のひとつとして、ボーリング調査に基づく古環境に関する研究が行われた。陸平貝塚周辺の谷底低地では、28地点でボーリング調査と露頭調査が実施され、層相と珪藻化石によって堆積環境が分析された（鹿島・阪口2009）。その結果、陸平貝塚周辺における縄文海進時の海水準と海域分布が復元されている（図6）。

　鹿島・阪口（2009）に基づき、陸平貝塚周辺谷底低地における環境変化を述べる。A地域では、標高4.0〜3.1mに干潟層準が認められた。この直上の泥炭層からは4,770 ± 90^{14}CyrsBP（Nu-137）の年代値が得られている。このことから、A地域は縄文時代前期末〜中期初頭ごろまで海域であったことがわかる。B地域では海成層が検出されず、海域の侵入を妨げる地形的な障害が想定さ

れている。C 地域には陣屋敷低湿地遺跡が立地する。陣屋敷低湿地遺跡では、標高 3.6〜3.5m に干潟環境、4.0〜3.6m からは汽水環境を示す珪藻化石が検出された。この海成堆積物の直上から、後期前葉から中葉にかけて、多量の土器が集中的に廃棄された「土器集積址」が検出されている（美浦村教育委員会 2011）。なお、4.0m 以上からは淡水環境指標種が観察されている。さらに、D 地域では標高 2m 以下に砂質シルト層が検出され、層相から汽水成の堆積物の可能性が高いとされている。この堆積物を覆う泥炭質シルト層からは 3,630 ± 80[14]CyrsBP（Nu-134）の年代値が得られており、このころまでには海域が消失し、泥炭地が形成されていたと推定されている。D 地域の泥炭質シルト層の年代値は縄文時代後期前葉〜中葉ごろに相当し、陣屋敷低湿地遺跡の「土器集積址」の時期とよく一致している。

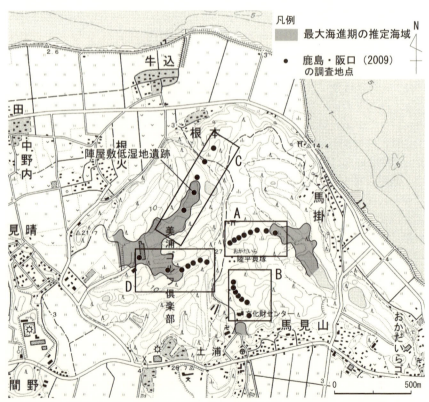

図 6　鹿島・阪口（2009）による陸平貝塚周辺谷底低地の調査地点と推定海域
（国土地理院発行 2 万 5 千分の 1 地形図「木原」に加筆）

(2) 上高津貝塚周辺

　上高津貝塚ふるさと歴史の広場では、上高津貝塚自体の研究を深め、展示に反映させていくことを目的として、学術調査を実施している。2012年度には、貝塚周辺の景観復元と低湿地遺跡の探索を目的として、貝塚周辺の谷底低地においてボーリング調査を実施した（一木・亀井 2017）。

　上高津貝塚は桜川右岸の台地上に立地する。遺跡の周囲を開析する谷底低地と、桜川低地において計22本のボーリングコアを採取した（図7）。掘削およびコアの採取はシンウォールサンプラーで行い、コアは半裁して層相の記載と珪藻分析、^{14}C 年代測定のための試料採取を行った。分析は㈱パレオ・ラボに委託した。

　本調査の結果、まず桜川低地（STN-2・3）において、標高1.5〜2mに海成砂層が検出された。遺跡周辺の桜川低地は、縄文海進期には海域となっていたようである。一方で、谷底低地では海成層が検出されていないことから、桜川に沿って発達する立川面以上の更新世段丘面とそれを開析する谷には、海域は侵入していなかったと考えられる。次に、上高津貝塚の台地を開析する谷のうち、最奥部（KTK-4〜9、STY1〜7）にはローム層が認められ、台地上と変わらない、安定した陸域であったようである。谷の中流部（KTK10〜14、および

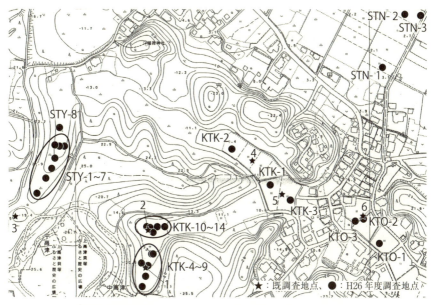

図7　上高津貝塚周辺におけるボーリング調査地点（亀井・一木 2017 を一部改変）

STY8) では、約 33,000 年前の年代値が得られたシルト層の上に、2300〜2000 年前の年代値を示す有機質〜泥炭質シルト層が堆積しており、堆積物の削剥が起こったことがわかる。そして、2300 年前くらいから湿地環境となり、植物を多く含むシルト層が堆積したと考えられる。堆積物削剥の時期は不明だが、縄文弥生移行期には、低地の堆積物が木本泥炭層から、不整合を経て草本泥炭層に変化することが指摘されている（辻 1989、吉川 1999）。なお、谷の下流部（KTK-1〜3、KTO-1〜3）では、今回の調査では得られなかったものの、以前の調査で縄文時代に相当する堆積物が確認されている[4]。

以上のように、上高津貝塚周辺の谷底低地のうち、谷の中流部では縄文時代の堆積物はほとんど残されておらず、低湿地遺跡が存在する可能性は低いと考えられる。一方で、KTK-12 とその周囲では、地下 3m 付近の更新統と完新統の境界付近に、摩耗した土器片を含む砂層が検出された。そこで、KTK-12 地点において試掘確認調査を実施したところ、多量の遺物を含む、同様の砂層を回収することができた。これらの遺物は、大雨などの際に台地構成層の砂と一緒に流されてきたものと考えられる。正式な報告は現在準備中であるが、土器片の時期は後晩期が中心で、上高津貝塚が営まれた時期と一致する。また、砂層には貝殻が含まれていないこと、貝塚よりも低い位置に露出するはずの砂と一緒に流されていることから、台地上の貝塚や遺物包含層が再堆積したものとは考えにくい。貝塚至近の谷底低地に、縄文人の活動の場があった可能性がある。

(3) 園部川流域

園部川は小美玉市の中央を流れて霞ヶ浦に注ぐ河川であり、かつては玉里村と小川町の境界であった。この河川両岸の低地で、遺跡が発見されている（図 5）。

香取下遺跡は、園部川右岸の台地に沿って発達する低位段丘上に立地する。早期、前期の土器とともにクルミや木材が出土している（玉里村立史料館 2001・2002）。香取下遺跡の立地する低位段丘が、湖岸段丘Ⅰと同様に形成されたかどうかは不明であるが、霞ヶ浦沿岸の低地遺跡で最も古い例であろう。また、園部川左岸の氾濫原中には、浮島式の土器片を含む自然貝層（立延低地遺跡）が発見されている（小美玉市史料館 2009）。貝層上には、縄文時代前期〜後期の土器片、クルミ、自然木などが出土する青灰色シルト層が堆積している。このように、両岸の低地において遺物が採集されている園部川流域には、いわゆる低湿地遺跡が存在するのかもしれない。

(4) 小結

台地を開析する谷底低地は、陸平貝塚周辺の研究成果から、縄文時代前期末

〜中期初頭まで干潟や汽水域の環境であったと考えられる。後期前葉〜中葉には海域が消失して湿地環境となり、陣屋敷低湿地遺跡では大量の粗製土器が廃棄された。上高津貝塚周辺においては、弥生時代以降の削剥によって縄文時代の堆積物の残りが良くないものの、再堆積した遺物から後晩期の低湿地遺跡が存在する可能性を指摘できる。これらの低地の遺跡は、同時期に営まれた台地上の遺跡と無関係とは考えられない。環状盛土遺構と環状貝塚の類似が指摘されていることを踏まえると（江原1999）、栃木県小山市の寺野東遺跡のように、台地上に居を構え、近くの谷底低地を作業場として利用する暮らしぶりが想起される。

4　まとめ

　低地に立地する遺跡に注目し、霞ヶ浦沿岸における低地の形成過程と遺跡立地との関係について述べてきた。当地域においては、早期後半〜前期以降、海退に伴って陸地化、湿地化した低地を利用するようになり、とくに顕著な利用が認められるのは後期中葉以降であった。後期以降に低地遺跡が増加することは、関東地方で一般的に認められている現象であり、霞ヶ浦沿岸でも大きく異ならないことが確認された。ただし、ひとことに低地遺跡といっても、湖岸段丘と谷底低地で地形環境は大きく異なる。前期以降に陸地化した湖岸段丘や砂州は比較的高燥な環境で海に面しており、広畑貝塚や法堂遺跡といった後晩期の製塩遺跡が立地する。一方で、遅くとも後期以降には陸地化した谷底低地は低湿な環境であり、類例は少ないものの台地上の環状貝塚に付随するような、いわゆる低湿地遺跡が立地する。海に直接働きかける湖岸段丘の遺跡と、淡水利用に適した谷底低地の遺跡の両者が存在することが、霞ヶ浦沿岸の大きな特徴のひとつであろう。霞ヶ浦沿岸の古環境と人間活動のかかわりについてはいまだ課題が多く、今後も研究を進めていきたい。

　上高津貝塚周辺のボーリング調査にあたり、東京大学の辻誠一郎氏にはシンウォールサンプラーなどの機材を借用させていただくとともに、現地にてご指導いただいた。産業技術総合研究所の田辺晋氏、佐藤善輝氏には層序や堆積物についてご教示を頂いた。記して感謝申し上げます。

註
1)　本稿脱稿後、上境旭台貝塚の低地部分が茨城県教育財団によって調査された。湧水地点である谷頭部に多数の土坑が検出されたほか、木道の可能性がある

木材の集積が認められた。さらに、鉢、飾り弓、把手坏鉢など様々な木胎漆器が検出されたほか、漆の容器として使われた土器も出土している。霞ヶ浦沿岸においても、台地上の集落に付随して低湿地遺跡が営まれ、木材利用や漆工が行われていたことが明らかとなった。(http://www.ibaraki-maibun.org/03iseki/08tsukubanakane/08tsukubanakane.html、2017 年 11 月 23 日参照)
2) 田辺晋の教示による。
3) 本稿で引用する ^{14}C 年代測定値は、ほとんどが β 線法で測定されたものである。^{14}C 年代と考古学的時期との対応には、谷口(2001)、小林(2008)を参照した。
4) 分析はパリノ・サーヴェイ㈱に依頼し、ボーリング調査は 1992 年に実施された。詳細な結果は未公表であるが、その内容は上高津ふるさと歴史の広場の常設展示に反映されている。

引用・参考文献

池田　宏・小野有五・佐倉保夫・増田富士雄・松本栄次 1977「筑波台地周辺低地の地形発達―鬼怒川の流路変更と霞ヶ浦の成因―」『筑波の環境研究』2、pp.104-113

石川　功 2011「霞ヶ浦周辺地域」『季刊考古学』115、pp.35-37

井内美郎・齋藤文紀 1993「海跡湖の地誌―3　霞ヶ浦」『アーバンクボタ』32、pp.56-63

茨城県教育委員会 1997『茨城県遺跡・古墳発掘調査報告書Ⅸ』教育庁文化課文化財第二担当

江原　英 1999「環状貝塚・環状盛土遺構」『第 1 回研究発表要旨　縄文時代集落の現段階』縄文時代文化研究会、pp.79-83

遠藤邦彦・関本勝久・高野　司・鈴木正章・平井幸弘 1983「関東平野の《沖積層》」『アーバンクボタ』17、pp.26-43

大矢雅彦・加藤泰彦・春山成子・平井幸弘・小林公治・井上洋一・忍澤成視 1986『3 万分の 1 霞ヶ浦・北浦周辺地形分類図』建設省関東地方建設局霞ヶ浦工事事務所

小美玉市史料館編 2007『小美玉市史料館報』1

小美玉市史料館編 2009『小美玉市史料館報』3

小美玉市史料館編 2012『小美玉市史料館報』6

籠瀬良明 1976「北浦・霞ヶ浦の条理水田と用水」『日本地理学会予稿集』10、pp.216-217

鹿島　薫・阪口　豊 2009「陸平遺跡周辺のいくつかの小規模な谷底低地における

沖積層の特徴と縄文海進に伴う海進の変遷」『陸平貝塚―調査研究報告書3・自然科学分野調査の成果―』陸平研究所叢書4、美浦村教育委員会、pp.39-46

亀井　翼　2011「霞ヶ浦南西岸における地形発達が縄文時代遺跡分布の認識に及ぼす影響」『考古学研究』58―1、pp.66-77

亀井　翼　2012「地形発達が遺跡分布に与える影響～霞ヶ浦南西岸を対象として～」『考古学ジャーナル』627、pp.26-29

小林謙一　2008「縄文土器の年代（東日本）」『総覧縄文土器』アム・プロモーション、pp.896-903

近藤義郎　1962「縄文時代における土器製塩の研究」『岡山大学法文学部学術紀要』15、pp.1-28

齋藤瑞穂・渥美賢吾・小野寿美子・中尾麻由美・工藤幸尚　2005「常陸浮島の考古学的検討」『茨城県考古学協会誌』17、pp.145-191

齋藤文紀・井内美郎・横田節哉　1990「霞ヶ浦の地史：海水準変動に影響された沿岸湖沼環境変遷史」『地質学論集』36、pp.103-118

佐藤傳蔵・若林勝邦　1894「常陸國浮島村貝塚探究報告」『東京人類学会雑誌』10―105、pp.106-115

佐藤　誠　1996「古鬼怒湾奥部における海進・海退」『茨城県史研究』77、茨城県立歴史館、pp.1-21

杉原荘介・戸沢充則・小林三郎　1969「茨城県・殿内（浮島）における縄文・弥生両時代の遺跡」『考古学集刊』4―3、東京考古学会、pp.33-71

鈴木正章・吉川昌信・遠藤邦彦・高野　司　1993「茨城県桜川低地における過去32,000年間の環境変遷」『第四紀研究』32―4、pp.195-208

関　智弥・池田　宏　2003「霞ヶ浦におけるヨシ原の分布と低地の成り立ち」『筑波大学陸域環境研究センター報告』4、pp.75-88

高橋　満　2007「土器製塩と供給―関東地方の2遺跡を中心に―」『縄文時代の考古学6』同成社、pp.274-286

高橋　満　2012「下平前遺跡出土の縄文土器と製塩土器について」『玉里村立史料館報』6、pp.79-88

谷口康浩　2001「縄文時代遺跡の年代」『季刊考古学』77、雄山閣、pp.17-21

玉里村立史料館編　2001『玉里村立史料館報』6

玉里村立史料館編　2002『玉里村立史料館報』7

辻　誠一郎　1989「開析谷の遺跡とそれをとりまく古環境復元：関東平野中央部の川口市赤山陣屋跡遺跡における完新世の古環境」『第四紀研究』27―4、pp.331-356

常松成人 2008「下滝低地遺跡の製塩土器」『小美玉市史料館報』2、小美玉市史料館、pp.83-95

樋泉岳二 2010「貝類・脊椎動物遺体の分析」『陸平貝塚―調査研究報告書4・1987年度確認調査の成果―』美浦村教育委員会、pp.124-144

戸沢充則・半田純子 1966「茨城県法堂遺跡の調査―「製塩址」をもつ縄文時代晩期の遺跡―」『駿台史学』18、pp.57-95

豊田麻衣・池田　宏 2003「霞ヶ浦湖岸平野の形成過程」『筑波大学陸域環境センター報告』4、pp.61-73

一木絵理・亀井　翼「土浦市上高津貝塚周辺の後期更新世～完新世の古環境」『土浦市立博物館紀要』27、pp.25-42

平井幸弘 1989「日本における海跡湖の地形的特徴と地形発達」『地理学評論』62、pp.145-159

汀　安衛編 2004『三渡遺跡発掘調査報告書』神栖町教育委員会

美浦村教育委員会 2005『木原二本松遺跡・木原城址―県営ほ場整備事業に伴う発掘調査報告書―』

美浦村教育委員会 2011『陣屋敷低湿地遺跡』

吉川昌伸 1999「関東平野における過去12,000年間の環境変遷」『国立歴史民俗博物館研究報告』81、pp.267-287

和島誠一・岡本　勇・塚田　光・田中義昭 1973（初出1965）「関東地方における後氷期の海進海退について」『日本考古学の発達と科学的精神』和島誠一著作集刊行会、pp.642-646

和島誠一・松井　健・長谷川康雄・岡本　勇・塚田　光・田中義昭・中村嘉男・小宮恒雄・黒部　隆・高橋健一・佐藤　孜 1968「関東平野における縄文海進の最高海水準について」『資源科学研究所彙報』70、pp.108-129

Endo,K., Sekimoto,K. and Tanaka,T. 1982 Holocene stratigraphy and paleo—environments in the Kanto Plain, in relation to the Jomon Transgression. Proc. Inst. Natural Sciences, Nihon Univ., 17, pp.1-16

Chiba.T, Sugihara.S, Matsushima.Y, Arai,Y and Endo, K. 2016 Reconstruction of Holocene relative sea—level change and residual uplift in the Lake Inba area, Japan. Paleogeography, Paleoclimatology, Paleoecology. 441, pp.982-996

第Ⅲ章　資源利用と縄文社会

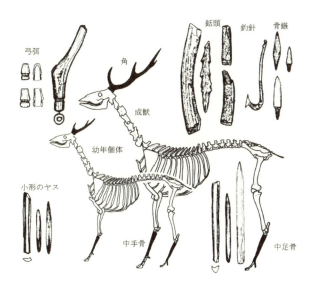

鹿の骨格の利用部位（阿部論文）

1　動物遺体からみた霞ヶ浦の貝塚の特徴
―陸平貝塚の調査成果を中心に―

樋　泉　岳　二

はじめに

　現在の霞ヶ浦沿岸域には数多くの縄文貝塚が分布している（図1）。そのなかでも霞ヶ浦南岸のほぼ中央に位置する陸平貝塚は縄文時代早期後葉から後期前葉まで長期間にわたって形成された大規模貝塚であり（中村 2008）、1987（昭和62）年以降に実施された数回にわたる発掘調査によって各期の動物遺体（貝殻・骨類）の内容が明らかにされてきた（樋泉 2010a・b、2012、2016a・b、樋泉・黒住 2004、中村 2014）。こ
こではその成果を中心として、ほかの霞ヶ浦沿岸貝塚についても、比較的信頼性が高いと思われる動物遺体のデータが得られている遺跡を加えながら、縄文時代の霞ヶ浦の環境と動物資源利用の変遷を概観し、その特徴について考察する。

図1　本論文で言及した霞ヶ浦沿岸貝塚の位置

1　古環境

(1)　古環境学からみた霞ヶ浦の環境変遷

　現在の霞ヶ浦地域を含む古鬼怒湾の形成過程と古環境変遷については、これまでに古環境学分野（地質学、地形学・地理学など）から多くの研究が行われてきた。以下ではそれらの成果を参照して霞ヶ浦の環境変遷についてまとめる。

　海水準

　完新世における古鬼怒湾の海水準変動については、近年千葉崇ら（Chiba et al. 2016）によって印旛沼周辺域における詳細な研究成果が報告されている。それ

によれば、8500年前（較正年代、以下同様）に－10m付近にあった海面は7800年前にかけて急上昇し、6500〜6400年前ころに最高水準（＋2.8m、隆起量を差し引いた補正値で＋1.9m）に達したのち徐々に低下し、4000年前以降は低下速度をやや速めて2600年前ころには、－2.5mまで低下した可能性が指摘されている（ただしこの海面低下については局地的な地形変化（砂州による閉鎖・開放など）に起因する可能性も指摘されている）。縄文海進最盛期の最高海水準については、霞ヶ浦地域でも井内・斎藤（1993）が6000yBPころ（放射性炭素年代（未較正）、以下同様）に＋3m、鹿島・阪口（2009）が陸平貝塚周辺で＋2〜4m、一木・亀井（2017）も上高津貝塚前面の桜川低地において＋2m（以上）としており、おおむね整合的である。

古鬼怒湾の全域的な形成過程と環境変遷

こうした海面変化によって縄文時代に霞ヶ浦地域が海域となっていたことは、これまでにも多くの研究で指摘されてきた（新藤・前野1982、遠藤ほか1983、斎藤1986、鹿島1990・2001、井内・斎藤1993、鈴木ほか1993、赤澤・中村編2009、一木・亀井2017など）。現霞ヶ浦の形成までを含めた巨視的（長期的・広域的）な古鬼怒湾の変遷過程をまとめた斎藤らの総説（斎藤1986、井内・斎藤1993）によれば、約10,000〜9000 yBPには当該地域の沖積層基底の谷内に海水が進入し始め、約9000 yBP以降は海面が上昇し、6000 yBPには最高水準（約＋3m）に達して海域も最大となった。その後海水準は徐々に低下し、5500 yBPには鹿島低地が広く離水して湾口部にバリアーが形成され、古鬼怒湾はやや閉鎖的となった。ただし4000 yBPころまでは湾口側の砂質堆積物が霞ヶ浦南部まで運搬されていることから、比較的強い外洋水の影響が想定されている。これに対し、4000 yBP以降は湾口方面からの堆積物の供給がほとんどみられなくなることから、湾口の閉鎖がさらに進行し、外洋水との交換は狭いチャネルを通じた小規模なものとなったと推定されている。こうした閉鎖傾向はその後もさらに強まるが、約500 yBP（1400〜1600 ADころ）までは内湾環境が継続しており、その後汽水〜淡水化したと推定されている。

鹿島（1990・2001）も縄文海進によって現霞ヶ浦域が内湾環境となっており、500〜600年前以降に急速に淡水化が進んだと推定しているが、アカホヤ火山灰降下期以降に古鬼怒湾の閉塞・汽水化がやや強まった時期が3回（5300〜4500 yBP、3000〜2100 yBP、1300 yBP）存在した可能性を指摘している。

古鬼怒湾にみられるこうした段階的な閉鎖性の強化や塩分濃度の不安定な変動は、現霞ヶ浦のような海跡湖の形成過程に特徴的にみられるもので（鹿島2001）、東京湾のように常に湾口が開いた内湾にはみられない特徴といえる。

以上のように、縄文時代の霞ヶ浦域は古鬼怒湾の支湾となっていたことが確

認されている。以下では記述の便宜上、前田編 (1990) に倣ってこれを「古霞ヶ浦湾」と仮称する。

古霞ヶ浦湾沿岸域の環境変遷

以上に記述したのは古鬼怒湾全体の広域的・長期的な変遷過程であり、古霞ヶ浦湾沿岸域における局地的・短期的な環境変化については、これとは別に個々の地域ごとに検討する必要がある。この点に関する古環境学分野のデータは乏しいが、陸平貝塚周辺および桜川低地において研究成果が報告されている。

陸平貝塚周辺（図2）では縄文海進期に遺跡周囲の小谷（図2の谷 A・C・D）に海水が進入し溺れ谷が形成されていたが、東側の谷 A は 4770 yBP、西側の谷 D は 3630 yBP までに離水（淡水化または乾陸化）していたと推定されており、西側の谷 C では堀之内 2 式期に陣屋敷低湿地遺跡（小杉・馬場編 2011）が形成されている（鹿島・阪口 2009）。

桜川低地については、縄文海進最盛期には現桜川低地下流域まで海が進入し溺れ谷が形成されたが（新藤・前野 1982、鈴木ほか 1993、一木・亀井 2017）、以後の海水準の低下に伴い海成層の上部が浸食され、3000 yBP ころに流木を多量に含む堆積物がこれを埋積した（鈴木ほか前掲）。いっぽう現桜川河口部では砂州が形成され、遅くとも古墳時代以前にデルタの閉塞によって泥炭化が進行した（新藤・前野 1982）。

ただしこれらの研究は、考古学的資料と対比するには年代的精度が十分でなく、また沿岸部の詳細な環境変化や貝化石などに関する情報に乏しい。そこで、補足的な情報として、霞ヶ浦沿岸の貝塚から得られた貝類・魚類遺体について以下に概観

図2　陸平貝塚周辺におけるボーリング調査の位置と推定された縄文時代の海域（中村 2008、鹿島・阪口 2009）
1：陸平貝塚　2：陣屋敷低湿地遺跡

する。遺跡出土の魚貝類遺体は人間によって選択的に獲得され、遺跡まで運ばれたものなので直接的な環境情報とはいえないが、この点を慎重に考慮したうえで利用すれば、環境変化を読み取る手がかりとしてある程度は有効であると考えられる。

(2) 貝塚出土の動物遺体からみた霞ヶ浦の古環境

古鬼怒湾沿岸全体としての貝塚形成の開始は縄文時代早期前葉にさかのぼるが、古霞ヶ浦沿岸で貝塚形成が確認できるのは縄文早期後葉以降であり、以後縄文晩期まで形成が確認されている（茂木ほか編2003）。ただし、信頼性のある動物遺体のデータが得られている貝塚は限られており、またその分布は時期ごとに偏りがあり、調査・分析の精度にもばらつきがある点には注意が必要である。この点において、陸平貝塚では縄文早期後葉および前期後葉〜後期前葉の連続的かつ高精度で均質なデータが得られており、定点的な環境変遷の「モニター」として有効と考えられる。

貝類からみた沿岸域の古環境

縄文早期後葉〜中期　まず縄文早期後葉〜中期の様相について概観すると、陸平貝塚における貝類組成の変遷（図3）は、縄文早期後葉には内湾泥質干潟に生息するハイガイ、マガキ、オキシジミが主体をなしているのに対し、前期後葉以降には、構成比に時代的な変化はあるものの、ハマグリをはじめとする内湾砂泥質干潟の生息種が一貫して主体をなすようになる。このことから陸平

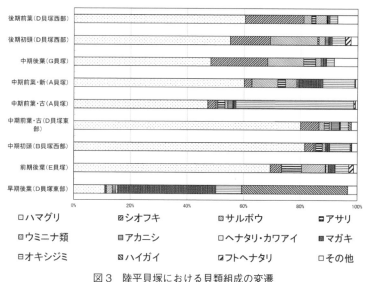

図3　陸平貝塚における貝類組成の変遷

貝塚の周辺では、早期後葉には縄文海進に伴って遺跡周辺の谷に海水が浸入し、溺れ谷と泥質干潟が形成されたのに対し、前期後葉には海面低下あるいは土砂の埋積によって泥質干潟の縮小と砂泥質干潟の拡大が進行し、以後そうした環境が安定して継続したことが示唆される。

　ただし、早期後葉のマガキには小礫に付着したものが多く認められていることから（中村2014）、その生息環境については単純な泥質干潟とは異なった状況が存在した可能性がある。また、縄文中期前葉のA貝塚下層ではオキシジミが多くみられることから、この時期に至っても一部に泥質干潟が残存していたことが示唆される。なお、A貝塚上層でやや多くみられたマガキはウミニナ類に付着したものが多く認められたことから、泥質干潟ではなく砂質干潟で採集されたものと推定される。

　先述の遺跡周辺の谷のボーリング調査と沖積層の珪藻分析（鹿島・阪口2009）

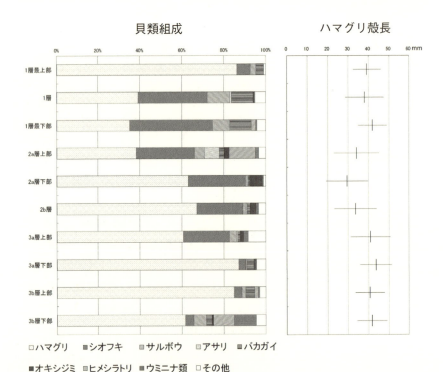

図4　陸平貝塚（D貝塚）2008年度調査コラムサンプルにおける
貝類組成とハマグリ殻長の層位的変遷
ハマグリ殻長の縦線は平均値、横線は標準偏差を示す。

表1　陸平貝塚と周辺の縄文早期〜中期貝塚の貝類の比較
●多い　○普通　+少ない

生息環境	種名	早期後葉 地蔵窪	早期後葉 陸平(D東)	早期後葉 狭間	前期前葉 虚空蔵	前期中葉 大谷	前期後葉 陸平(E)	前期後葉 浮島貝ヶ窪	前期後葉 興津	中期初頭 陸平(B西)	中期初頭〜前葉 虚空蔵	中期前葉(古) 陸平(D東)	中期前葉(新) 陸平(A)	中期前葉〜中葉 陸平(A)	中期後葉 於下	中期後葉 小松	中期後葉 大谷	中期後葉 陸平(G)	中期後葉 若海	中期後葉 於下
泥質干潟	ハイガイ	+	●	+	○	+	-	+	+	+	●	+	+	+	+	-	+	-	+	-
泥質干潟	マガキ	●	●	○	+	+	+	+	○	+	+	+	+	○	+	-	○	+	●	+
泥質干潟	オキシジミ	+	+					+			●				+				+	
砂質干潟	アサリ	?	+	+	+	○	+	+	+		+	●	+	○	+	+	+	●	+	+
砂質干潟	ハマグリ	●	○	●	●	●	●	●	●	●	●	●	●	●	●	●	●	●	●	●

によって縄文海進期に周囲の谷が溺れ谷となっていたこと（図2）、またその離水が約4800〜3600 yBP 以前と推測されることが示されており、上記の結果はこれと整合的である。

　霞ヶ浦沿岸におけるほかの早期〜中期貝塚の貝類の主体種（表1）をみると、早期後葉の狭間貝塚（茂木ほか編1995）ではハマグリ・マガキ、地蔵窪貝塚（山武考古学研究所編1995）ではマガキ・ハマグリ、前期前葉の虚空蔵貝塚（大川・大島編1978）ではハマグリ・ハイガイ・オキシジミとなっているのに対して、縄文前期中葉〜中期の大谷貝塚（前期中葉・中期後葉、黒住2009、樋泉2009）、浮島貝ヶ窪貝塚（前期後葉、西村1966、樋泉2000）、興津貝塚（前期後葉、西村1984）、虚空蔵貝塚（中期初頭〜前葉）、於下貝塚（中期前葉〜後葉、加藤ほか編1992）、若海貝塚（中期後葉、鹿行文化研究所編1999）ではハマグリなどの砂質干潟の生息種に収斂する傾向が認められる。

　以上をまとめると、早期後葉〜前期前葉には遺跡間のばらつきが大きいものの泥質干潟のマガキ・ハイガイ・オキシジミと砂泥質干潟のハマグリなどが混在しており、モザイク的な干潟環境が示唆されるのに対して、前期中葉ころを境として溺れ谷と泥質干潟の衰退が広域的に進行した可能性がある。とくに泥質干潟性のハイガイは、早期後葉〜前期前葉の陸平D地点東と虚空蔵で多産するのを最後に霞ヶ浦沿岸の貝塚では少数となる。ただし、同じく泥質干潟性のオキシジミは前期〜中期でも一部の貝塚で普通にみられることから、泥質干潟も部分的に残存していたことが示唆される。このことは、「亜熱帯種」（松島1994）であるハイガイの減少が干潟環境の変化だけでなく、海水温の低下にも起因している可能性を示す。ただし黒住（2009）は、大谷貝塚などの分析結果から霞ヶ浦周辺では縄文中期にもハイガイや、同じく温暖種であるコゲツノブエ・ヒメカノコが残存していたことを指摘しており、この時期の古霞ヶ浦湾の

海水温は現在よりやや高かった可能性がある。

　汽水性のヤマトシジミは、現桜川下流域の小松貝塚（中期後葉、関口・黒澤編 2012）や高浜入の支谷奥に位置する若海貝塚（中期後葉）で普通にみられることから、こうした古霞ヶ浦湾奥の縁辺部ではこのころから汽水化が進行し始めた可能性があるが、これらを除けば縄文中期以前はまれである。

　なお、大谷貝塚（下層、前期中葉）では外洋沿岸性のチョウセンハマグリが普通にみられ、中期後葉の若海貝塚でも同じく外洋沿岸性のダンベイキサゴが少数ながら各層準からコンスタントに検出されている。大谷貝塚の年代は先述した 5500 yBP ころの鹿島低地の離水（井内・斎藤 1993）とタイミングとしては微妙であり、若海貝塚も古鬼怒湾がまだやや開放的な時期に相当する。したがって、当時の古鬼怒湾の湾口方面にこれらの貝類の生息域が存在していた可能性はないとはいえないが、両遺跡の地理的条件や周辺貝塚の貝類組成を考慮すると遺跡の近隣で採集されたものとは考えにくいことから、具体的な産地は不明だが、湾口〜湾外からの搬入と考えるのが妥当と思われる。

　縄文後期〜晩期　陸平貝塚では後期初頭〜前葉の貝層においても、貝類は引き続きハマグリを主とする内湾砂泥質干潟の生息種が主体をなしているが（図3）、中期後葉以降にシオフキ・サルボウが増加する。この点については、年代的に井内・斎藤（1993）が指摘する 4000 yBP の古鬼怒湾の閉鎖の強化期（外洋水の影響の低下期）に相当していることから、これに関連したなんらかの環境変化を反映している可能性もあるが、いずれもハマグリと同様に内湾砂質干潟の生息種であることから、今のところ明確な関連性を見出すことは難しい（この問題については後に改めて検討する）。

　古霞ヶ浦の湾口部近くに位置する福田貝塚（後期前葉〜中葉、渡辺編 1991）でも内湾干潟の生息種が主体となる点では陸平貝塚と同様であるが、ハマグリのほかに内湾潮間帯〜潮下帯の泥底に生息するヒメシラトリの比率がきわめて高く、とくに後期前葉では圧倒的な最優占種となっている。ヒメシラトリは一般に縄文貝塚ではまれな種だが、古霞ヶ浦湾を含む古鬼怒湾岸では福田貝塚以外にも龍ヶ崎市南三島遺跡（5区、後期初頭〜前葉、茨城県教育財団編 1986）の地点貝層の一部で主体となる例がみられるほか、於下貝塚（中期前葉〜後葉）や陸平貝塚（後期前葉）でも普通種であり、陸平貝塚（中期前葉・後葉）や若海貝塚（中期後葉）などでも少数ながらしばしば産出していることから、この地域（とくに中期以降）の特徴的な要素と思われる。これを環境面からみれば、先述した古鬼怒湾の閉鎖の強化に伴う沿岸環境の何らかの変化（たとえば潮下帯の泥質化の進行など）や、それによる貝類群集のバランスの変化により、ヒメシラトリが優占しやすい環境が拡大した可能性なども考えられるが、後述するよ

うに文化社会的要因（人為的な選択性など）に起因する可能性もある。

　そのほかに古霞ヶ浦岸の貝塚に特徴的な要素として、東京湾岸の縄文貝塚ではまれなイシマキガイ（汽水性）やヒロクチカノコ（内湾潮間帯の転石上など）、バカガイ（内湾〜湾口の潮間帯下部〜潮下帯砂泥底）などが少数ながら広くみられる傾向がある。サルボウやアカニシも東京湾岸の貝塚に比べて多い。これらの貝類は、個人的な印象としては生息環境の幅が広く多様性が大きい種類が多いように思われることから、古霞ヶ浦湾沿岸におけるなんらかの微妙な環境的特性を反映している可能性が高いと考えているが、文化社会的な資源利用の選択性に起因している可能性もあり得る。これらの問題については、現時点ではそうした傾向性の指摘にとどめ、今後の課題としておきたい。

　いっぽう、土浦入奥部、現桜川低地周辺の縄文後期〜晩期貝塚では汽水性のヤマトシジミが増加し、奥部に位置する上高津貝塚（後期前葉〜中葉、佐藤・大内編1994）や上境旭台貝塚（後期前葉〜晩期前葉（後期中葉〜後葉主体）、柴山ほか2009、江原2012、荒蒔2013）では主体種となる。また現桜川河口近くの小松貝塚では後期中葉まではハマグリが卓越するが、後期後葉〜晩期前葉ではヤマトシジミ主体に変化する。このことから、土浦入の奥部では遅くとも縄文後期には奥部から汽水化が進行したことが示唆される。こうした様相は、先述した鈴木ほか（1993）が示す桜川低地の環境変遷と矛盾しない。ただし古鬼怒湾が全域的に汽水化し、ヤマトシジミが増加したのは中世以降と推定されていることから（井内・斎藤1993、鹿島2009）、こうした様相は桜川低地など現霞ヶ浦の湾奥部沿岸域における局所的な現象と考えられる。

　魚類からみた古鬼怒湾の海洋環境

　陸平貝塚の貝層サンプルにおける脊椎動物遺体の包含密度を図5・6に、魚類遺体組成の変遷を図7・8に示した。図7は現地採集資料（発掘現場で取り上げられた採集）および水洗選別の5mmメッシュで回収された比較的大型の魚、図8は水洗選別の2.5mm・1mmメッシュで回収された小型魚の組成を示している（以下、それぞれ「5mm資料」、「2.5mm・1mm資料」と記述する）。

　縄文早期後葉〜中期　まず縄文早期後葉〜中期の様相についてみると、大型魚ではクロダイ属、スズキ属、ボラ科、コチ科、ヒラメ科、小型魚ではニシン科（マイワシ・サッパ・コノシロ）、スズキ属幼魚といった内湾域の普通種が卓越している。霞ヶ浦沿岸のほかの貝塚をみても、大谷貝塚（前期中葉・中期後葉、水洗資料のデータのみ）ではニシン科（マイワシ主体）・スズキ属幼魚など、興津貝塚（前期後葉、現地採集資料のデータのみ）ではクロダイ属、於下貝塚（中期中葉〜後葉）ではクロダイ属、スズキ属、コチ科などが多く、陸平貝塚と基本的に同傾向である。このことから現霞ヶ浦地域には、縄文早期後葉から中期

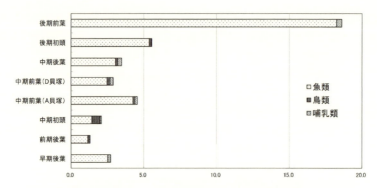

図5　陸平貝塚の貝層サンプル5mm資料における脊椎動物遺体の包含密度
(サンプル10kgあたりのNISP)
自然遺骸と思われるもの(ネズミ科)は除外した。

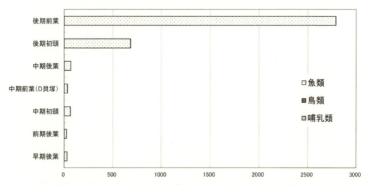

図6　陸平貝塚の貝層サンプル2.5mm・1mm資料における脊椎動物遺体の包含密度
(サンプル10kgあたりのNISP)
1mmメッシュ資料が半量分析のサンプルはNISPを2倍にして集計した。
真骨類の歯・鱗、自然遺骸と思われるもの(ヘビ類・ネズミ科)およびヒトは除外した。

にいたるまで比較的安定した内湾環境が存在したことが示唆される。これは先述した貝類からみた所見と調和的である。

ただし、現霞ヶ浦沿岸南部、古霞ヶ浦湾の湾口部周辺に位置する挟間貝塚(早期後葉)や浮島貝ヶ窪貝塚(前期後葉)ではクロダイ属・スズキ属などの内湾の普通種に加え外洋沿岸性のマダイも多く、浮島貝ヶ窪貝塚では外洋岩礁性のコショウダイ類もみられるなど異なった傾向が認められることから、外洋水の影響を比較的強く受けていたことが示唆される。これは先述した井内・斎藤(1993)の所見と整合的である。

なお陸平貝塚のデータでは、前期後葉〜中期前葉に淡水〜汽水域に多くみら

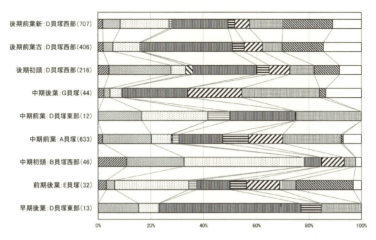

図7 陸平貝塚の現地採集資料・貝層サンプル5mm資料から検出された
魚類遺体組成の変遷（NISP比、（　）の数値はNISP合計）

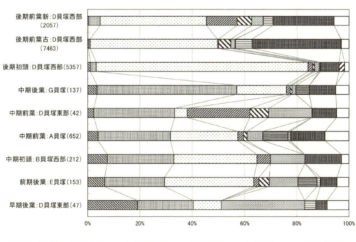

図8 陸平貝塚の貝層サンプル2.5mm・1mm資料から検出された
魚類遺体組成の変遷（NISP比、（　）の数値はNISP合計）

れるウナギ属の一時的な増加がみられることから（図8）、同遺跡の周辺水域では この頃に短期的な淡水化の進行があった可能性も考えられる。これは先述した鹿島（2001）が指摘する、5300〜4500 yBP の古鬼怒湾の閉塞・汽水化の強化期に対応した現象である可能性も考えられる。

　縄文後期〜晩期　次に縄文後期〜晩期の様相をみると、陸平貝塚では縄文後期においても、後述するウナギ属とハゼ科を除けば、大型魚ではクロダイ属・スズキ属・ボラ科・コチ科など、小型魚ではニシン科・アジ科・ボラ科やスズキ属の幼魚など、内湾の普通種が多くみられる点は早期後葉〜中期と同様であり（図7・8）、この点は霞ヶ浦沿岸のほかの貝塚においても基本的に同傾向である（表2）。このことから現霞ヶ浦域では、縄文後期にいたっても内湾環境が比較的安定して継続していたことが示唆される。

　いっぽう、陸平貝塚では縄文後期初頭〜前葉に、とくに2.5mm・1mm資料にみられる小型魚類においてウナギ属とハゼ科が急増し（図8）、これに伴って魚骨の包含密度も急増する（図6）。古霞ヶ浦湾岸におけるほかの貝塚をみても、霞ヶ浦東岸、陸平貝塚の対岸に位置する於下貝塚の中期末〜後期初頭層準でウナギ属の急激な増加が確認されていることから、中期末〜後期初頭の古霞ヶ浦湾岸においてある程度広域的に生じた現象である可能性がある。さらに縄文後

表2　陸平貝塚と周辺の縄文中期後葉〜晩期貝塚の動物遺体の比較

●多い　○普通　+少ない　　資料採集法　現：現地採集、水：水洗選別
大谷貝塚は貝層サンプル検出資料（2.5mm+1mm資料が大半）のみ、陸平貝塚の後期中葉（2010年度調査）・小松貝塚（中期後葉・後期後葉）・上境旭台は現地採集資料のみ。

年代	中期後葉				中期末〜後期初頭		後期前葉			後期中葉				後期中葉〜後葉主体	後期後葉	晩期前葉
遺跡	小松	大谷	陸平(G)	若海	陸平(D西)	於下	上高津	陸平(D西)	福田	上高津	小松	陸平(D西)	福田	上境旭台	小松	小松
資料採集法	現	水	現+水	現+水?	現+水	現+水	現+水	現+水	現+水	現+水	現+水	現	現+水	現	現	現+水
ハマグリ	●	●	●	●	●	●	+	●	○	+	●	?	●	●	●	●
ヤマトシジミ	○	+	-	○	+	-	-	●	+	+	●	?	+	●	●	●
マダイ	-	?	+	+	+	+	+	+	+	+	○	?	+	●	+	+
ニシン科	?	●	●	+	+	+	+	●	+	●	+	?	+	+	?	+
コチ科	?	?	+	+	○	+	+	+	+	+	+	?	+	+	+	+
スズキ属	+	?	+	+	+	+	+	+	●	+	+	?	+	+	+	+
クロダイ属	○	?	+	+	●	+	+	+	+	+	+	?	+	+	+	+
ウナギ属	+	?	○	●	+	●	●	●	+	●	+	?	●	+	+	●
ハゼ科	+	?	+	+?	+	+	●	●	+	●	+	?	+	●	+	●
コイ科	?	-	-	+	+	+	+	+	+	+	+	?	+	+	+	+
イノシシ	+	?	●	+	+	+	+	●	+	+	+	?	+	●	+	+
シカ	+	?	+	+	+	+	●	+	+	+	+	?	+	●	+	+

期前葉以降には、現桜川低地周辺の小松貝塚（後期中葉～晩期前葉）、上高津貝塚（後期前葉～中葉）や古霞ヶ浦湾の湾口部に近い福田貝塚（後期前葉～中葉）でもウナギ属やハゼ科の多産が認められるようになり、古霞ヶ浦湾以外でも古鬼怒湾奥部沿岸の取手市中妻貝塚（縄文後期前葉、樋泉 1995）、龍ヶ崎市南三島遺跡（後期初頭～前葉、小池・森本 1986、金子 1987）、印旛沼沿岸の石神台貝塚（後期中葉、小宮 1984）などで同様の状況がみられることから、縄文後期以降の古鬼怒湾奥部沿岸一帯に広域的に生じた現象と考えられる。

　ウナギ属は淡水～汽水域に多くみられ、ハゼ科にも淡水～汽水性種が含まれる可能性が強い。このことから、陸平貝塚や於下貝塚の周辺水域では後期初頭に淡水域が急速に拡大し、遅くとも後期前葉にはそうした様相が古鬼怒湾奥部において広域的に進行した可能性が考えられる。このことは、井内・斎藤（1993）が指摘する 4000 yBP の古鬼怒湾口の閉鎖の強化期（外洋水の影響の低下期）と関連している可能性もある。

　ただし、ウナギ属は内湾域にも生息しており、ハゼ科にも内湾性種が含まれる可能性があること、また陸平貝塚や於下貝塚では後期初頭ころを境としたこれらの増加がきわめて急激であるのに対して、ほかの淡水～汽水生魚類の増加はみられず、貝類相にも汽水～淡水化の進行を示唆する兆候（たとえばヤマトシジミの増加など）が認められないことから、人為的な選択性の変化（嗜好の変化やウナギ漁に適した漁法の開発など）に起因する文化社会的現象の可能性についても考慮する必要がある。

2　動物資源利用

　以上の古環境学的状況を踏まえ、以下では遺跡から出土した動物遺体からみた動物資源利用の特色について概観する。霞ヶ浦沿岸域の貝塚にみられる動物資源利用は、早期後葉～中期と後期～晩期の間で大きな変化が認められるので、以下ではそれぞれに分けて整理する。

(1) 縄文時代早期後葉～中期

貝類採集

　陸平貝塚における主な捕獲対象種は、早期後葉は溺れ谷内部の泥質干潟の生息種であるハイガイとマガキであるのに対して、前期後葉以降は溺れ谷の縮小に伴ってハマグリを主とする砂泥質干潟の貝類に変化するが（図3）、ほとんどが遺跡周辺の沿岸干潟で捕獲されたと推定される点では一貫している。先述した遺跡周囲の古環境調査の結果（鹿島・阪口 2009）および周辺の地形条件からみて、これらは遺跡から 1～2 km 圏内で充分に捕獲可能であったと推定される。

　古霞ヶ浦湾沿岸のほかの貝塚の主体種（表1）をみても、早期後葉～前期前

葉では遺跡間のばらつきが大きいものの、泥質干潟のマガキ・ハイガイ・オキシジミと砂泥質干潟のハマグリなどが混在しており、縄文前期中葉～中期ではハマグリなどの砂質干潟の生息種に収斂する傾向が認められる。いずれにしても、遺跡周辺の内湾干潟での採集が中心となっていると推測される点では陸平貝塚と同様であり、とくに縄文前期後葉以降にハマグリへの集中傾向が強まる点は古霞ヶ浦湾沿岸域の特徴といえるかもしれない。

なお古霞ヶ浦湾沿岸貝塚に特徴的な要素として、ウミニナ類が比較的多く出土する例が虚空蔵貝塚（前期前葉・中期初頭～前葉）、陸平貝塚Ｅ貝塚（前期後葉）、同Ａ貝塚上層（中期前葉）、大谷貝塚・若海貝塚・於下貝塚（中期後葉）などで確認されている。これらのうち陸平貝塚Ａ貝塚の資料は、先述したとおりマガキに付随して持ち込まれたものであるが、大谷貝塚（とくに縄文中期の資料）については螺塔が折られていることから食用として利用されたものであることが指摘されており（黒住2009）、ほかの貝塚についても同様の可能性がある。ナミマガシワも大谷貝塚や若海貝塚（中期後葉）などでまとまった出土が確認されており、意図的に採集されたものである可能性が高い。また於下貝塚（中期前～後葉）のようにアカニシが多く出土する例もみられる。こうした事例は東京湾岸の縄文貝塚ではほとんどみられないことから、縄文前期～中期の古霞ヶ浦湾沿岸域の食文化の地域性を示している可能性が高い。

そのほかに注目すべき資料として、先述したとおり大谷貝塚（下層＝前期中葉）では外洋沿岸砂底性のチョウセンハマグリ、若海貝塚でも同じく外洋沿岸砂底性のダンベイキサゴが普通にみられ、湾口～湾外から搬入された可能性が高い。こうした例は、大規模な内湾の沿岸に位置する縄文貝塚としては珍しいケースと思われる。

魚類利用

陸平貝塚における骨類の内容は、早期後葉～中期後葉を通じて魚骨が大半を占めており、この間一貫して魚類の利用が活発であったと推定される。また水洗選別で得られた魚骨の大半は2.5mmと1mmメッシュで回収された小型の資料であり、5mmメッシュで回収された資料は少ないことから、比較的小型の魚類がとくに高い比重を占めていたと推定される。

魚類の内容をみると、現地採集資料や5mm資料（図7）にみられる比較的大型の魚については、時代によって構成比の変化が大きいものの、クロダイ属、スズキ属、ボラ科、コチ科、ヒラメ科といった内湾性種が主体となる点では一貫しており、魚骨の包含密度（図5）にも大きな時代変化は認められない。2.5mm・1mm資料にみられる小型魚類については、魚骨の包含密度は比較的低く（図6）、ニシン科（マイワシ・サッパ・コノシロ）、スズキ属幼魚、ウナギ属、ハゼ科な

どの内湾〜汽水または淡水域の多様な魚種が利用されている（図8）。

　ほかの古霞ヶ浦湾沿岸貝塚のデータは少ないが、大谷貝塚（前期中葉・中期後葉、水洗資料のデータのみ）ではニシン科（マイワシ主体）・スズキ属幼魚など、興津貝塚（前期後葉、現地採集資料のデータのみ）ではクロダイ属、於下貝塚（中期中葉〜後葉）ではクロダイ属、スズキ属、コチ科など、小松貝塚（中期中葉、現地採集資料のみ）ではクロダイ属が多く、陸平貝塚と基本的に同傾向である。

　いっぽう古霞ヶ浦湾の開口部に位置する挟間貝塚（早期後葉）ではクロダイ属・スズキ属・ニシン科などに加えて外洋沿岸性のマダイも多く、浮島貝ヶ窪貝塚（前期後葉。現地採集資料のみ）でもマダイや外洋岩礁性のコショウダイ類と内湾性のクロダイ属・スズキ属などが混在しており、いずれも漁労が外洋沿岸域と内湾域の両面に展開している点で古霞ヶ浦湾沿岸の貝塚としては特異な様相を示す。この点は先述した通り、当時の古霞ヶ浦湾南部がやや強い外洋水の影響を受けて湾口的様相にあったことを背景としたものと思われる。

　狩猟

　陸平貝塚では早期後葉〜中期を通じて鳥獣骨が少なく、鳥獣猟は低調である（図5・6）。B貝塚No.1トレンチ（中期？）の現地採集資料では例外的にシカ、イノシシを主とする鳥獣骨がやや多くみられるが、これがこの時代の様相を代表しているかはさらに検討を要する。鳥類と哺乳類の比率をみると、5mm資料では各時代とも両者がおおむね拮抗した状況にあり、鳥猟の比重の高さ（というよりも陸獣猟の比重の低さ）が目立つ。時代ごとの特徴は資料数が少ないため明確でない。鳥類ではカモ類が多く、前期後葉以降の各時代で確認されている。哺乳類では、イノシシが各時代の資料から検出されているのに対して、シカはB貝塚（中期？）の現地採集資料でやや多くみられる以外は少ない。このことから、本遺跡での狩猟はカモ猟とイノシシ猟が主力であったと推定される。陸獣猟の低調さやカモ類が多くみられる点は、当時島となっていたと推定される陸平貝塚の地理的環境を反映したものとも考えられる。

　ただし、ほかの古霞ヶ浦湾沿岸貝塚でも早期後葉〜中期には鳥獣骨の出土は全般的に少なく、縄文前期後葉の興津貝塚・浮島貝ヶ窪貝塚、中期前葉〜中葉の於下貝塚（哺乳類のデータのみ）、中期後葉の小松貝塚・若海貝塚ではいずれもイノシシ・シカなどが少数出土しているのみであることから、鳥獣猟の低調さはこの時期の古霞ヶ浦湾沿岸域の地域的特徴である可能性も考えられる（なお大谷貝塚（前期中葉・中期後葉）では現地採集資料のデータがないため鳥獣類の様相は不明である）。いっぽう於下貝塚では、中期後葉になるとイノシシを主としてシカ・タヌキなどの獣骨の出土が増加することから、この時期に狩猟が活発化し始めた可能性も考えられる。

まとめ

以上から、古霞ヶ浦湾沿岸域における縄文早期後葉～中期の動物資源利用の特徴をまとめると、① 遺跡周辺の内湾干潟での貝類採集および内湾域における各種魚類（とくに小型魚）の漁が中心であり、鳥獣猟は全般的に低調であること、②魚貝類利用については、古霞ヶ浦湾の湾口域でマダイ漁などの外洋沿岸性漁労の様相をやや強く示す遺跡（挟間貝塚、浮島貝ヶ窪貝塚）が認められるが、この点を除けば典型的な内湾漁労の様相を呈していることを指摘できる。

年代的にみても、貝類組成に沿岸環境を反映した変化はあるが、それ以外に時代変化はあまり明確ではなく、東京湾沿岸において縄文早期後葉～中期の間で貝塚の分布や規模・構造、動物遺体の内容などに明確な変化が認められること（樋泉 1999、西野 2009）とは対照的である。これは、古霞ヶ浦湾に東京湾のような大河川の流入がないこと、奥東京湾周辺や鶴見川谷などにみられるような顕著な溺れ谷の発達がないこと、また先述の通りこの時期までは古鬼怒湾の閉鎖性がそれほど強くなっていないことなどの理由により、古霞ヶ浦湾の環境が比較的安定していたことが一因ではないかと思われる。

(2) 縄文時代後期～晩期

貝類採集

陸平貝塚では縄文後期にいたってもハマグリを主とする砂泥質干潟の貝類が主体であり（図3）、中期までと同様に、ほとんどが遺跡周辺の海岸干潟で捕獲されたと推定されるものである。ただし種類組成には変化があり、中期後葉以降にシオフキ・サルボウが増加する。この点については、先述したとおり 4000 yBP 頃の古鬼怒湾の環境変化（閉鎖性の強化）に関連したものである可能性もある。ただし陸平 D 貝塚（2008 年度調査地点、後期前葉）の貝類組成とハマグリのサイズの層位的変化を分析した結果（図4、樋泉 2010b）によれば、ハマグリが（おそらく捕獲圧の影響で）小型化すると、これを補うようにサルボウ・シオフキが増加し、これに伴ってハマグリのサイズが回復する傾向が認められることから、サルボウ・シオフキの増加はハマグリ資源の保全を意図した「取り控え」によるものである可能性も考えられる。ただし、こうした陸平貝塚のあり方が古霞ヶ浦湾沿岸域の一般的なものであるかは不明であり、今後さらに検討を要する。

いっぽう古霞ヶ浦湾口部の近くに位置する福田貝塚（後期前葉～中葉）では、すでに述べたように、内湾の潮間帯～潮下帯泥底に生息するヒメシラトリが多く、とくに後期前葉では最優占種となっている。ヒメシラトリは東京湾岸などの内湾沿岸の縄文貝塚から出土することはまれであるのに対して、古鬼怒湾沿岸の中期～後期貝塚では産出例が珍しくないことから、この地域の特徴と思わ

れる。ただしその原因をどう解釈するかは判断が難しく、先述の通り環境的要因（当時の古鬼怒湾の微妙な環境条件や貝類の群集構造など）を反映したものである可能性も考えられるが、福田貝塚（とくに後期前葉）の極端な優占状況は古鬼怒湾岸においても特異的であり、また後期中葉にはハマグリが増加してヒメシラトリを上回るようになることを考慮すると、食用貝の選択性（ヒメシラトリを食用とするか否かの判断の差）に起因する可能性も捨てきれないように思う。この点については今後の課題である。

　これに対して、小松貝塚（後期中葉～晩期前葉）、上高津貝塚（後期前葉～中葉）、上境旭台貝塚（後期前葉～晩期前葉（後期中葉～後葉主体））などの現桜川低地周辺の貝塚では、先述の通り、汽水化の進行に伴ってヤマトシジミ主体に変化する。

魚類利用

　陸平貝塚における骨類の内容は、後期前葉にいたっても早期～中期と同様に魚骨が大半を占めており、鳥獣骨は少ない。また水洗資料のメッシュ別の検出比をみても、早期～中期と同様に大半は2.5mmと1mmメッシュで回収された小型の資料であり、5mmメッシュで回収された資料は少ないことから、引き続き比較的小型の魚類がとくに高い比重を占めていたと推定される。ただし水洗選別で得られた魚骨の包含密度（図5・6）には大きな変化が認められ、2.5mm・1mm資料では後期初頭～前葉に激増しており、5mm資料でも後期前葉に急増していることから、魚類利用が全体的に活発化していることが示唆される。

　魚類の内容をみると、2.5mm・1mm資料（図8）にみられる小型魚類については、早期後葉～中期後葉にはニシン科、スズキ属、ウナギ属、ハゼ科などの内湾～淡水域の多様な魚種が利用されているのに対して、後期初頭にはウナギ属、後期前葉にはハゼ科の急増が認められ、これにともなって魚骨の包含密度も激増することから、この時代にウナギ・ハゼ漁が急激に活発化したことがわかる。先述の通り、ウナギ属・ハゼ科の増加は周辺の縄文後～晩期遺跡でも広く認められることから（表2）、この時期の古霞ヶ浦湾～古鬼怒湾奥部沿岸の地域的特色と考えられる。ただし、先述のとおり、その原因を環境変化と文化的要因のいずれに求めるかは今後の課題である。

　いっぽうで、陸平貝塚ではニシン科やスズキ属などの内湾性魚類も、ウナギ・ハゼの急増によって相対比は低下するが、出土量自体が減少しているわけではなく安定した漁獲が得られている。現地採集資料や5mm資料（図7）にみられる比較的大型の魚についても、クロダイ属、スズキ属、ボラ科、コチ科、ヒラメ科といった内湾性種が主体となる点では中期までと同様である。これらの特徴は周辺遺跡においても基本的に共通している（表2）。こうした状況から、内湾

域での漁は縄文後期においても大きな変化はなく継続していたと推定される。
　ただし、陸平貝塚では縄文後期には現地採集・水洗5mm資料においてフグ科の比率が増加し（図7）、内湾ではあまりみられないきわめて大型の個体も確認されている。周辺貝塚をみても、土浦入奥部、当時の桜川河口周辺に位置する小松貝塚（後期中葉～晩期前葉）において本来は外洋沿岸性種であるマダイ（大型成魚主体）が普通にみられ、後期中葉ではクロダイをしのぎ最多種となっている。上高津貝塚でも後期中葉にはマダイ（大型成魚主体）が普通で、なおかつ特定層準に収集する傾向が指摘されており、わずかながら特大のフグも確認されている。古霞ヶ浦湾の湾口に近い福田貝塚（後期前葉～中葉）でも後期中葉にはフグ科が多く（サイズの記載はないが写真図版には特大クラスの顎骨が示されている）、マダイも普通であり、さらに古鬼怒湾奥の中妻貝塚（後期前葉）でもマダイ（成魚主体）・フグ科（大型）が普通である。また福田貝塚と中妻貝塚では、少数ながら外洋沿岸岩礁性のコショウダイ類も確認されている（福田貝塚の原報告ではフエフキダイとされているが写真図版に基づき修正した）。
　これらの魚類の生息環境は外洋沿岸を中心としており、現在では内湾の低塩分水域に入ることはまれであることから、単純に遺跡の周辺における魚類相を反映したものとは考えにくい。したがってその入手方法については、①それらが古鬼怒湾奥部沿岸貝塚の住民によって直接に漁獲されたものか、交易などによって間接的に入手されたものか、②直接入手されたものとすれば、その漁場は本貝塚からどの程度離れていたかが問題となる。
　この点に関して、とくに福田貝塚と中妻貝塚で確認されたコショウダイ類は典型的な外洋沿岸の岩礁性種であり、古霞ヶ浦湾を含む古鬼怒湾奥部に生息域が存在したとは考えにくいことから、外洋域への出漁または交易などによる間接的入手の可能性が高い。
　マダイや大型のフグなどについても、小宮（1994）は上高津貝塚の魚骨分析の中で、外洋沿岸を分布の中心とする多様な魚種のなかでマダイなど数種のみが（しかも限られた層準で）限定的に出土することから「当時の漁撈集団の行動圏の広さや経済活動の多様性を示唆するものと解釈した方が自然」（小宮1994、p.284）として、外洋域への出漁または交易などによる間接的入手の可能性を示している。植月（2015）も古鬼怒湾岸貝塚の魚類組成の広域的比較に基づき、湾口部の余山貝塚と湾奥の上高津貝塚でマダイの比率が高いことを根拠として（この点についてはさらに検討を要するように思われるが）、小宮と同様の所見を示している。
　これに対し樋泉（1995）は、内湾でも強風などによる循環流のため外洋水が底層水として湾内に流入することがあり、当時の古鬼怒湾でもこうした流れに

乗じてマダイなどが湾内に侵入し一時的な漁場が形成された可能性を指摘している。いっぽう先述の井内・斎藤（1993）が示した古鬼怒湾の環境変遷では、縄文後期に相当する4000yBPころは湾口の閉鎖が強まる時期とされている。これは外洋性魚類の進入には不利な条件であり、この時期に古鬼怒湾奥部でマダイなどが増加することとは相反するものといえる。

　以上のようにこの問題については、今のところ外洋域への出漁または交易などによる間接的入手の可能性を支持する見方が優勢であるように思われる。ただし、当時の古鬼怒湾の海況やマダイをはじめとする外洋性魚類の生態学的情報については今なお不明な点が多く、漁労活動の行動圏や交易などの問題については、さらに慎重な検討を要するように思われる。

狩猟

　古鬼怒湾岸の貝塚では縄文後～晩期に獣骨類の出土量が増加する傾向が認められる。すなわち、後期初頭～前葉の於下貝塚・福田貝塚・上高津貝塚ではイノシシ・シカが多数出土しており、こうした様相が晩期前葉まで続くことから、縄文後期以降に狩猟が活発化したことが示唆される。

　これに対して陸平貝塚では後期初頭～前葉にいたっても鳥獣骨の出土数は少なく、イノシシがやや多くみられるものの、そのほかではカモ類・シカ・タヌキなどが若干検出されているのみであることから、狩猟は引き続き低調であったと推定される。これは陸平貝塚が孤立した小さな島状の台地（少なくとも縄文中期ころまでは実際に島）に立地しており、そうした限られた立地条件が一因となっていた可能性が考えられる。

　ただし陸平貝塚でも、2010年調査のD貝塚西部では後期前葉の貝層を覆って後期中葉の土層が堆積しており、ここからイノシシを主体として、シカ、カモ、キジなど多数の鳥獣骨が出土した（図9）。このことから、後期中葉には狩猟が急激に活発化して、ほかの遺跡と同様の様相に変化した可能性が考えられる。その原因については、古環境調査（鹿島・阪口2009）によって縄文中～後期に遺跡周辺の溺れ谷の離水が進行したことが確認されており、これに伴って上記の孤立した島から対岸台地と陸続きになった可能性も考えられ、こうした環境変遷と関連している可能性もあり得るが、周辺遺跡との関係性や行動圏・流通圏の変化といった文化・社会的な要因も考慮すべきかもしれない。

　なお古鬼怒湾岸の縄文後～晩期貝塚におけるイノシシとシカの比率をみると、古霞ヶ浦湾周辺ではイノシシが卓越する傾向が広くみられる点が特徴となっている（表2）。これに対し植月（2015）は、古鬼怒湾南岸の貝塚（中妻・大倉南・余山）ではシカが優占する点で傾向が明確に異なることを指摘し、その原因についてシカの骨角製品作成と関連する可能性および古鬼怒湾の南北に

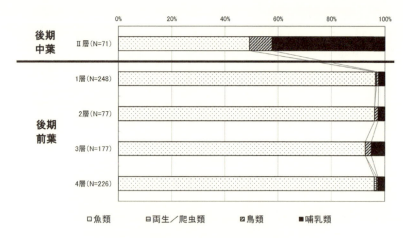

図9　陸平貝塚（D貝塚）2010年調査における
現地採集＋現地5mm資料の脊椎動物遺体組成の変遷（NISP比）

ひろがる下総台地と常総台地の地形的特徴の違いなどによる両種の生息量の差に起因する可能性を指摘している。

まとめ

　以上から、縄文後～晩期における古霞ヶ浦湾沿岸域の動物資源利用の特徴をまとめると、漁労については中期までと同様の遺跡周辺の干潟での貝類採集と内湾域における各種魚類の漁に加えて、近隣の淡水～汽水域（？）におけるウナギ・ハゼ漁の重要度が飛躍的に高まったと推定される。またイノシシ・シカ猟が活発化する点も特色である。特筆されるのはウナギ・ハゼ類の異常とも思える出土量の多さで、これは日本列島の縄文貝塚全体をみてもほかに類例がなく、この地域の特異的な様相といえる（樋泉2014）。

　なお古霞ヶ浦湾周辺貝塚における貝類と魚類の組成を比較すると、貝類では古霞ヶ浦湾中央～湾口部沿岸に位置する陸平貝塚D貝塚（後期初頭～前葉）・福田貝塚（後期前葉～中葉）ではハマグリなどの内湾干潟の生息種が主体であるのに対し、湾奥（現桜川低地周辺）の上高津貝塚（後期前葉～中葉）・上境旭台貝塚（後期中葉～後葉主体）では汽水性のヤマトシジミが主体であり（両者の間に位置する小松貝塚では後期中葉はハマグリ、晩期前葉にはヤマトシジミに変化する）、環境条件に応じた組成の差が認められる。この点については、古鬼怒湾奥部の南三島遺跡（後期前葉、ハマグリ・シオフキ主体）と中妻貝塚（後期前葉、ヤマトシジミ主体）でも同様である。

　これに対して、魚類はいずれの貝塚においてもウナギ・ハゼ類が主体となる

点で強い均質性を示しており（表2）、貝類とは対照的な様相を呈している。貝類相が遺跡付近の海況を反映しているものと仮定すれば、海産種主体（＝周囲に海水域の卓越した）貝塚では、ウナギ・ハゼ（とくにウナギ）の出土量はヤマトシジミ主体（＝周囲に汽水域の卓越した）貝塚よりも少なくなると予想するのが自然だが、実際にはヤマトシジミ主体の貝塚と遜色ない量のウナギが出土している。したがってこれらの遺跡におけるウナギ・ハゼ漁の比重は、桜川・鬼怒川など～古鬼怒湾を軸とする淡水～汽水～海水という環境勾配とは別に、ある程度一定していた可能性が強い。こうした状況は、これらの遺跡におけるウナギ・ハゼ漁がそれぞれの遺跡の周囲にパッチ状に形成された淡水～汽水域（小河川や海岸後背地の沼沢など）でおこなわれていたと考えると理解しやすい。ウナギは淡水域に生息する魚類のなかでは資源量も比較的大きく、また適切な技術があれば周年を通じて漁獲が可能である。おそらくこうした安定性の高い資源を、集落の至近水域で、コンスタントに獲得することが当時の日常食料の安定確保に大きく寄与していたのではないかと推測される。

引用・参考文献

赤澤　威・中村哲也編 2009『陸平貝塚 調査研究報告書3』美浦村教育委員会

荒蒔克一郎 2013『上境旭台貝塚3』茨城県教育財団

井内美郎・斎藤文紀 1993「海跡湖の地史―3　霞ヶ浦」『アーバンクボタ』32、pp.56-63

茨城県教育財団編 1986『南三島遺跡5区』茨城県教育財団

植月　学 2015「余山貝塚の生業活動―古鬼怒湾岸における動物資源をめぐる集団間関係―」『共同研究成果報告書9―高島多米治と下郷コレクションについて（余山貝塚編）―』大阪歴史博物館、pp.89-94

江原美奈子 2012『上境旭台貝塚2』茨城県教育財団

遠藤邦彦・関本勝久・高野　司・鈴木正章・平井幸弘 1983「関東平野の≪沖積層≫」『アーバンクボタ』17、pp.26-43

大川　清・大島秀俊編 1978『茨城県美浦村・虚空蔵貝塚』国士舘大学文学部考古学研究室

鹿行文化研究所編 1999『若海貝塚発掘調査報告書』玉造町遺跡調査会・玉造町教育委員会

鹿島　薫 1990「汽水湖沼の湖底堆積物に記録された完新世の環境変化」『堆積学研究会報』32、pp.31-32

鹿島　薫 2001「日本各地の沿岸性汽水湖沼における完新世後半の塩分変動」

『LAGUNA（汽水域研究）』8、pp.1-14
鹿島　薫 2009「珪藻分析から復原された陸平遺跡周辺地域の完新統における古環境変遷」『陸平貝塚 調査研究報告書3』美浦村教育委員会、pp.33-37
鹿島　薫・阪口　豊 2009「陸平遺跡周辺のいくつかの小規模な谷底低地における沖積層の特徴と縄文海進に伴う海域の変遷」『陸平貝塚 調査研究報告書3』美浦村教育委員会、pp.39-46
加藤晋平・茂木雅博・袁　靖編 1992『於下貝塚発掘調査報告書』麻生町教育委員会
金子浩昌 1987「南三島遺跡3・4区出土の脊椎動物遺体」『南三島遺跡3・4区(1)』茨城県教育財団、pp.480-492
黒住耐二 2009「大谷貝塚の土壌サンプルから得られた貝類遺体（予報）」『大谷貝塚』茨城県教育財団、pp.578-590
小池裕子・森本治美 1986「南三島遺跡5区地点貝塚出土の自然遺物同定」『南三島遺跡5区』茨城県教育財団、pp.355-365
小杉　康・馬場信子編 2011『陣屋敷低湿地遺跡』美浦村教育委員会
小宮　孟 1984「貝塚出土の自然遺物」『石神台貝塚・戸ノ内貝塚―北総における縄文時代後・晩期貝塚の調査―』印旛村史編集委員会、pp.61-82
小宮　孟 1994「上高津貝塚柱状サンプルから水洗分離した動物遺存体について」『上高津貝塚A地点』慶応義塾大学民族学・考古学研究室、pp.241-290
斎藤文紀 1986「霞ヶ浦から鹿島地域の完新統とその地史」『地質調査所月報』37―9、pp.502-505
佐藤孝雄・大内千年編 1994『上高津貝塚A地点』慶応義塾大学民族学・考古学研究室
山武考古学研究所編 1995『地蔵平遺跡・地蔵窪貝塚』山武考古学研究所
柴山正広・須賀川正一・小野政美・小川貴行・越川欣和 2009『上境旭台貝塚』茨城県教育財団
阪口　豊・鹿島　薫・松原彰子 2009「陸平貝塚の古環境」『陸平貝塚 調査研究報告書3』美浦村教育委員会、pp.7-21
新藤静夫・前野元文 1982「霞ヶ浦周辺の環境地学（Ⅰ）―桜川低地と霞ヶ浦の地形、地質―」『筑波の環境研究』6、pp.173-181
鈴木正章・吉川昌信・遠藤邦彦・高野　司 1993「茨城県桜川低地における過去32,000年間の環境変遷」『第四紀研究』32―4、pp.195-208
関口　満・黒澤晴彦編 2012『小松貝塚』土浦市教育委員会
樋泉岳二 1995「魚類」『中妻貝塚発掘調査報告書』取手市教育委員会、pp.103-113
樋泉岳二 1999「東京湾地域における完新世の海洋環境変遷と縄文貝塚形成史」国

立歴史民俗博物館研究報告 81、pp.289-310

樋泉岳二 2000「動物遺体および貝・骨角製品」『浮島貝ヶ窪貝塚資料 米倉山遺跡資料 山内清男考古資料11』奈良国立文化財研究所、pp.89-100

樋泉岳二 2009「大谷貝塚の貝層サンプルから得られた動物遺体」『大谷貝塚』茨城県教育財団、pp.591-604

樋泉岳二 2010a「貝類・脊椎動物遺体の分析」『陸平貝塚 調査研究報告書4』美浦村教育委員会、pp.124-144

樋泉岳二 2010b「動物遺体の分析 貝類・脊椎動物遺体」『陸平貝塚 調査研究報告書5』美浦村教育委員会、pp.56-76

樋泉岳二 2012「陸平貝塚2010年調査で採集された動物遺体群」『陸平貝塚 調査研究報告書6』美浦村教育委員会、pp.38-59

樋泉岳二 2014「漁撈の対象」『講座日本の考古学4 縄文時代（下）』青木書店、pp.54-86

樋泉岳二 2016a「陸平貝塚2014年調査で採集された動物遺体群」『陸平貝塚 調査研究報告書8』美浦村教育委員会、pp.52-55

樋泉岳二 2016b「陸平貝塚2012年調査で採集された動物遺体群」『陸平貝塚 調査研究報告書8』美浦村教育委員会、pp.83-92

樋泉岳二・黒住耐二 2004「貝層出土の動物遺体」『陸平貝塚 調査研究報告書1』美浦村教育委員会、pp.44-70

中村哲也 2008『霞ヶ浦の縄文景観―陸平貝塚』新泉社

中村哲也 2014「陸平貝塚2012年調査で採集された貝類」『陸平貝塚 調査研究報告書7』美浦村教育委員会、pp.51-56

西野雅人 2009「大型貝塚形成の背景をさぐる」『東京湾 巨大貝塚の時代と社会』雄山閣、pp.143-161

西村正衛 1966「茨城県稲敷郡浮島貝ヶ窪貝塚―東部関東における縄文前期後半の文化研究、その一―」学術研究（人文科学・社会科学篇）15、pp.73-95

西村正衛 1984『石器時代における利根川下流域の研究』早稲田大学出版部

一木絵理・亀井 翼 2017「土浦市上高津貝塚周辺の後期更新世～完新世の古環境」『土浦市立博物館紀要』27、pp.25-42

前田 潮編 1990『「古霞ヶ浦湾」沿岸貝塚の研究』筑波大学歴史・人類学系

松島義章 1994「日本列島における後氷期の浅海性貝類群集―特に環境変遷に伴うその時間・空間的変遷―」神奈川県立博物館研究報告（自然科学）15、pp.37-109

松原彰子 2009「霞ヶ浦低地における有孔虫化石解析結果」『陸平貝塚 調査研究報

告書3』美浦村教育委員会、pp.23-32
茂木雅博・袁　靖・吉野健一編 1995『常陸狭間貝塚』茨城大学人文学部文化財情報学教室
茂木雅博・吉野健一・井之口茂編 2003『常陸の貝塚』茨城大学人文学部考古学研究室
渡辺　誠編 1991『茨城県福田（神明前）貝塚』財団法人古代学協会
Chiba, T., Sugihara S., Matsushima Y., Arai Y. and Endo K.(2016)"Reconstruction of Holocene relative sea-level change and residual uplift in the Lake Inba area, Japan",Palaeogeography, Palaeoclimatology, Palaeoecology 441：982-996

2　余山貝塚の漁労活動
―漁具生産と魚類資源をめぐる集団間関係―

植 月　　学

はじめに

　本稿では千葉県銚子市余山貝塚（以下、余山）の漁労活動を漁具の生産と保有、および魚類相の面から検討する。また、周辺遺跡群との比較を通じて漁労活動の集団差と魚類資源をめぐる関係について論じる。立論の基礎となる資料は1959（昭和34）年の國學院大学の大場磐雄による調査資料（銚子市教育委員会所蔵。以下、「大場資料」）である。本資料群についてはすでに植月（2012・2015）において概要を紹介しているが、全体の3分の1程度の分析結果によるものであった。このたび魚類、哺乳類（海獣類を除く）についてほぼ全体の分析を終了したので、その結果をもとに再検討をおこなう。とくに漁具の製作について新たな知見を得たので、その成果を中心に紹介したい。

　大場資料は小型標本をほとんど含まないことから、すべて現場採取資料であると考えられる。おおむね後期中葉〜後葉を主体とする時期の所産とされる。分析方法については植月（2012）と同様である。

1　余山貝塚の漁具

　金子浩昌（2009）は東京国立博物館所蔵の余山出土骨角器を調査するとともに、他機関所蔵品も集成し、詳細な検討を加えた。骨角器組成については、特徴的な形態の単純銛頭と釣針の存在を挙げた。さらに、過去の調査記録をもとに出土地不明のヤス状刺突具の多くも余山に由来するものであり、実際にはこの器種が多く存在したと推察した。

　その後、阿部芳郎（2015a・b）により高島多米治採集資料（下郷コレクション）の詳細が報告された（図1）。そこでは器種の内訳が明らかにされており、銛頭37点、ヤス592点、釣針103点とある。漁具の8割は単純なヤスが占めており、銛頭や釣針が特徴的なのは事実としても、主体となるのは他遺跡と同様にヤス状刺突具であったことが明らかにされた。阿部は「高島が歯科医師であり、動物の骨格に詳しい知識があったせいか、骨角器は小破片にいたるまで、くまな

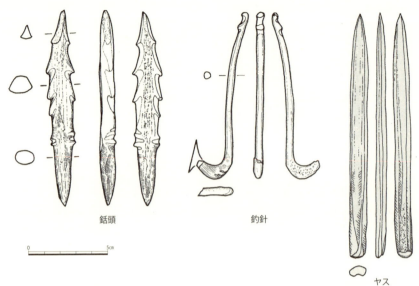

図1　余山貝塚の漁具（下郷コレクション、阿部2015a）

く採集したらしい」と述べている。通常、比較的地味なヤスは回収漏れが起きやすいと推測されるので、高島採集資料はより実態に近い可能性が高い。

　本稿で対象とする大場資料からは、骨角器の優品はすでに抜き出されているので、組成の検討には適さない。しかし、その中からも見落とされたと推測される少数の製品の破片（銛頭の基部1点、釣針2点、ヤス16点など）、および多数の加工痕をとどめる素材・廃材が確認できた。以下では、とくに漁具の製作にかかわると判断された資料について検討を加える。

2　釣針の製作

(1) 廃材の確認と特徴

　大場資料からは、特徴的な板状の鹿角切断品が多数確認できた（図2）。これらは下郷コレクションでも多く確認されている。「切断鹿角」として報告され、余山ではこれまで未発見の初期段階の未製品ではないかと注目されている（図3、阿部2015a）。筆者も当初未製品と考え、製品候補を探した。多産しているので主要な器種と推測されたが、余山あるいは同時期の遺跡で知られている器種とは結び付きそうになかった。そこで、視点を変えて、製作時の廃材ではないかと考え、補完関係にある器種を探した。すると、大きさが近い器種として釣針が浮上した。ちょうど釣針の内部に収まるような形をしていたのである。

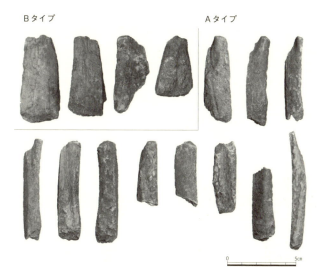

図2　釣針廃材（大場資料）

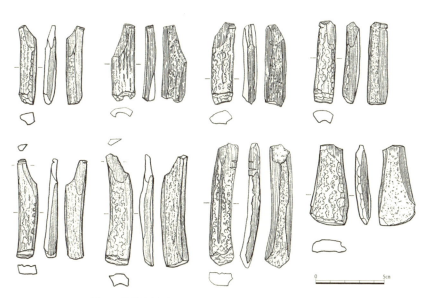

図3　釣針廃材（下郷コレクション、阿部 2015a を改変）

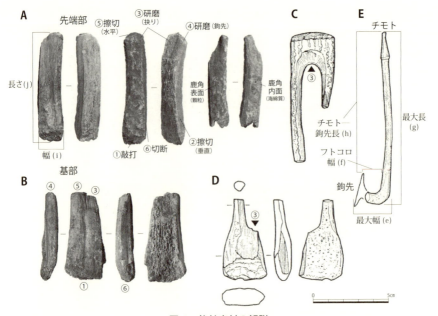

図 4　釣針廃材の解説
A：計測位置と加工など　B：撥形の例　C：A とセット状態にあると考えられる未製品
D：B より工程が進んだ未製品の例　E：釣針の名称と計測位置（C～E は阿部 2015a を改変）

　素材としては鹿角の幹の部分を輪切りにしたのちに、縦割りにした板材を使用している。加工の特徴は以下にまとめられる（数字は図 4 に対応）。

①基部　　　敲打痕
②側縁　　　擦切り痕
③先端部　　水平方向の半ばまでは先端部に向かって薄くなるようなスロープ状の研磨（抉り込み）
④側縁　　　②の側縁を研磨する。先端部のみの場合（A）と全側縁の場合（B）がある
⑤先端部　　②の側で水平方向に擦切り（前後面から）
⑥側縁　　　③の側の側縁を切断

　なお、形状には大きく分けて少なくとも細長いタイプと撥形タイプの 2 者がある。以下、主体となる細いタイプを A、そのほかの幅広いタイプを B タイプとする。A、B タイプ共に加工痕はほぼ共通しているが、④のみ異なり、A タイプでは先端部周辺のみ丁寧に研磨している例が多く、断面を円形に近く仕上げている（図 4-A）。B タイプは例が少ないが、このような仕上げは確認できず、

むしろ上端から下端まで側面を丸く仕上げている例がある（図4-B）。

(2) 加工工程

　工程はおおむね上記の番号に沿って進むと推定される。理由は次の通りである。①は角幹から円筒状の素材を取る際（後述）の敲打痕をとどめており、最初の工程であることが明らかである。②はこの筒状素材を縦割りにした際の痕跡である。その際の擦切り痕を内面（海綿側）にとどめる資料が多い。③〜⑤の前後関係は資料の観察からは判然としないが、後述の破損回避の理由から上記の順序と推測した。⑥は擦切りがある程度進んだ最終段階で折り取ったような痕を留める資料があることから、元の釣針素材から分割する最後の段階と推定される。

(3) 製品との関係

　まず上下関係を検討する。基部側は当初の敲打痕をとどめたままで繊細な調整がされていないので、加工に慎重さが要求されるフトコロ側から分割したとは考えにくい。したがって、基部がチモト側、先端部がフトコロ側となる。

　次に水平関係を検討する。上記のように側縁は一方を丁寧に研磨して滑らかな屈曲面に仕上げてあるのに対し、もう一方は擦切ったままである。本来廃材なのだから側面を丁寧に仕上げる必要はない。とくに釣針の軸側に面する方は製品として残らないのだからまったく意味がない。しかし、鉤先側は研磨する理由がある。廃材を分離させた後のJ字状の釣針原形では鉤先が折れやすく、研磨に気を遣うと推測される。分離前の板状の素材であれば、強く研磨しても破損の恐れは少ない。このような理由で、分離前にあらかじめ板材素材のとくに鉤先に近い部分を丁寧に研磨しておいたために、滑らかな側縁が片側に残ることになったと考えられる。したがって、水平方向に関しては円滑な側縁④が鉤先側、折り取ったままの側縁⑥が軸側と判断できる。

　⑤は釣針原形から分離する際の水平方向の擦切りとして、垂直方向の⑥とセットで理解できる。では③の抉り込みにはどのような意味があるのか。そのヒントとなるのが下郷コレクションの釣針未製品である（図4-C）。そこにはちょうど廃材と対応する位置に、向かい合う方向の抉り込みが確認できる。仕上げでフトコロとなっていく部分である。

　以上のように考えると、この工程は⑤や⑥の擦切りをおこなう前にある程度完了させたのではないかと推測される。板状の素材にこのような表裏方向の力をかけ続ければ、割れる危険性がある。まして、先に垂直、水平方向の切り込みが入っていればなおさらである。したがって、この抉り込みは上下・左右がつながった頑丈な段階で、ある程度J字の原形を作るための工夫＝穿孔であると考えられる。この穿孔が完了したのちに水平に擦切り（⑤）、最後に垂直方

向の擦切りと切断（⑥）を慎重に行い、釣針原形から廃材を分離したのだろう。これは金子（1964）が報告した福島県いわき市大畑貝塚における板材の中心を穿孔してO字状にしてから釣針を製作する技法に似ているが、細部の加工に余山の独自性がある。

ところで、上記の解釈はAタイプについては当てはまるものの、Bタイプにおいて④の側縁全体（基部から先端まで）を丸く仕上げている点には当てはまらないない。Bタイプについては、後述の計測値からも釣針内側の廃材とするには幅が広すぎる。下郷コレクションなどでは釣針未製品の中に同様に幅広で、フトコロに向かって研磨している例がある（図4-D）。この例は、Bタイプのチモト側の研磨をさらに進めていってJ字状に近づけたように見える。つまりAタイプとは製品に対しての向きが上下逆になる（Bタイプは上下そのままで製品になる）。このように解釈すると、Bタイプの丸く仕上げた側縁はそのまま軸になるので、基部から先端まで研磨してある点も説明できる。

(4) 鹿角からの切り出し

大場資料には、上記板材の前段階の円筒状素材を取ったと推定される角座も多数含まれていた（図5）。特徴的な痕跡としては、廃材基部の敲打痕①に対応するような敲打痕が見られる。敲打痕は、角座から最初に分岐する第1分岐部付近に見られる。角幹および第1枝の双方あるいは片方を分岐部付近で周囲より連続的に敲き、折り取っている（最終段階で丁寧に擦切っている例もある）。双方を取っている場合の順序はどちらかが先の場合もある。ただし、先に取る方

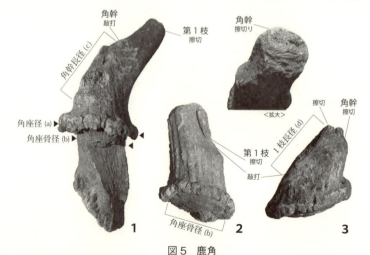

図5　鹿角
1：角幹を幅広に切り出した後、第1枝を擦切る　2・3：落角。第1枝を幅広に切り出した後、角幹を擦切る。落角の角座骨径(b)は角座骨に対応する位置で計測した。

については幹に対して水平ではなく、やや斜めに幅広に折り取っている場合が多く、後に取る方は水平に取る例が多い。角幹と第1枝のどちらを先に取るかは、どちらを幅広く取るかで決まっており、角の形や目的とする素材に左右されていると推測されるが、まだ詳細には検討できていない。

この部位の一部は銛頭にも使われた可能性がある。銛頭にはそこまで幅広の基部は必要ないので、どちらかというと水平に切断した方が銛頭、斜めに切り取った方が釣針に使われたのではないかと推測される。

(5) 計測値の比較

最後に、上記の推論が妥当であるかを各段階の資料の計測値によって検証する。計測したのは図4・5の位置である。これらは鹿角→釣針→廃材と、徐々に測定値を減じていくはずだが、各段階の調整によるロス程度であるとすれば、そこに大きな落差はないはずである。

結果は図6の通りである。大きく水平方向（幅）に関わるグラフと、垂直方向（長さ）に関わるグラフを分けて示した。まず、水平方向では元となる角座の計測値（角座骨径・角座径）は参考値である。実際には、角座からやや上がった角幹や第1枝を斜めに幅広に取った断面楕円形の円筒材が1次素材となる。これを縦割りした板材が釣針になったと考えられる。角幹や第1枝で長径が最大級の50mm代後半の資料で円周を求めると、約125mmとなる。これは幅35mm程度の太い釣針で約3.6個分、22mmの細い釣針では5.6個分となる。製作段階でのロスを考慮しても、1本から3〜4個分取れる場合もあり、太い素材は半裁だけでなく、3分割、4分割された場合もあったかもしれない。ただ、製作段階でのロスでどの程度幅を減じるかが明らかでないので推測の域を出ない。

より明確な対応関係にあるのは釣針の最大幅（e）、フトコロ幅（f）、および廃材の幅（i）である。eは軸を含む分、後2者よりやや値が大きくなる。fはiとネガポジの関係になる計測位置である。廃材の幅の方がやや広い分散を示すものの、分布はおおむね一致する。多くの資料はフトコロより一回り小さくなっており、釣針本体の仕上げによるロス（フトコロ幅は拡大）と解釈すると矛盾がない。

一方で、フトコロ幅（f）よりも、廃材の幅（i）が幅広になる資料が存在する点は上記の対応関係に当てはめると矛盾がある。幅がおおむね25mm以上となるこれらの資料はすべてBタイプに属する。この計測値もBタイプが廃材ではなく、製品の素材そのものと考えた理由である。

次に長さ方向を検討する。廃材の長さ（j）に対応するのが釣針のチモト―鉤先長（h）である。鉤先を破損する例が多いため、後者のデータがやや少な

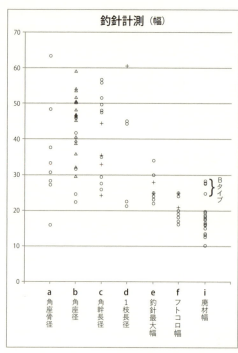
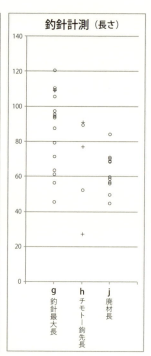

図6　釣針・廃材計測結果
△：角座骨に付随する標本　＋：計測誤差のある標本

いが、両者の分布はおおむね一致する。したがって、「廃材」が釣針製作により生じた廃材であると判断するのは計測値からみても矛盾はない。

　以上により、AタイプとBタイプとでは似たような製作過程を取っていながら、最終的には前者は製品と補完的な位置にある廃材、後者はそのまま製品になる過程の未製品と解釈した。根拠は計測値の差に加え、すでにみた④での先端部のみ（Aタイプ）と全側縁（Bタイプ）という研磨仕上げの違いである。Aタイプはそのまま製品として仕上げたとみるには幅が細すぎるという理由もある。図7に両者の製作工程の違いを模式図として示した。

　なぜこのような製作技法の違いが生じたかについては、細形と太形の釣針における破損率の差が想定される。前者は細く、長い軸を作るために加工中に破損しやすい。そこで、頑丈な板状素材の段階で鈎先やフトコロをある程度加工しておき、最終工程に近い段階で不要な部分を丁寧に切り取ったと考えられる。

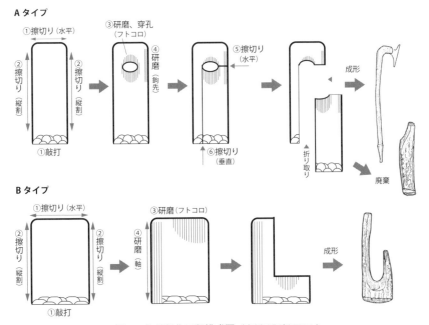

図7 釣針製作工程模式図 （実例は阿部 2015a)

(6) 素材の入手

　余山の骨角器素材において、落角が目立つ点は前稿（植月 2015）でも指摘した。今回、より詳細に角座骨を留める標本と落角の点数を調べたところ、それぞれ 11 点と 22 点であった。余山では積極的に落角を入手していたことが明らかであり、狩猟個体のみでは素材が不足していたのがその理由と推測される。なお、図6には角座骨を伴う標本と落角標本の記号を分けて示したが、両者に明確な差はなかった。したがって、狩猟個体ではまかなえない大形の素材を確保するためというよりは、数を確保することに主眼があったと言えそうである。

3　ヤスの製作

(1) 製品の特徴

　基部が多く確認された。多くは基部側の内面（凹面）が多孔質となっており、シカ中手・中足骨の近位部を使用していると推定される（図8-C）。基部に骨端をそのまま残す点は金子（2009）の集成でも、また基部主体でシカ中手・中足骨の近位面を残すことは下郷コレクション（阿部 2015a）でも指摘されている。

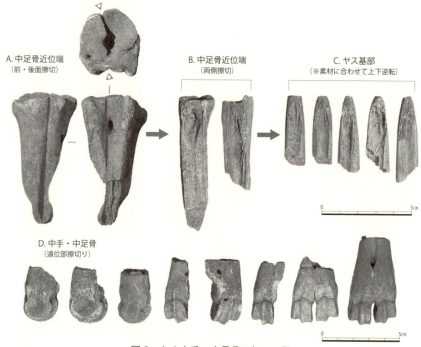

図8 シカ中手・中足骨の加工工程

(2) 加工工程

　加工途中、あるいは廃材と考えられる中手・中足骨標本が多数確認できた。近位部では、中足骨の前面と後面の中心をそれぞれ長軸方向（近位─遠位方向）に擦切る途中の資料が1点確認された（図8-A）。このようにして左右に分割された縦長素材を、さらに前後で半分に擦切った素材は複数確認された。これらを研磨してヤスに仕上げる過程の資料が図8-Bである。8-Cの基部平坦面は阿部（2015a）が指摘したように、近位端の関節面をそのまま残しているようである。
　遠位部では、遠位端を栄養孔付近で水平（左右）に擦切った資料が複数確認できた（図8-D）。この部分は緻密質が薄く、海綿質主体で強度がないため、素材として用いられることは少ない。したがって廃材と考えられる。擦切りが全周する、縦に分割される以前の加工である。上記の近位端の加工以前に除去されたと推定される。理由は不明だが、遠位端除去後に遠位側からも擦切るかくさびを打ち込むと縦位に割りやすかったのではないかと推測する。

(3) 素材の選択

　上記のように中足骨は内側・外側、前面・後面と4分割して素材が得られる

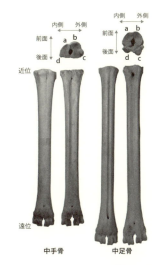
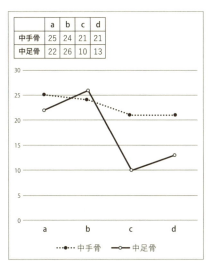

図9　シカ中手・中足骨の計数位置と計数結果

が、各部分の近位端は形状や厚みが異なる。金子（1967）はとくに厚い後面が好んで使われたことを指摘している。そこで、前面内側より時計回りにそれぞれ突出部を a、b、c、d と呼称し、その出土数を調べた。中手骨の場合は断面三角形に近く、a の部分は発達しないが、同様に調べた（図9左）。

その結果、図9右のように中足骨の後面（c、d）のみ極端に数が少ないことが確認できた。先述のように、前面と後面の分割は遺跡内で行われている痕跡があり、別々に持ち込まれることは考えにくい。また、強度に差があるとも考えにくく、肉も付随しない部位なので、破壊、残存の度合いに差がある可能性は低い。したがって、やはり中足骨の後面がとくに好んで用いられるという傾向を表していると考えてよいだろう。

中手骨と中足骨の数に大きな差はなかった。どちらか一方が選択的に多く持ち込まれることがなかったとすれば、素材として使われた頻度は同程度であったことを示す。

(4) 素材の入手

筆者は以前、縄文遺跡出土のシカ、イノシシの部位組成を検討する中で、遺跡間で傾向が大きく異なる部位として頭部と中手・中足骨をあげた。そして、中手・中足骨の出現率が非常に高い千葉県千葉市有吉北遺跡を例として、骨角器素材として使用しながらも、出現率が高い理由として、狩猟されたシカの

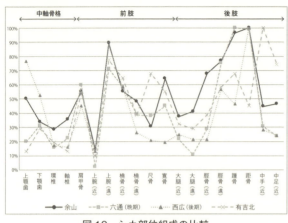

図10　シカ部位組成の比較

骨でけでなく素材として別途入手されていた可能性を論じた。有吉北では、イノシシに比べてシカ自体が希少である点もその根拠である。

有吉北を含むいくつかの遺跡と、余山の部位組成を比較したのが図10である。余山の中手・中足骨は有吉北ほど多くはなく、千葉県市原市西広貝塚や千葉市六通貝塚よりやや多い程度という結果になった。前稿では、余山は中手・中足骨が多いという結果を示したが、集計法を厳密にし、重複を確認することで、より正確な組成が明らかになった[1]。

以前の筆者の説によれば、有吉北は素材として使用していながら中手・中足骨が極端に多いので、素材として搬入し、余山など相対的に少ない遺跡は自家消費で賄っていた可能性がある、ということになる。しかし、そこにはある視点が欠けていた。中手・中足骨製品の生産量である。仮に余山において有吉北遺跡の何倍ものヤスが生産されていたとすれば、両遺跡共に素材を搬入していたとしても、今回のような結果になり得る。そして、生産量の多寡を公平に比較する方法は現時点ではない。したがって、余山において狩猟対象となったシカに加えて、さらに素材となる中手・中足骨を入手していたかは不明としておく。

なお、有吉北については次の理由から依然として搬入された可能性はあると考えている。①先述のようにそもそもシカ資源自体が非常に希少であった（イノシシや小型獣より少ない）。②この部位を好んで使うために、骨の強度が高いにもかかわらず一般に出現率が低い縄文遺跡の中で、際立って出現率が高い。

(5) 余山貝塚の漁具生産の特徴

今回の分析により、余山における漁具生産の具体的な様相が明らかとなった。そのために、鹿角（落角）を積極的に入手していたことも確認できた。なお、角の用途としてはすでに金子（2009）、阿部（2015a）によって指摘されているように、銛頭の製作も想定される。実際に東京国立博物館所蔵資料では角座の痕跡をとどめる製品が確認されているし（金子2009）、下郷コレクションでも、長さからみて銛頭の素材の可能性が高い鹿角切断資料が報告されている（阿

部 2015a)。ただ、製作工程の特性上、釣針のような明確な廃材が生じないために、工程の確認は難しいと考えられる。細かな製作工程は不明にしても、銛頭は余山に特徴的な漁具であり、上記のわずかな資料からでも余山において銛頭の製作が行われたとみるのは無理な想定ではないだろう。ヤスについても阿部(2015a)において製作工程が確認されており、本稿でも追認することができた。以上のように、余山の特徴として、漁具の生産が遺跡内で盛んに行われていたことがあげられる。次に問題となるのはこれらの漁具がどのような魚種を対象としていたかである。そこで、以下では魚類相について検討する。

4　余山貝塚の魚類相と大型魚類をめぐる集団間関係

(1) 魚類相

　図12に古鬼怒湾沿岸遺跡の後期中葉～後葉の魚類組成を示した[2]。取り上げた遺跡は古鬼怒湾の湾口部から湾奥部まで、多様な環境に立地し(図11)、貝類組成もそれに応じた多様性を示す。しかし、魚類組成にはそれほど大きな差は見いだせない。たとえば同じタイ科でも汽水域にも進入するクロダイ属と外洋沿岸を好むマダイの比率は、余山とやや上流の千葉県香取市大倉南貝塚、あるいは湾奥部の茨城県土浦市上高津貝塚でほとんど差がない。

　古鬼怒湾沿岸の後・晩期貝塚の魚類組成を比較した吉野健一(2008)は、魚類が貝類に比較してより広範なエリアから選択的に捕獲されていたと指摘した。このような貝類と魚類の入手範囲の差は、本地域の遺跡群の水産資源利用を検討する上で興味深い問題を提起する。

　小宮孟(1994)は上高津の報告において、優占貝種であるヤマトシジミから想定される遺跡周辺環境とは調和しないマダイ、トラフグ属、ブリ属などの大型魚が特定の層準に集中することを指摘し、①縄文海進の影響による周辺環境の多様性、②交易などによる搬入、の2通りの解釈を示し、「当時の漁労集団の行動圏の広さや経済活動の多様性を示唆するもの」として後者の可能性が高いことを論じた。

　上高津貝塚については佐藤孝雄(2015)も、スズキ属やクロダイ属と異なりマダイ未製魚が含まれないことや、ほかの鹹水魚種にマダイ同様の

図11　遺跡の位置

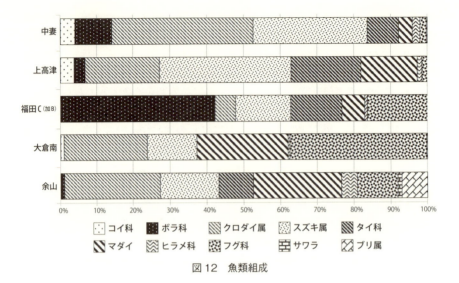

図12　魚類組成

出土傾向が見られないことから、上高津貝塚の形成者たちが自らマダイを漁獲していた可能性は低く、鹹水域に主たる漁場をもつ他集団から入手したと考えた。

　樋泉岳二（1995）もやはりヤマトシジミ主体の千葉県取手市中妻貝塚の報告において、マダイ、ブリ属、コショウダイ属、ヒラメ科、フグ科など、普通汽水域では見られない魚種が見られ、しかも大半が大型魚で占められる点から、その入手方法を問題とした。すなわち、「(1) それらが中妻貝塚人によって直接漁獲されたものか、交易などによって間接的に入手されたものか (2) 直接入手されたものとすれば、漁場からどの程度離れていたか」という点である。樋泉は小宮の説に対し積極的な反論材料は見当たらないとしつつも、東京湾内における昭和のマダイ漁獲例を挙げ、海況次第では古鬼怒湾内にも外洋水とともにマダイが紛れ込み、一時的な漁場を形成していた可能性もあるとして、判断を保留している。

　余山の魚類遺体には、上記遺跡で問題とされた大型のマダイやフグ科などが含まれる。とくにブリ属とヒラメ科については他遺跡よりも比率が高い。小宮の交易説にたてば海産大型魚の供給源の条件に合致する。しかし、湾奥部集団が湾口部に出漁したとしても同じような組成になり得る点は注意を要する。

　一時的な漁場形成の可能性についてはどうだろうか。マダイなどの湾奥への進入による一時的な漁場形成が原因であるとすれば、湾口から湾奥にかけてマダイの比率が漸減しそうなものである。しかし、実際には湾の中間に位置する

茨城県稲敷市福田貝塚は上高津よりマダイの比率が低い。このことは上高津の住人がより積極的にマダイを入手していたことを示す。先述のように、上高津の住人が湾口部まで出漁した、あるいは湾口部の集団より入手したという2つの可能性が残る。

入手の範囲が、魚種によって異なることは体長分布からも推測される。図13には上高津と余山のマダイ、スズキ、クロダイの体長組成を示した[3]。ただし、余山は古い調査のデータなので、小形個体の回収率が低いと推測される点に留意する必要がある。

マダイの体長分布は、上高津では小形から大形まで幅広い。ピークは60cm前後の大形個体にあり、余山の計測標本数が十分でないものの、その範囲は余山の体長分布と重なる。マダイは一般に若魚ほど湾奥に進入する頻度が高いとされるので、上高津の少なくとも大形の個体は湾口部（～湾外）由来である可能性が高い。一方、スズキの体長分布は上高津では余山よりも小型にピークがある[4]。スズキに関しては、上高津の住人が大型個体の多い湾口部まで積極的に出漁したとは考えにくい。クロダイの体長は両遺跡でほとんど差がない。したがって同じ海域で捕獲されたともみなせるが、内湾浅海域というクロダイの生息環境からすれば、それぞれの遺跡近傍の浅海域で捕獲された個体群がたまたま同じようなサイズになったとみることもできる。

上高津のクロダイ、小型スズキや小型マダイは遺跡近傍で入手可能であったと推測されるものの、大型マダイについては、すでに指摘したように湾口部集団から入手していた

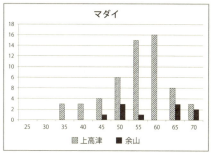

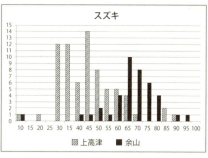

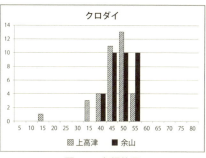

図13　魚類体長

か、自ら湾口部に出向いて漁獲していた可能性がある。湾口部に出漁していたのであれば、大型スズキを漁獲する機会もあっただろうから、大型スズキの希少性は湾口部出漁に否定的なデータである。

(2) 漁具組成

すでに紹介したように、下郷コレクションの報告ではヤスが多数出土していることが明らかになっている。実際には余山においても他遺跡と同様、ヤスが漁具の主体を占めていたと考えられる。それでも、余山以外の遺跡で釣針や銛がほとんど出土していないことに変わりはなく、両者は余山の漁労活動を特徴づける漁具であるといえる。

銛頭と釣針による捕獲対象としては、他遺跡では少ない種がその候補となる。銛漁にはイルカ類、アシカ類などの海獣類が相当する。金子も銛漁の対象としてイルカ類などの海棲哺乳類、ウミガメ類（酒詰1963）を想定している。ただ、漁獲物全体からすれば少量で、銛頭の量に見合うかは疑問も残る。

下郷コレクションの報告では、余山において漁具の8割程度と圧倒的多数をヤス状刺突具が占めることが明らかにされた（阿部2015b）。大場資料は古い調査や表面採集資料のため、目に付きやすい銛頭や釣針は単純なヤス状刺突具よりも多く回収される傾向にあったと推測される。銛頭や釣針の実際の割合が現在残されているほど多くなかったとすれば、漁獲物の組成とも矛盾はない。

余山で多量に出土したヤス状刺突具に対応する漁獲物としては、主体種であるスズキ、クロダイ、マダイなどがその候補となる。より上流の大倉南や湾奥の上高津では、漁具はほとんどヤス状刺突具しか出土していないが、両遺跡でも3種が主体となる点は共通しており、同様の漁法が想定できる。

次に釣針の対象魚について検討する。金子（2009）によれば、余山では大きさや形状の異なる複数のタイプの釣針が出土している。中でも幅が細く、軸が長い「長軸系釣針」が特徴的であるとされる。今回の調査や下郷コレクションで確認されている廃材もAタイプとした幅の細いタイプが主体で、金子の指摘と合致する。この軸の長い釣針がどのような海域で用いられたのかは明確でないが、水深の浅い海域、とくに藻場や岩礁域では引っかかりやすく、適していないと予想される。金子が指摘するように、湾口部や湾外の水深のある海域で用いられたとすれば、遺跡の立地や、多産している大形マダイや大形スズキ、あるいは余山に特徴的なブリ属やサワラ属といった魚類相とも調和的である。

なお、筆者は前稿（植月2015）において、上高津で釣針を使用した痕跡がないことから、湾口部に出漁して余山と同じように大形マダイを入手したことを疑問視し、交易による入手の可能性を支持する材料とみた。しかし、阿部（2015a）が紹介したように大野延太郎（1926）報告の椎塚貝塚から頭部にヤスが刺さっ

たマダイ出土例もある。釣針の不在をもってマダイの漁獲を否定するのは早計であったかもしれない。余山の漁具全体に占める釣針の比率が実際にはそれほど多くないことも明らかになったことから、主体種であるマダイをその主な対象とみなすことにも問題がない訳ではない。実際の釣針の比率からすれば、先に想定したブリ属やサワラ属、あるいはヒラメ科など、多くはないが、他遺跡よりは目立つ種をその主な対象とみなすべきかもしれない。もちろん、漁具と漁獲種が1対1で対応すると考えるのも単純過ぎるし、漁具の比率がそのまま漁法の頻度と対応する保証もない。少なくとも、上高津のマダイ流通の問題については先述の体長組成や、佐藤（2015）が根拠としたほかの鹹水魚種の少なさから、他集団より入手した可能性が高いと考える。

　福田貝塚では後期前葉から中葉にかけて、シカ中手・中足骨が加工される割合が増加する。それに対し、イノシシ腓骨の加工割合が変わらない点と、動物遺体組成におけるシカの増加を結び付け、漁具としての骨角器製作と狩猟活動の変遷の関連が想定されている（奈良崎1991）。シカとイノシシの比率（後期前葉から中葉）は、古鬼怒湾北岸ではイノシシが優占し、南岸ではシカが優占するという明確な傾向を示す（図14）。この差はシカ角、骨を用いた骨角器製作と関連する可能性もある。今後、上記のような部位組成や加工頻度の差を各遺跡で比較していく必要がある。もう1つの可能性として、組成差が地理的位置と一致することから、そもそもシカ、イノシシの生息量に両岸で差があったことも考えられる。そのような生息量の差を生んだ環境条件の違いは明らかでないが、たとえば、下総台地にくらべて常陸台地側は狭隘な台地が続くことが影響しているのかもしれない。今回の分析では活発なシカ猟に加えて、落角の入手も積極的に行われていたことが明らかになった。

　石橋宏克（2000）によれば、余山出土の石器は、骨角器・貝輪・玉などの生産に関係する石器が多いことが特徴とされ、「未製品や破損品が多く出土している点から、本貝塚がこの地域の骨角器・貝製品の生産の中心的な役割を果たしていた」とされる。今回の結果は骨角器素材の面からも、生産地としての性格を浮かび上がらせるものであった。

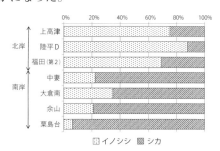

図14　イノシシ・シカの比率

おわりに

　本稿では余山における漁具生産について、特徴的な釣針、銛頭に加え、他遺跡で一般的なヤス状刺突具を遺跡内で製作していたことを論じた。他遺跡では稀な釣針や銛の漁獲対象としては、外洋性の回遊魚、海獣、大形のマダイ、スズキなどがその候補として想定された。同じ海域における活動である海鳥・海獣狩猟の活発さも、余山における資源利用の多様性を示す。しかし、旧稿（植月 2012）でも指摘したように、銛頭や釣針などの漁具から想定されるような外洋性漁労に特化した漁労基地、あるいは漁村的な性格ではなく、ヤス状刺突具を用いた汽水域や浅海域での漁労と、陸獣、とくにシカの狩猟も盛んであった。外洋以外にも湾内や、河口域、後背湿地、台地上などで多様な資源獲得活動が展開していたことになる。このことは多くの人骨の出土や祭祀遺物の出土、貝輪の生産（阿部 2015b）と合わせて、余山が多様な活動の帰結点としての定住的集落であった証拠となる。

　貝輪や骨角器、玉類の生産からもうかがえるように、余山は多様な物資の生産、集積地であり、地域の物資交換のセンターであったと推測される。湾口部という立地はおそらくは素材の入手と、舟を用いた上記物資の流通に最大の利点があったのであろう。

　冒頭で述べたように、本稿は大場資料に関する既発表の報告（植月 2012・2015）に追加分析資料を加え、漁具製作について加筆したものである。そのほかの部分については旧稿をほぼそのまま掲載した部分もあることをご了承いただきたい。

　末筆ながら大場資料の分析を許可いただいた銚子市教育委員会、および下郷コレクションについて多々ご教示いただいた阿部芳郎氏（明治大学）、加藤俊吾氏（大阪歴史博物館）に感謝申し上げる次第である。

註

1) 他遺跡においても同様の厳密な集計方法が用いられていなかったとすれば、中手・中足骨の数が減少する可能性がある。それによってはここでの考察も修正が必要となる。
2) 各遺跡のサンプリング方法が異なるため、ここでは採取法によるバイアスが少ないと推測される大型種10種に絞って比較した。
3) 佐藤・吉沢(1994)のデータを元に、顎骨の計測値より求めた。データには追加分析分の計測結果を新たに含めた。

4）余山においては、回収法の問題から小形のスズキが回収されていないという解釈もあり得る。しかし、後述するクロダイの体長分布では両遺跡で同程度のクラスが回収されている点を踏まえれば、スズキの体長分布の差を単なるサンプリング・エラーとは考えにくい。

引用・参考文献

阿部芳郎 2015a「骨角器・貝製品」『共同研究成果報告書 9　高島多米治と下郷コレクションについて（余山貝塚編）』大阪歴史博物館、pp.29-56

阿部芳郎 2015b「余山貝塚における骨角貝器の生産」『共同研究成果報告書 9　高島多米治と下郷コレクションについて（余山貝塚編）』大阪歴史博物館、pp.83-86

石橋宏克 2000「余山貝塚」『千葉県の歴史　資料編　考古 1（旧石器・縄文時代）』千葉県、pp.836-843

植月　学 2010「部位組成の比較からみた縄文時代のシカ・イノシシ利用」『比較考古学の新地平』同成社

植月　学 2012「現利根川河口部を中心とした動物資源利用〜余山貝塚の動物遺体〜」『考古学ジャーナル』627、pp.17-21

植月　学 2015「余山貝塚の生業活動―古鬼怒湾における動物資源をめぐる集団間関係―」『共同研究成果報告書 9　高島多米治と下郷コレクションについて（余山貝塚編）』大阪歴史博物館、pp.89-94

金子浩昌 1964「縄文時代における釣鉤の製作―磐城地方の縄文中期の資料を中心として―」『物質文化』3、pp.25-42

金子浩昌 1967「骨製のヤス状刺突器」『考古学ジャーナル』14、pp.15-19

金子浩昌 2009「千葉県銚子市余山貝塚出土骨角器の研究」『東京国立博物館所蔵骨角器集成』同成社、pp.278-302

金子浩昌・内山純蔵 1990 「動物遺存体編」『銚子市粟島台遺跡発掘調査報告書』pp.43-84、粟島台遺跡発掘調査会

小宮　孟 1994「上高津貝塚コラムサンプルから水洗分離した動物遺存体」『上高津貝塚 A 地点』慶應義塾大学文学部民族学・考古学研究室、pp.241-290

佐藤孝雄・吉沢宣雄 1994「脊椎動物遺体」『上高津貝塚 A 地点』慶應義塾大学文学部民族学・考古学研究室、pp.190-239

酒詰仲男 1963「千葉県余山貝塚発掘調査概報（中篇）」『文化学年報』12、同志社大学文化学会、pp.125-145

佐藤孝雄 2015「縄文時代人の食料調達―上高津貝塚 A 地点出土魚骨の検討」『上

高津貝塚のころ—縄文後晩期　円熟の技と美—』上高津貝塚ふるさと歴史の
　　　広場、pp.48-52
田中正明 1991「哺乳類」『古代学研究所研究報告2　茨城県福田（神明前）貝塚』
　　　財団法人古代学協会、pp.164-191
銚子市教育委員会 2001『銚子市余山貝塚調査概要』
樋泉岳二 1995「魚類」『中妻貝塚発掘調査報告書』取手市教育委員会、pp.103-113
奈良崎和典 1991「魚類」『古代学研究所研究報告2　茨城県福田（神明前）貝塚』
　　　財団法人古代学協会、pp.153-163
西村正衛・金子浩昌 1956「千葉縣香取郡大倉南貝塚」『古代』21・22、早稲田大学
　　　考古学会、pp.1-47
西本豊弘 1995「鳥類・哺乳類」『中妻貝塚発掘調査報告書』取手市教育委員会、
　　　pp.113-118
吉野健一 2008「魚類利用からみた古鬼怒湾沿岸における縄文時代後・晩期の土器
　　　製塩の展開」『貝塚研究』11、園生貝塚研究会、pp.95-104
Kishinoue, K. 1911 *Prehistoric Fishing in Japan.*

3 余山貝塚の生業活動

―骨角貝器の大量生産遺跡の出現背景―

阿 部 芳 郎

はじめに

　現利根川河口域の低台地上に立地する千葉県銚子市余山貝塚は、縄文時代後期前葉に出現し、晩期末葉まで継続する長期継続型の集落遺跡である。縄文時代では古鬼怒湾の湾口部にあたる位置には余山貝塚が、また稲敷丘陵では、稲敷市椎塚貝塚や同市福田貝塚などの土偶や土製品などを多出する遺跡が、さらには霞ヶ浦西南岸には製塩で知られる同市広畑貝塚や美浦村法堂遺跡など、個性的な性格の遺跡が分布する地域として知られてきた。今日では、後晩期に社会の複雑化が指摘されるなかで、これらの遺跡の性格や地域的な特性について再び注目されるようになってきた。

　余山貝塚は戦前より骨角貝器などの珍品類が多数出土する遺跡として知られ、これまでに数多くの発掘が行われてきた。しかし、多量の遺物の出土が伝えられる戦前の調査については、東京大学人類学教室による調査概要（酒詰1963）を除いて、その詳細は不明である。

　本論では、余山貝塚でこれまで大量に出土している貝輪と骨角製漁労具の生産と流通および、それを用いた生業について検討を加え、生業の特殊化や社会の複雑化が指摘される後晩期社会の中での特性について考える。

1 余山貝塚の性格

　余山貝塚から大量の貝輪が出土することは、江見水蔭の『地中の秘密』などの記述にみられるように、明治時代においてすでに周知されていた。そうしたこともあり、多くの好事家が余山の地を訪れ、採集活動を繰り返した。そのため、現在でも各地の大学や博物館などに余山貝塚の資料が収蔵されている。しかし、珍品採集のための乱掘が繰り返される一方で、遺跡の性格は長らく不明であった。明治時代に大規模な発掘を試みた高島多米治は多くの遺物とともに、埋葬人骨を発見しているから、墓地を伴う貝塚であることはわかっていたが、遺跡としての性格については依然として不明なままであった。

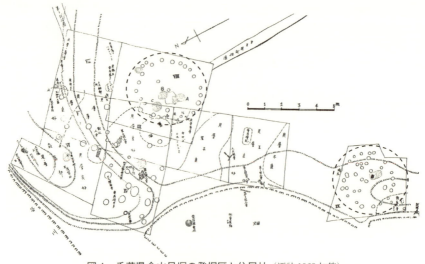

図1　千葉県余山貝塚の発掘区と住居址（酒詰1963加筆）
破線は住居を示す。

　そして1963（昭和38）年に酒詰仲男と甲野勇らにより行われた東京大学人類学教室の調査で、はじめて貝層下の砂層上に住居跡が発見され、集落遺跡としての性格がようやく議論できるようになった（酒詰前掲、図1）。さらに戦後になり、大場磐雄を団長とした工事に伴う大規模調査が実施され、ここでも数軒の住居跡が発見され、台地上の平坦面に住居跡が広がる集落遺跡であることがわかってきた。
　東京大学の調査では、住居の内部や周辺から多数の貝輪や骨角器が出土しており、工房跡的な機能も有していたとされることも余山貝塚の性格を考える場合、重要である。
　その後、遺跡の西側を流れる高谷川の護岸改修工事に伴う低地部の発掘では、後期から晩期末葉の遺物が出土し、遺跡形成の時期が縄文時代終末期にまで及ぶことが判明した（石橋2000）。
　余山貝塚の特筆すべき点は、遺跡の立地である。砂層上に遺構が構築されていることからみて、低標高の砂帯上に立地し、しかも周囲に同時期の遺跡は非常に少ない。現利根川下流域左岸では最も太平洋に近いが、犬吠埼からは4kmほどさかのぼった位置に立地しており、それは古鬼怒湾口部にあたる。景観的には対岸の茨城県側の埋積が進む以前なので、現状の景観とは異なり、茨城側の内湾の入り口が大きく開口していたと思われ、外洋と河口域が接した位置になるであろう。そのため、季節によってはイルカや小型のクジラなどが近海に接岸することがあったに違いない。

180　第Ⅲ章　資源利用と縄文社会

銚子市粟島台遺跡では、前期後半に多数のイルカが出土しているので、当該地では前期以来の海獣漁がおこなわれていたと考えられる。また、余山貝塚は漁労具以外では貝輪が多量に出土することも注目されてきた。戦前の雑誌の巻末の広告から教材として余山の貝輪が販売されていたことがわかるので、その出土数は相当なものであったらしい。

　しかし、今日現存する資料による限り、その大半は素材に大きな孔をあけただけの未成品であった可能性が高い。戦前の発掘資料で最も豊富な骨角貝器がある大阪歴史博物館蔵の下郷伝平コレクションにおいても、完全な完成品はほとんど存在しない（阿部2015）。反面、銛頭や釣針、ヤスなどの骨角製漁労具は多くが完成品とその破片である点は大きな違いである。

　生業活動を考える際に動物遺体の定量的なデータが重要であるが、大場資料については植月学の分析成果が公開され（植月2015）、現時点では余山貝塚の生業活動を伝える唯一のデータとなっている。こうして近年の調査・研究によって遺跡の性格や形成年代などがある程度判明し、さらに骨角器などの個別の遺物研究は散見されるものの、石橋広克による成果の集成以外には余山貝塚自体の研究は大きな進展を見てない（石橋ほか1991）。

2　貝輪の生産と流通

　江見によると、余山貝塚からは多数の貝輪が出土することが記されているが、江見が図示した遺物の中に安行2式土器の内部に収納された状態で発見された貝輪がある。江見は子供でも手に通らない大きさであることから、腕輪説を否定する（江見1909）。これに対して大野延太郎は、自著の中で装飾品、ひいては腕輪の可能性を主張する（大野1925）。両者の見解の相違は、その後の貝輪着装の人骨の発見によって決着する。

　さらに大野は余山貝塚の貝輪について興味深い観察を記した。それは、貝輪とともに発見された奇妙な形態の砂岩製砥石と棒状のハンマーである（図2）。大野の記載は簡略ながら、これらの石器を貝輪作りの道具と考えた。これは素材と加工具の観点から出土遺物に基づいて貝輪製作の方法を考案した初期の見解として重視すべきと筆者は考える（阿部2007）。

　今日的に江見の紹介した土器収納貝輪は、そのサイズから子供用であったことが類推できるが、こうした事例に基づけば、余山貝塚では大人用と子供用の二者の貝輪が生産されたというもう1つの事実を読み取ることができる。また出土品のなかでほかの遺跡を圧倒する量の貝輪は、その大半が未成品または失敗品である。それでは余山貝塚で完成されたこの大量の貝輪は、一体どこに運ばれたのだろうか。

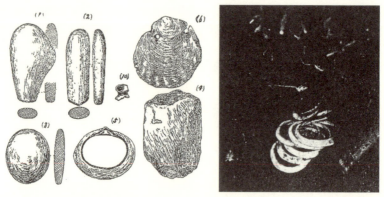

図2　余山貝塚出土の貝輪と石器（大野1925）と立木貝塚の貝輪（柴田1911）

　余山貝塚を40kmほどさかのぼった茨城県立木貝塚で過去に砂層中からベンケイガイ製の完形貝輪が10点、あたかも束ねられたような状況で発見されている事実は1つのヒントになるかもしれない（柴田1911、図2右）。こうした事例が遺跡に残されること自体例外的であろうが、余山貝塚から完成品として搬出された状況を彷彿とさせるものがある。
　余山貝塚の貝輪素材はベンケイガイを主体として、これにサトウガイが加わるという構成である。両者は同一の構成比で同一の浜辺に打ち上げられる場合が多い。また余山貝塚では、これらの貝輪と素材貝、そしてハンマーや粗い加工を加えた礫器が伴う特徴がある。後晩期の遺跡でこうした石器が大量に出土することはないので、貝輪か骨角器の生産にかかわる道具と考えることができる。
　中期までの貝輪の主要な素材であるイタボガキは殻の構造が異なり、穿孔や研磨は簡易な道具で十分可能である。しかし、ベンケイガイは殻が厚く、加工には手間がかかる。しかも加曽利B式期以降に貝輪の輪幅は細型化する傾向が顕著である（阿部2007）。この段階で貝輪製作に技術的な革新があったことが推測できる。筆者はその技術革新を担う石器が、余山貝塚で大量に出土しているハンマーと礫器であったと考えている（阿部前掲）。

(1) 余山貝塚の貝輪製作技術
　余山貝塚の貝輪製作工程を図3に示す。まず、大野の指摘を参考にベンケイガイの内側を上にして手のひらで衝撃を緩衝する状況で、蝶番付近を棒状ハンマーで打ち抜く。次にこの孔を拡張する段階になるが、厚い殻は一度に打ち割ることができないため、打ち割る部分の下側に礫器の刃部を当てて、その上からハンマーを打ち下ろすと、衝撃が反射して局部を打ち砕くことができる。

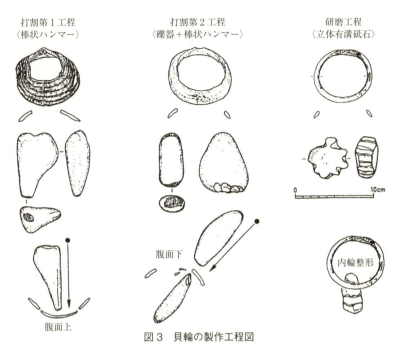

図3 貝輪の製作工程図

　こうした手法をとることによって、輪幅を10mm以下にまで細型化させることが可能になる。現時点においては、こうした技術は完成率の高さ、加工の容易さ、加工途中や失敗品の状況の観察から支持される。打ち割り後は砥石によって孔の内側を研磨することによって完成品を作ることができるが、余山貝塚の貝輪の中には、腹縁を打ち欠いて、より輪幅を細めた極細の貝輪が存在する。打ち割り面は丁寧に研磨されており、板状の砥石などが利用されたことがわかる。余山貝塚では多種多様な研ぎ面を残す砂岩片が存在しているので、これらの加工工程に伴う石器であると思われる。こうした技術を用いて、余山貝塚では小型（子供用）から大型（大人用）の貝輪が大量に生産されたことがわかるが、その数は膨大であり、各地のコレクションなどに含まれる数からは、日本有数の貝輪生産遺跡であったことは間違いない。こうした量産体制は余山貝塚の形成時期や、かつての発掘調査で発見された住居からも貝輪が出土していることなどを勘案すると、後期前葉の堀之内2式期から加曽利B式期を経て安行式の時期に確立したと考えることができる。
　残念ながら、現時点において明確な共伴遺物のわかる貝輪が江見の紹介した資料以外には存在しないため、細別土器型式での対応ができないのが惜しまれる。多数存在する貝輪の一部を理化学的な分析により、年代を測定するなどし

て時期を特定し、貝輪自体の編年を行うのも1つの手段であろうが、貝輪の正確な時期判定は今後に残された課題である。

(2) 大量に生産された貝輪の流通背景

　余山貝塚ではベンケイガイを主体として、これに一定量のサトウガイを素材とした大量の貝輪が生産されたことがわかるが、消費地と利用方法については今後の課題である。先述した立木貝塚における完成品のまとまりから、余山貝塚で生産された貝輪の流通形態を知ることができる。その一方で、内陸地域の遺跡からも、余山貝塚で出土した貝輪製作用の砥石の出土がある（図5、阿部前掲）。

　この事実は単純に完成品のみが流通したのではない、やや複雑な貝輪製作の実態があったことを示唆する。この、一見すると矛盾したように見える事実を解きほぐすため、後期以前の貝輪生産の在り方を見てみよう。

　縄文海進によって形成された古鬼怒湾沿岸には前期後半から中期の貝塚が分布し、これらの遺跡から少なからぬ量の貝輪が出土している（西村1984など、図4）。それらの貝種の多くはサトウガイなどのフネガイ科とイタボガキを素材としたもので、ベンケイガイは非常に少ない。忍澤成視が指摘しているように、関東地方ではベンケイガイは後期以降に主体的に用いられるようになる貝種であることは間違いない（忍澤2011）。

　古鬼怒湾沿岸の前期から中期の出土貝輪のもつもう1つの特徴は、大半の遺跡で未成品や失敗品が出土することが常態であることだ。これは、貝輪は各集落で自給的に生産・使用されていたということを意味する。この事実を前提にして、先の問題を考えると、余山貝塚が形成された後期前葉以降では貝輪は素材貝がベンケイガイに変化するだけでなく、一大生産遺跡からの流通と前期以来から続く自給的な貝輪生産の伝統の両者が存在したと考えれば合理的に説明することが可能である。

　ただし、中期から後期にかけて海域が縮小し、さらに外洋系であるベンケイガイを素材として利用するためには、やはり外海に近い立地の集落からの素材の入手が必要であったに違いない。古鬼怒湾最奥部の水系に立地する千葉県四街道市八木原貝塚からは、未加工のベンケイガイやサトウガイ、そして製作失敗品が出土し、さらに八木原貝塚から2kmほど離れて位置している佐倉市吉見台遺跡からは内輪研磨用の有溝立体砥石が出土しているのは、こうした事実を示す証拠であろう（図5）。

3　鹿角製漁労具の生産と漁労活動

　余山貝塚を特徴づけるもう1つの事象として、大量の骨角製漁労具の存在を

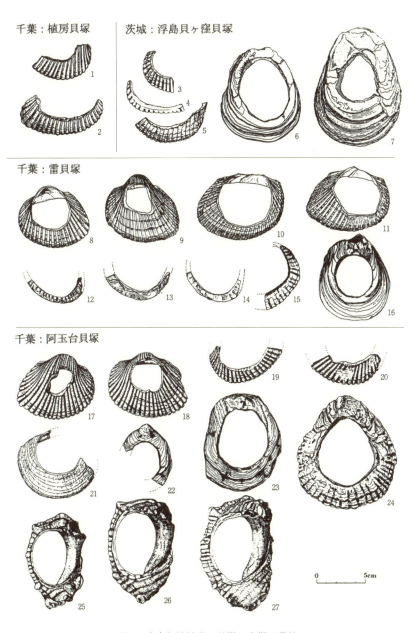

図4 古鬼怒湾沿岸の前期・中期の貝輪

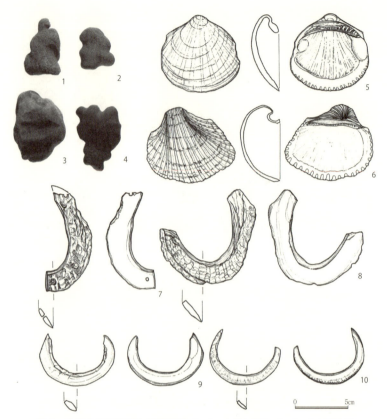

図5 内陸の貝輪砥石と貝輪資料（1・2：吉見台遺跡、3〜8：八木原貝塚）

指摘することができる。その大半はヤスと銛頭、釣針である。こうした漁労具の組成は、湾口部に立地する本遺跡の環境とも合致している。

　これら3種類の骨角器はともにシカの骨角を素材としている点で共通しており、余山貝塚の人々はシカを食料資源としてのみでなく、道具製作における素材獲得対象として認知していたことがわかる。余山貝塚の骨角器の多くを占めるのはヤスである。シカの中手・中足骨をもっぱらの素材としており、各部位の骨端を除去した後に、縦に4つに切截し基部と先端部を研磨することにより、4本の成品を作り出すのが基本である。この手法によると1頭のシカから16本の生産が可能である。

　器体長は長大なもので20cmほどのものから、小型品では10cmほどのものもある（図6-9・13）。長さの違いは素材に用いるシカ個体年齢の違いと、完成したヤスの先端部の欠損による再生加工による変形という2つの要因が考えられ

186　第Ⅲ章　資源利用と縄文社会

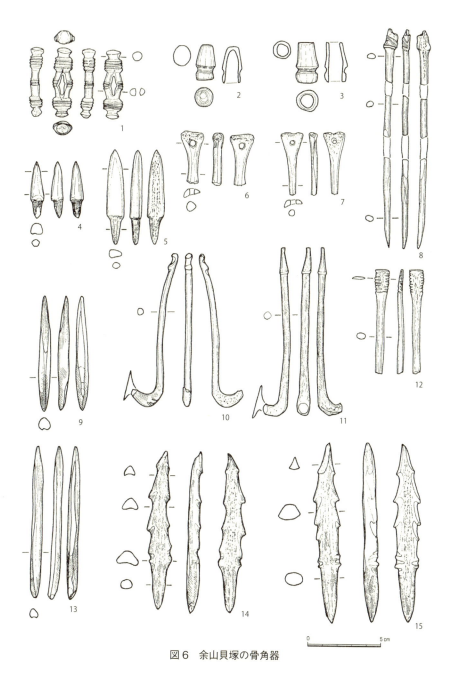

図6　余山貝塚の骨角器

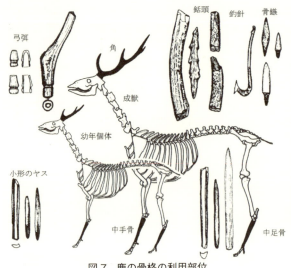
図7　鹿の骨格の利用部位

る。素材とされたシカの年齢差はヤスの幅に比例しているので、ある程度の区分ができる。反対に器体幅が同じで長さに違いを生じさせる原因は、再生による変形と理解することができる。

これに対して、銛頭と釣針は鹿角を素材としている。両者は鹿角の幹部を縦に分割した素材を利用している。銛頭はそれを2分して緻密質の表面の顆粒をきれいに研磨して滑らかな面を作り出し、尖頭状の基部と側縁の逆刺を削り出している。また、基部と胴部との間には紐掛け状の突起が作り出してあり、余山貝塚特有の形態をもつことは良く知られている（図6-14・15）。

興味深いことに、先端部は非対称に平坦面が研ぎ出されているものが多く、また、器体自体も幹部特有の緩やかな湾曲をそのままに残している。したがって、ヤスなどのような直線的な軌道での投射には不向きな特性がある（阿部2016）。

一方、東京湾の湾口部には後期初頭から前葉を中心とした銛頭が多用される地域があるが、この地域では、器体は直線的である。反面で先端部の逆刺は非対称形を成している。同一の素材を用いながら器体の形態が異なるのは、銛としての形態差として認識すべきであろう。反面、両者に共通しているのは、先端部が非対称形を成す点であり、これらは離頭式ではなく突き銛として利用されたものと考えられる。東京湾口部では千葉県館山市鉈切洞窟遺跡や神奈川県横浜市称名寺貝塚の資料が著名であるが、ともにイルカの骨が大量に出土している点でも共通している。時期は後期初頭とされており、余山貝塚よりも古い時期の銛漁の在り方を伝えている。

一方、釣針生産では特徴的な形態と連動する鹿角利用の実態が明らかにされた（阿部2015）。軸の長い釣針の素材としては鹿角を二截した後に、短冊状に切断するものである。余山貝塚の資料のいくつかには、この素材の上端部に糸掛突起の作出を意識した刻みを施すものや、軸の作出の準備段階の研磨面を残すものがある。これらの資料は下郷コレクションにまとまった量があり、同コ

レクションには釣針も多く存在するため、関係が明白であるが、より製作の進んだ段階での未成品は存在しないし、ほかのコレクションにもみられないようである。こうした事実から釣針製作には一連の工程の連鎖があり、素材から製品までの作業は連続的に行われ、かつ貝輪とは異なって、失敗品はほとんど生じなかったのであろう。

また、これら以外にも弓筈や骨鏃などの素材としても鹿角は広く利用されており、余山貝塚出土の鹿角で切断痕などのない資料は下郷コレクションではほとんど存在しないので、余山貝塚はヤスの生産も含めると、獣肉だけではなく鹿角と中手・中足骨の一大消費地であったことがわかる。

4　後晩期の生業特殊化と余山貝塚の性格

余山貝塚の特徴として指摘した2つの現象、貝輪の生産と骨角製漁労具の生産はともに、周辺のほかの遺跡の保有量を圧倒していることは間違いない。しかし、一見すると多量化という側面では同じく見える現象も、その背景には異なる要因が働いている。

(1) 貝輪の大量生産の背景

貝輪は、太平洋岸で採取されるベンケイガイとサトウガイを素材とした生産が行われており、完成品よりも未成品あるいは破損品（失敗品）の比率が非常に高い。これは本遺跡において大量の貝輪が生産された傍証ともなる。また、すでに指摘したように、貝輪のサイズは子供を対象とした小型品から、成人を対象とした大型品までが存在する。

一方、これまでに余山貝塚から発見された人骨で貝輪を腕に着装した事例はわずか数例に満たない。このことは、大量の完成品は遺跡外へと搬出されたことを物語るのであろうが、いずれにせよ、余山貝塚における貝輪生産は周辺地域への搬出を主目的とした対外的な関係の中で行われた社会的な分業としての性格を帯びていることは間違いない。

ただし、先史社会の単純ではない状況をうかがい知ることができる現象として注目されるのは、周辺遺跡からの貝輪の素材貝・未成品・加工用砥石の発見があることである（図5）。これらの遺物の出土範囲は霞ヶ浦沿岸の遺跡を含めて、余山貝塚から100km以上も離れた内陸部の遺跡にまで及ぶ。

このことは先述したが、貝輪生産において二重の生産構造が存在したことを示唆する（阿部2007）。余山貝塚での完成品の供給を上回るほどの需要があったのであろう。貝輪の需要度の高さを示す現象として、貝輪の着装数を掲げることができる。片岡由美（1983）の集成をもとにすると、早期から晩期までの貝輪着装人骨の着装数は早期から中期までは1個程度であるが、後期になると

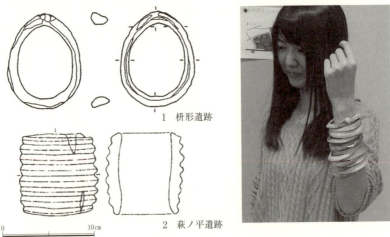

図8 土製腕輪の2類型と貝輪の連着状況

平均7.5個と急激な増加が認められる。

さらに関東地方では後期前葉の堀之内式期になると、貝輪形土製品の出土事例が増加することに注目したい。貝輪形土製品は2つの類型に区分できる。1つは貝輪単体を表現したものであり、その楕円形の形態からオオツタノハ製貝輪であることがわかる（図8-1）。もう1つの類型は、筒状を呈して横位沈線が5～7本ほど施されたものである（図8-2）。これらは複数の貝輪を腕に通し連着した状況を示す。この土製品は上面から見ると略円形を成しており、サトウガイ科特有の非対称性は認められない。おそらく正円に近い平面形態をもつベンケイガイ製の貝輪を複数連ねた状況（図8右写真）を製作のモデルとしたものであろう。

現時点において、ベンケイガイの単体を表現した貝輪を模倣した土製腕輪は存在しないようだ。そうであるならば、オオツタノハとベンケイガイの貝輪には着装状況に異なる価値観が存在したことになる。すなわち、獲得難易度の高い南海産のオオツタノハは貝輪の中でも希少度が高かったのに対して、ベンケイガイは太平洋や日本海沿岸に広く生息しており、獲得難易度は低いことに加えて連ねて着装することに、単体とは異なる意味が内在していたこと、すなわち着装個数に社会的な威信のランクが表徴されていたことが埋葬人骨の着装状況からわかる。

千葉県船橋市古作貝塚の貝輪貯蔵土器や、福岡県芦屋町山鹿貝塚の貝輪多数着装事例なども後期であることを考えると、後期に増加する貝輪の在り方は、特定の女性の存在を示唆する現象として注目すべき事実であろう。後期から晩期において社会複雑化は顕著であるが、貝輪着装人骨の性別が圧倒的に女性であること

を考えるならば、女性の内部での社会的な差異を象徴する道具として利用された可能性が高い。

そして、余山貝塚において生産された大量の成人用貝輪の需要の要因の1つは、女性社会の複雑化を端的に示す現象であったことがわかる。さらに、余山貝塚では貝輪のサイズが子供用から大人用までが存在することから、大量生産された貝輪の着装者が多世代にわたっていたことも同時に推測されてくる。

著名な江見発掘の安行2式土器に収納されていた20個の貝輪は、非常に小さなもので、幼児を対象としたサイズであることからも、着装数の増加に加えて、着装者の多世代化という現象も関わりをもつであろう。こうした2つの要因は、余山貝塚の集団のもつ社会的な性格の1面をのぞかせている。

貝輪製作の技術として注目されるのは、貝輪の内輪研磨に利用された特殊な形態の砥石である（図3）。銚子犬吠埼産の砂岩を素材として用いたと思われるが、同種のものは茨城県小山市上高津貝塚や千葉県吉見台遺跡（図5-1〜4）、同県船橋市金堀台貝塚や遠くは埼玉県加須市長竹遺跡や栃木県寺野東遺跡にまで広がっている。貝輪の加工技術は、素材貝が殻の厚いベンケイガイを主体に変化する後期前葉以降に、両極敲打技法に変化する（阿部2007）。

内陸の集団もこうした貝輪の製作技術の変容に同調し、個々の集落での自給的な貝輪製作が行われたのであろう。当然のことながら、素材貝は余山貝塚の集団を核とした太平洋岸の集団との関係が維持されていたのに違いない。

(2) 鹿角製漁労具の大量生産

余山貝塚の漁労具の中で主体を占めるのは、ヤスと銛と釣針である。このうち銛とヤスは多くの場合同一の漁労集団が利用する場合が多く、東京湾湾口部の遺跡などでは共伴する場合が多い。余山貝塚を含む旧利根川河口域から霞ヶ浦沿岸では、これに突き漁としてのヤスが大量に伴うことが特徴である。余山貝塚の漁労具組成はその代表といっても良い。

骨角器製作の技術系からすれば、ヤスは鹿の中手・中足骨を素材としており、釣針と銛は鹿角を利用し、シカの骨角の利用形態に特質を指摘できる。釣針と銛は鹿角を利用するが、未成品の在り方から見た場合、ヤスの未成品は非常に少ない反面、釣針は各工程の資料があり、板状の素材が最も多く残されており、注目される（図9）。

板状の素材（図9-1）は、上端部に一部研磨面を形成している特徴があり、この状態で管理されていたのであろう。素材上端部から砥石によって研磨をはじめ、フトコロの作出を行ったのであろう（図10）。後期以降に出現する板状の砥石などが断面形態などからみた場合、その候補となるであろう（図9-5）。

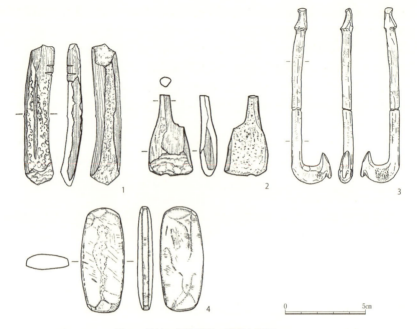

図9　釣針の製作過程の資料と砥石

漁労具を単位として、例えばヤスが単独の魚類の突き漁であったのに対して、銛や釣針はイルカやクジラなどの集団追い込み漁などが想定されるため、漁の体制や規模に大きな違いが存在したに違いない。

　さらに、釣り漁は小集団または個人による漁労形態のため、製作と補充は個人的で規模の小さな生産体制であったことが予測できる。個々の漁具は使用による欠損や補充のタイミングが異なるため、製作工程の単位が異なっていたのである（阿部2016）。

　余山貝塚における骨角製漁労具は個々の漁労形態に違いが指摘されるものの、いずれも出土量が多いため、各種漁労の基地的な性格を持ち合わせていた可能性が高い。その性格の一端をうかがわせるものに、ヤスや銛の欠損した基部と再生利用品の存在を挙げることができる。ヤスは端部の残存する193点のうち155点が基部側の欠損品である（阿部2015）。これは刺突漁のなかで、獲物に刺さった先端部が欠損し、基部側が柄とともに遺跡に持ち帰られた結果であろう。欠損部が比較的軽微な破損の場合は先端を再生して利用している。

図10　砥石を利用した釣針製作

銛も同様で先端部よりも基部の破片が多く発見されている。

　銛は基部付近の紐掛け突起の付近からの欠損が多いことから、緊縛された柄の部分から欠損したことを意味する。太い鹿角を素材とする銛頭の欠損には大型の海獣などが対象物として推測できる。これらは集団漁として組織化され、春先に接岸するイルカなどを対象としたに違いない。

　このように、余山貝塚から出土した大量の骨角製漁労具は、個々に異なる規模や性質の漁労活動の痕跡であり、単に活動の活発さを示すものではない。釣り漁や突き漁など漁法の異なる活動が重複していることに、余山貝塚の拠点性と社会的な役割を指摘することができる。

　銛・釣針・ヤスの組み合わせは湾口部だけでなく、稲敷丘陵の椎塚貝塚や霞ヶ浦西岸の広畑貝塚などでも確認することができ、後晩期の漁労集団の地域性を示している。外洋と内湾が連続した海域環境が複数の漁労技術の、排他的でない関係を形成した要因の1つであるが、それだけでなく、これらの漁具は単なる生態系への適応範囲を意味するだけではなく、漁労の文化伝統の形成を意味している点で重要である。

　さらにまた、これらの伝統は貝輪の製品・素材・加工具の流通と不可分な関係を形成し、霞ヶ浦を取り込んだ古鬼怒湾沿岸の重層化した資源流通ネットワークの中核を成していたに違いない。様々な海の資源の固有の利用方法が一体化している点にこの地域の文化的特性を指摘することができる。

引用・参考文献

　阿部芳郎 2007「内陸地域における貝輪生産とその意味」『考古学集刊』3

　阿部芳郎 2013「余山貝塚の貝輪生産と地域社会」『陸平と上高津』研究成果シンポジウム予稿集

　阿部芳郎 2015「余山貝塚における骨角貝器の生産」『共同研究成果報告書』9、大阪歴史博物館

　阿部芳郎 2016「余山貝塚における骨角製漁労具の製作技術」『考古学集刊』12

　石橋宏克ほか 1991『銚子市余山貝塚発掘調査報告書』(財) 千葉県文化財センター

　石橋宏克 2000「231 余山貝塚」『千葉県の歴史　資料編考古1』千葉県

　植月　学 2015「余山貝塚の生業活動—古鬼怒湾沿岸における動物資源をめぐる集団関係—」『共同研究成果報告書9』

　江坂輝彌 1958「日本石器時代に於ける骨製釣針の研究」『史学』31

　江見水蔭 1909「探検実記　地中の秘密』博文社

　大野延太郎 1925「下総余山発見の遺物について」『古代日本遺物遺跡の研究』磯部

甲陽堂

忍澤成視 2011『貝の考古学』同成社

大山　柏 1939「史前人工遺物分類（第二網）骨角器」『史前学雑誌』12―5・6・7合併号

片岡由美 1983「貝輪」『縄文文化の研究』9、雄山閣

金子浩昌 1958「骨角製刺突具および銛の形態」『館山鉈切洞窟の考古学的調査』早稲田大学考古学研究室調査報告 6

金子浩昌 1959「石器時代の漁撈活動」『千葉県石器時代遺跡地名表』千葉県教育委員会

金子浩昌 1971「現利根川下流域の縄文貝塚にみる石器時代漁撈の諸問題」『利根川―自然・文化・社会―』九学会連合利根川下流域調査委員会、弘文堂

金子浩昌 2009「古鬼怒川下流域縄文時代貝塚資料にみる貝輪の研究」『東京国立博物館　骨角器集成』同成社

金子浩昌・忍澤成視 1986『骨角器の研究　縄文篇Ⅰ・Ⅱ』慶友社

川崎純徳 1979「4　縄文時代の生業(3)製塩」『茨城県史料　考古　資料編』茨城県

甲野　勇 1942「日本旧石器時代産釣針―特に関東産釣針に関する一二の考察―」『古代文化』13―3

酒詰仲男 1963「千葉県銚子市余山貝塚発掘調査概報」『同志社大学人文学』62

柴田常恵 1911「下総国相馬郡立木貝塚の貝輪包含状態（口絵説明）」『人類学雑誌』27―6

田村　隆・国武貞克・吉野真如 2004「旧石器時代石器石材写真集」『千葉県の歴史』資料編考古 4

高島唯峰 1909「貝塚叢話」『考古界』8―5

千葉県文化財センター 1991『銚子市余山貝塚』

銚子市教育委員会 2001『銚子市余山貝塚発掘概要～昭和34年1月大場磐雄国学院大学教授の発掘調査概要～』

銚子市教育委員会 2005『不特定多数遺跡発掘調査報告書』余山貝塚Ⅳ

西村正衛 1984『石器時代における利根川下流域の研究―貝塚と中心として―』早稲田大学出版局

渡辺　誠 1966「縄文時代における釣針の研究」『人類学雑誌』74―4

第Ⅳ章　地域の文化資源としての貝塚

親子学習会（馬場論文）

1　上高津貝塚の遺跡活用

黒澤春彦・一木絵理

はじめに

　茨城県土浦市上高津貝塚は古くから知られた貝塚で、『東京人類学会雑誌』や明治時代から大正時代に活躍した大衆小説家、江見水蔭の小説にも登場する。戦後になると、1953（昭和28）年の慶應義塾高等学校考古会の発掘調査以降、慶應義塾大学や東京大学による発掘調査が行われ、遺跡の重要性が認識された。1971年に市の指定史跡となり、1977年、学史的な価値や規模、保存状態の良さなどから国指定史跡となった。指定面積は約4.4haである。その後土浦市では土地の公有化を図り、1983年、史跡公園と考古資料館からなる保存整備計画を策定した。

　史跡整備にあたり情報が不足していることから、1990（平成2）年から1991年にかけて発掘調査を行った。調査箇所はA地点の貝層、C地点の台地上、E地点の台地上で、台地上の発掘調査は初めてである。このほか、台地上の電磁気探査や周辺の低地のボーリング調査も合わせて実施した。1991年、ふるさと歴史の広場事業に採択され、調査成果を活かした史跡の整備と考古資料館の建設が行われた。

　1995年10月、上高津貝塚ふるさと歴史の広場として開館した。施設は上高津貝塚を整備した広場と考古資料館で構成され、展示や教育普及事業、調査研究を行う博物館施設としての機能と、市内遺跡の調査研究を行う埋蔵文化財センターの機能を併せ持つ。

1　施設の概要と環境

　上高津貝塚ふるさと歴史の広場は貝塚のある広場と資料館の2つにわかれており、全体の面積は約5haである。広場の指定範囲は盛り土をし、遺跡の保護を図っている。貝塚は斜面に形成されているが、同様に盛り土をし、その上面に表土から採取した貝殻を撒いている。よって台地上や斜面に存在する実際の遺構面は、1m前後の盛り土の下になる。中心の台地部分は芝生で覆い、

広々とした公園の様相を呈している。電気探査や確認調査で埋没谷が確認されており、その部分はやや低く復元している。当然のことであるが遊具類は一切なく、開館当初は物足りなさを訴える利用者が多かった。現在は史跡公園の役割が理解されてきたのか、または何もない空間が良いとされたのか、そのような声はあまり聞かれなくなった。

　展示物としては、A地点からD地点の斜面に展開する貝層の平面展示、北端のC地点の台地上には竪穴住居3棟、墓壙3基、土坑1基、南端のE地点台地上には、掘立柱建物1棟、大型炉1基を復元している。これらの遺構は、1990年から1991年にかけて行われた発掘調査で確認された同じ地点に復元したものである。A地点は、トレンチの四方を剥ぎ取った貝層の断面を土中状に張り付け、覆い屋根を建設し展示している。広場の縁辺には縄文の植生を復元しているが、詳細については（4）で触れる。

　広場周辺は民有地であるが落葉樹の多い森林で、縄文時代がイメージできる風景を残している。広場の北西には里山で知られているエリアが広がり、そこには古墳群や縄文時代から古墳時代の集落遺跡も存在する。

図1　上高津貝塚ふるさと歴史の広場のマップ

2 活動の現状と遺跡の活用

　上高津貝塚ふるさと歴史の広場の事業は、大きく分けて教育普及事業、埋蔵文化財調査事業、上高津貝塚研究の3つから成る。当施設は博物館施設であることから、教育普及事業として常設展示のほか、特別展、企画展など展示の開催、講演会や講座などの展示関連事業、夏休みに実施する児童向けの展示や体験講座を行っている。埋蔵文化財調査事業は、市内の開発に伴う調査のほか、市内重要遺跡の学術調査も行う。ここでは教育普及事業について紹介したい。

(1) 展示と関連事業

　展示は常設展示と、特別展示室での展示があるが、常設展示は貝塚のガイダンス施設である。内容は「縄文時代の土浦」「上高津貝塚のムラ」「上高津貝塚人の生活」「縄文時代の終わり」に分かれ、上高津貝塚の資料を中心に縄文時代の環境や生活をわかり易く紹介している。このほか2〜3分の映像、上高津貝塚の1年の暮らしを"モンタ"というイメージキャラクターを使い紹介するジオラマなどを設置し、児童にも親しみを持ってもらえるようにしている。モンタは館内のほかホームページにも登場するが、近年、土浦市のイメージキャラクターである"つちまる"も登場させ、より一層の浸透に努めている。

　ホールには体験コーナーを設け、縄文土器（模造品）や実物の土器片、カラムシで製作した縄文の服を置き、手で触ったり、試着出来るようにしている。模造土器や服は、当館の講座受講生から結成された「古代織研究会」と「上高津貝塚土器づくりの会」によって製作されたものである。

　同好会の活動も当館にとって重要なので触れておきたい。現在「古代織研究会」と「上高津貝塚土器づくりの会」の2つの会が活動している。共に1997年に結成された。古代織研究会は、カラムシから繊維を採取し布を編む講座「縄文の布をつくろう講座」の受講生が立ち上げた会である。現在、編布部会と原始機部会があり2つのテーマで活動している。土器づくりの会は、「縄文土器をつくろう講座」の受講生からなる。どちらの会も試行錯誤を繰り返しながら技術を習得し、現在では当館の体験講座の講師や作品展への協力、学校などで指導を行っている。また、ほかの博物館の展示物作成依頼や、大学の研究室からの製作依頼も受けるなど、幅広く活動している。単にモノを作るのではなく、そこから縄文時代を学ぶ姿勢が強く感じられる会である。

　特別展示室では年に数回特別展などを開催する。市内の考古資料を扱う施設であるため、必ずしも上高津貝塚に限定しない。これまで、旧石器時代から近世まで幅広い時代の展示を開催した。常設展示の大部分が縄文時代の資

料であるため、ほかの時代の考古資料を公開する機会を設ける必要があること、収蔵されている考古資料の活用の点からもなるべく多くの資料を公開すべきと考えている。そのなかで縄文時代を扱った主な展示としては、「内海の貝塚」「山野を駆ける土偶」「きらめく土器と縄文集落」「海と河と縄文人」などがある。2015年度は開館20周年を記念し、特別展「上高津貝塚のころ―縄文後晩期　円熟の技と美―」を開催した。夏休み期間中は「夏休みファミリーミュージアム」と称し、児童向けの展示や体験講座を行っている。

　展示に関連する内容のイベントも開催しており、外部から講師を招いて行う講演会、当館学芸員による講座、史跡巡り、体験講座などがある。

(2) 体験講座

　展示以外の教育普及事業として体験講座がある。「縄文土器をつくろう」講座、「縄文の布をつくろう」講座は、1996年度から現在まで実施している講座である。縄文土器講座は、粘土作りから焼成までを行なう4回講座で、粘土や砂は周辺で採取したものを使用している。布講座は広場の一部で栽培しているカラムシを採取し、繊維を採る作業から始まり簡単な作品を作るまでの6回講座である。どちらも、完成した作品は1月から3月に開催される講座作品展に展示される。展示作業は受講生も参加し、身近な博物館を目指している。先に述べたように、講座の受講生によってそれぞれの同好会が結成された。

　夏休みには児童向けの体験講座を開催しているが、経常的に行っているのは「勾玉製作」と「縄文土器製作」講座、古代織研究会による編布に関する講座である。このほか、拓本講座、植物標本作成、紙飛行機、鏡作りなどを開催した。

(3) 学校との連携

　学校との関連事業として、小学校の校外学習を積極的に受け入れている。歴史の授業が始まる6年生が中心で、4月～5月に集中する。内容は常設展示と広場の見学で、ほとんどの学校は火起こし体験を希望、数校は勾玉製作も行う。市内の児童には、遺跡は身近にあることを理解してもらうように学区内の遺跡を紹介している。見学時間は火起こし体験を含め2時間から2時間30分が多い。開館以来、試行錯誤を重ね説明時間や内容が概ね固まってきた。当初は館側からの一方的な提供であったが、現在は事前に担当教員と打ち合わせを行い、学校側の要望を聞くようにしている。学芸員は学校教育に不慣れなため、事前の打ち合わせは有効であった。開館から数年後までは20校程度であったが、現在は50校を超える学校が来館するようになった。

　2015年度からは郷土教育推進事業として、市の学芸員が学校で出前授業を実施している。グローバル教育を進めるうえで、まず郷土の歴史を知ること、地域に深い理解をもった児童生徒を育てることが大切であるという考えからで

ある。

　このほか当館では「子ども郷土研究」事業を行っている。これは小中学生を対象に、郷土に関する歴史民俗の自由研究を募集するもので、文化課で行なっていたが開館と同時に引継ぎ、2017年度で41回目を迎える。

(4) 広場の植生復元と活用

　上高津貝塚ふるさと歴史の広場には、遺構群のほかに、広場周縁に縄文時代の植生が復元されている。植生復元の整備においては、貝塚周辺で得られたボーリングコアを用いた花粉分析の結果や、推測される縄文時代の関東地方の自然環境を考慮し、樹木が選定された。とくに花や実の成る樹種を選び、現在広場では「縄文時代の森」を観察することができる。クリ約10本、クルミ約3本、トチノキ約20本、コナラ約5本、スダジイ約10本、アラカシ約18本、シラカシ約20本、スギ約24本など、約30種、計1,000本以上の樹木が植栽されている。どれも縄文時代に食べ物や建築材、容器などとして重要だったものである。

　そこで屋外の広場をさらに活用してもらうため、いくつかのイベントを進めている。1つ目は、小中高生の入館者向けにクイズビンゴを実施している。資料館内の展示および広場のクイズ2種類を作ることで、資料館から広場への導線を確保し、双方を通して上高津貝塚を実際に体験することができると考えている。2つ目は、資料館体験コーナーに広場の木の実を展示し、樹木の写真を見ながら手に取ることができるようにした点である。合わせて広場の植物マップも配布しており、広場で実際の樹木を観察することもでき、縄文の森を体験できる。また、四季折々の広場の植物について資料館内およびホームページにて、「モン太とつちまるの植物日記」と題して月1回程度更新している。広場では季節ごとにさまざまな木々の花や実が見ごろとなり、週末の花見やどんぐり拾いなど、広場での楽しみ方も紹介している。さらに特別展示期間には、広場の植物観察会やどんぐり工作などを実施している。アニメなどのイラストを描いたドングリの展示が来館者に大変好評で、自分でも作りたいという声から開催する運びとなった。いろいろなどんぐりの木々を観察し、楽しめる機会となっている。

(5) 上高津貝塚どきどき体験の実施

　2012年度から、広場を活用する屋外の講座と大むかしの暮らしについて楽しく学べる無料の1日体験型イベントを実施している。2012・2013年度は秋季に行われ、「紙飛行機をつくろう」、「丸ごと土器にさわってみよう」、「火おこし体験」、「上高津貝塚クイズ」など複数の講座を開催し、親子を中心に200名程度の来館者があった。

2015年度には、筑波山地域ジオパークの推進を目指して、筑波山地域のジオと上高津貝塚を学べる体験型イベントを実施した。「土器片形クッキーの無料配布」、「砂絵で学ぶ筑波山地域の地質」、「カンバッヂづくり」、「丸ごと土器をさわってみよう」、「貝輪づくり」、「火おこし体験」、「上高津貝塚ビンゴクイズ」の複数の講座を開催した。

　とくに話題となった「土器片形クッキー・ドッキー」の無料配布では、資料館入口に行列ができ、先着100名分は午前中のうちに配布終了となった。「土器片形クッキー・ドッキー」はお菓子作り考古学者の下島綾美氏によって考案・製作されたもので、考古学に触れ合うきっかけ作りや博物館のワークショップの新しい形として重要である（下島2015）。

図2　上高津貝塚ドッキー

今後全国各地でご当地のドッキーが生まれることが期待される。

3　新たな取り組みと今後の課題

　土浦市には当資料館のほか、土浦市立博物館がある。県指定史跡の土浦城跡に隣接した歴史系博物館で、城跡は都市公園である「亀城公園」として古くから市民に親しまれている。このふたつの博物館の役割について再確認する機会があり、単に扱う資料の違いではなく果たすべき使命を明確にし、それぞれの存在意義を認識することとなった。

(1) 上高津貝塚の保存と次世代への継承
　　―周辺の自然環境を活用し、サイトミュージアムとしての特性を活かす―

　上高津貝塚は保存状態が良く、また郊外の立地のためか周辺の自然も良く残されている。アクセスには難があるが遺跡（貝塚）と資料館が一体となっているため、貝塚や縄文時代について理解しやすい環境にある。2016年には、土浦市を含む6市が筑波山地域シオパークとして日本ジオパークに認定された。ジオパークは「大地の公園」とも言われ、地形の成り立ちや、そこに暮らす人々の歴史を学べるエリアで、近年注目されつつある。その中で上高津貝塚と資料館は古環境や縄文時代の生活を学べるという点から土浦市の拠点スポットとなっている。

(2) 市内遺跡や霞ヶ浦沿岸縄文文化の調査研究と、成果の公開

　当館の業務に埋蔵文化財の調査があるが、開発に伴う調査が大部分を占め

る。その性格上断片的な調査が多いが、発見された資料は研究の対象になるものである。近年は市内重要遺跡の学術調査を行っており、その1つに上高津貝塚周辺の学術調査がある。1991年度の調査以来、上高津貝塚に関する現地調査は行われていなかったが、2014年度から古環境や生業活動を解明する学術調査を行うこととなり、未指定エリアの主に低地について実施している。どちらの調査も、歴史解明の資料として積極的に公開する必要がある。これまでは展示や広報紙などで紹介していたが、2016年度からはホームページで紹介している。

　霞ヶ浦沿岸には国指定の貝塚が3ヶ所あり、未指定でも著名な遺跡や学術的価値の高い遺跡は多い。霞ヶ浦沿岸貝塚研究の拠点施設となるよう、情報収集や調査研究を進めている。美浦村など周辺自治体との連携が必要となるため、今後働きかけを進めて行きたい。

(3) 学校や地域との連携

　地域の博物館施設は学校や地域との関わりも重要である。校外学習は定着してきたが、新たに始まった郷土教育の推進事業である学校への出前授業は、試行錯誤の段階であり、双方の自己満足にならないよう学校と検討を重ねたい。地域との連携については、学校のような結びつきが少なく、どのように融合を図るかが大きな課題である。

おわりに

　開館して20年以上が経過したが、その間博物館を取り巻く環境は大きく変化してきた。その中で資料の積極的な活用が問われ、多くの機関が教育普及事業に力を入れるようになった。とくに考古資料は収集の経緯からすると尚更である。しかし実のある教育普及事業は、しっかりとした調査研究の上に成り立つということを忘れてはならない。今後、上高津貝塚ふるさと歴史の広場は遺跡保護という大前提のなかで、調査研究と教育普及事業のバランスを保ちながら事業を進めたいと考えている。

引用文献

下島綾美 2015「「土器片形クッキー・Dokkie（ドッキー）」が作る新しい博物館ワークショップの形」『博物館研究』50―8、日本博物館協会

2 かってあそんでひろがって
―陸平貝塚の活用事例―

馬 場 信 子

1 遺跡活用を始めるきっかけ―活用に至る経緯―

　陸平貝塚が所在する美浦村は霞ヶ浦南岸に位置し、田園風景の広がる自然豊かな村である。1978 (昭和53) 年に日本中央競馬会のトレーニングセンターが開設され、競馬関係の人々が新たに約 5,000 人移住し、昭和から平成の初めにかけての頃には人口が約 18,000 人となっていた。陸平貝塚は長く畑として利用されていた場所であったが、昭和 40 年代に最初の開発計画の波が起こった頃から畑地としての利用はされなくなっていき、次第に荒れ地と化していた。1987 年に行なわれた陸平貝塚の確認調査は地域活性化を目的とした陸平貝塚のある安中地区のリゾート開発計画に伴うものであった。当時の市川紀行村長は、開発エリアのほぼ中央に位置する陸平貝塚の歴史的価値を理解し、基本的な考えや方向性を次のような言葉で表された。「通常かかる遺跡調査は開発行為に付属従属し、いわば"邪魔者は消せ"という発想および関係にあるが、今回は<u>陸平貝塚そのものと開発は並列同義であり、精神的にはむしろ前者が優位にあると断言できる</u>。スタートは私たちの課せられた責任と義務である。
　村民と地域が誇り得るものを、誇り得る形態でできる限り残し、遥かな過去に人生の想いをはせ、未来にも渡って人々の生活と夢を歌い続けるよすがをつくる陸平調査の第一歩。ここまで来るには様々な試行と屈折の連続であった。これからも錯誤と困惑の道が、まさに荒れた陸平の藪のように続くかもしれない。しかし現実としての夢とロマンを確実に私たちのものにしようではないか」(市川 1987、下線は筆者加筆)。
　陸平貝塚には博物館建設が計画され、陸平貝塚の保存活用について戸沢充則 (当時明治大学教授) により「動く貝塚博物館構想」が提唱された (戸沢 1991・1993)。一部抜粋して以下に記す。
　　その一。陸平貝塚を永久に保護することを目的とし、同時にそれを十二分
　　に活用する機能を果たしうる博物館であること。
　　その二。陸平貝塚および周辺の遺跡等の発掘を含む調査と研究が常に継続

され、いつでも新しい研究の成果が創出され、またその情報が公開・提供される博物館であること。
　その三。貝塚研究、とくに"新しい貝塚学"を進める拠点であることをめざす博物館であること。
　その四。陸平貝塚の調査研究と周辺に残された豊かな自然の中で、子供でも大人でも、だれもが縄文人になり切り、縄文人と遊び、縄文人を理解することのできる博物館であること。
　その五。地域住民の永遠の誇りと連帯の絆になるような、文化的ゾーンとしての博物館であること。
　着々と陸平貝塚の整備が進められているように見えていたものの、当時は、村議会などの理解が十分に得られず、さらにバブル崩壊と景気悪化という日本経済の事情とも相まって陸平貝塚の博物館計画は頓挫し、開発企業も撤退することとなった。ただ幸いなことに開発企業側が陸平貝塚の価値を真に理解し、買収した土地を無償で村に寄付したことにより、陸平貝塚は周辺の自然環境とともに残されることとなったのである。

2　ハンズ・オン陸平

(1) 陸平をヨイショする会の発足とソフト活動のはじまり

　陸平貝塚は保存されたものの、博物館計画がなくなり整備計画の具体案がみつからず模索していたなかで、最初に実施したのが陸平貝塚で遺跡や自然をテーマにした親子学習会である。1994（平成6）年春のことであった。その年の秋には陸平貝塚での月見の会、星の観察会、冬には調査研究発表会を村の中央公民館で開催した。調査研究発表会は陸平貝塚やその周辺地域の自然調査について、調査に携わった研究者たちによる成果発表と陸平遺跡群の考古資料展示という内容であった。このようなことが契機となり、1995年3月「陸平をヨイショする会」が数名の有志により発足した。会の名称の"ヨイショする"には、持ち上げることのほかに、よくしましょうという意味も含まれている。「自分たちのできることで陸平貝塚を守り活用していこう」という、陸平貝塚を支える地域住民の関わりがこのとき生まれたのである。以後、陸平をヨイショする会の活動は、陸平貝塚の保存と活用の大きな力となって現在に続いている。
　当時の陸平貝塚は篠藪に覆われ、誰もが気軽に遺跡を訪れることのできるような場所ではなく、陸平貝塚を紹介するガイダンス施設もなかった。そのため陸平貝塚に行ったことがない、あるいは陸平貝塚自体を知らないといった村民も村全体を見渡せばまだまだ多いのが実状であった。
　そのような状況のなかで、「お茶飲み話の中で自然に陸平貝塚の名前が村民

の口から出るようになったら……」を夢に地域参加型のソフト活動が始まったのである。

　陸平をヨイショする会の活動は陸平貝塚の草刈りから始まり、会の発足とともに早速5月には手作りの「陸平春まつり」が企画された。新緑の陸平貝塚で開催されたまつりにあわせて陸平の野鳥と植物画の絵葉書もPRグッズとして作成された。発足メンバーによる声かけやまつりに訪れたことをきっかけに興味関心を持つ人たちが増え、最初の1年で会員は200人を超えるまでになった。毎月1回の定例会では、陸平貝塚のためにどんなことができるかを話し合い、さまざまなアイデアが活発に出され、そのほとんどを実現させていった。毎月第4土曜日の午前中に行なわれた陸平貝塚の草刈りは、自分の参加できる時間帯だけ参加するというやり方で、草刈り機や鎌などの道具はすべて自前であった。参加者は次第に増え、ともに汗を流し、時には草刈り後に流しそうめんや焼き芋などで楽しむひとときもあった。活動が継続されていくなかで次第に「陸平貝塚は自分たちが保全している」という意識や、陸平貝塚を通して人と人とのコミュニケーションも生まれていった。秋には第1回陸平縄文ムラまつりが開催された。地元の安中小学校児童と以前から交流のあった長野県長門町（現長和町）の方も参加して、黒曜石の交流をテーマにした寸劇がオープニングを飾った。情報発信にも力を入れた。陸平をヨイショする会は手作りの「よいしょ・ぷれす」を毎月発行、村は「陸平通信」を広報とともに年4回全戸配布し、陸平の情報を常に発信し続け、現在も続いている。

(2) 陸平貝塚を知ってもらおう

　村民をはじめ多くの人に陸平貝塚を知ってもらおう。そのためには、まず陸平貝塚に足を運んでもらうことが第一歩であると考え、村と陸平をヨイショする会はともに協力しあいながら陸平春まつりや陸平縄文ムラまつりはじめ、縄文の森コンサート、陸平夏まつり、おかだいらワークキャンプ、ヨイショまつりなどのイベントを毎年開催していった。なかでも陸平縄文ムラまつりと縄文の森コンサートは現在も続き、陸平貝塚のイベントとして定着している。

　陸平縄文ムラまつりは地域の人々が大勢参加する、年に一度陸平貝塚で開催されるまつりで、縄文クッキー作り・土笛作り・弓矢などの縄文的な内容から糸つむぎ・昔の遊び・絵手紙といったさまざまな内容の体験コーナーや縄文太鼓・お囃子・安中音頭など地域の民俗芸能発表、かかしや俚謡コンテスト、模擬店、他地域の縄文遺跡に参加していただく縄文交流セレモニーを楽しむことができる。縄文一色のまつりとまではいかないが、村内外からの多くの来場者で大変賑わう。

　縄文の森コンサートは、遺跡そのものに関心がなくても普段着で音楽を楽しんでもらうことをきっかけに、陸平貝塚に来てもらおうと始まった。新緑

よいしょ・ぷれす

陸平をヨイショする会は発足当初から陸平貝塚や会の活動を毎月発信している。

陸平通信

教育委員会は陸平通信を年4回全戸配布している。

陸平をヨイショする会

定例会では、自分たちのできることで陸平を守り活用していくためのアイデアや意見交換などが活発に話し合われ、実現してきた。

陸平貝塚の草刈りを始めた頃

篠藪に覆われていた陸平の台地を草刈り。ここから活用が始まり、1年後には見違えるようになった。

陸平縄文ムラまつり

縄文クッキー作り

石皿と磨り石を使い、秋に採集したドングリを磨り潰してクッキー作り体験。

陸平貝塚を多くの人に知ってもらおうと毎年開催されている。ステージでは他地域の縄文遺跡との交流セレモニー、縄文太鼓やお囃子などの民俗芸能、会場では体験コーナーや模擬店があり多くの人で賑わう。

206　第Ⅳ章　地域の文化資源としての貝塚

縄文の森コンサート

気軽に陸平貝塚に来てもらおうと陸平をヨイショする会が始めた手作りの音楽コンサート。バイオリンとフルートの音色が陸平に響いてから早や20数年、土笛や太鼓、さまざまなジャンルの音楽が奏でられてきた。

陸平貝塚での体験イベント

貝塚をさぐる体験

子どもたちとふれあう

作った縄文土器を手に

陸平をヨイショする会は体験指導に関わり、参加者とのコミュニケーションも上手。陸平貝塚はじめ美浦村PRに一役を担っている。

縄文人形作り

土器作り体験

の陸平貝塚の森の中で倒木を観客席にして開催された第1回目のバイオリンとフルートのコンサート以来、土笛や太鼓、胡弓、シンセサイザー、マリンバなどさまざまなジャンルの音楽が陸平貝塚で奏でられ、多くの人に楽しんでいただいている。

陸平貝塚を太鼓で盛り上げようと1997年に始まった縄文太鼓は、広報紙などで参加者を募り、陸平縄文太鼓保存会として発足した。ほぼ同時期に地元の安中小学校でもクラブとして縄文太鼓の活動が始まった。陸平縄文太鼓保存会と安中小縄文太鼓クラブは、ともに縄文の陸平の一日をイメージしたオリジナルの組曲「陸平」を練習し、陸平縄文ムラまつりをはじめこれまでに村内外でのさまざまなイベントで演奏披露している。長野冬季オリンピックの太鼓イベントや県外の縄文遺跡のイベントにも参加し、太鼓演奏を通して広く陸平貝塚をPRしている。

陸平貝塚にちなんだ体験事業は陸平学園と銘打ってスタートした。当初はドキドキコース（大人向け）、ワクワクコース（親子向け）として陸平貝塚について学ぶ連続講座を実施した。その後、縄文土器作り、石器作り、燻製作り、貝塚の骨を調べてみよう、縄文服作り、縄文人形作りなど縄文にちなんだ体験や、陸平貝塚の自然をテーマにした自然観察会や星の観察会などを実施し、陸平貝塚に興味や関心を持ってもらうためにさまざまな内容で行なった。

陸平貝塚に関わるソフト事業を展開して3年目の1997年には、文化のまちづくりフォーラムを開催した。オープニングには縄文太鼓や縄文をイメージした踊りが披露され、佐原真による陸平貝塚と大森貝塚をテーマにした講演会、交流のある遺跡の担当者にも参加していただき、遺跡活用をテーマにしたシンポジウム、陸平貝塚出土資料や各地の縄文遺跡も含めた遺跡活用の紹介などを展示公開した。ちょうどこの頃、陸平A貝塚付近の発掘調査が行なわれ、フォーラム開催にともない現地説明会も行なった。A貝塚付近の調査は、陸平貝塚でソフト事業が進められていく中で陸平貝塚を訪れる人が増えたため、常設の手洗い所が必要となり、その事前調査として行なわれたものであった。ソフト事業が始まってから初めての発掘調査には、ボランティア活動を行なってきた村民の高い関心が寄せられた。披露された歌「陸平よはるかに」は陸平に思いをよせて作った市川村長（当時）の詩に地元の小学校の先生が作曲したもので、以後、陸平縄文ムラまつりをはじめとする陸平関連のイベントでうたわれているほか、CDやオルゴールなどのグッズも作られた。

また、明治時代に、陸平貝塚の所在する安中地域で活動が始まった文芸グループの正調俚謡「日和吟社」は俚謡といううたで陸平を詠み、また陸平音頭をつくり、まつりでは俚謡を書いた行燈を会場に飾るなど文芸活動の面から陸

平を盛り上げていった。

　活発な活動が行なわれていくなかで陸平貝塚は1998年9月11日に国指定史跡に指定された。指定の理由として、陸平貝塚そのものの歴史的価値が第一であるが、地域住民による保存活用の活動に対しても評価がなされたものと思う。陸平貝塚の国指定を受けて、関わっていた多くの人たちはもちろん、ほかの村民も自分たちの地域にあるこの陸平貝塚を大切にしようという思いを新たにしたのではないだろうか。

(3) 竪穴住居を復元

　国史跡となった陸平貝塚は草刈り管理がされ、いつでも見学できるようにはなっていたが、実際には野原のような状況で、しかも貝塚の貝は草に覆われて見えづらいこともあり、ボランティア活動に携わっている人々にとって縄文時代の陸平貝塚のイメージがなかなかつかみづらいようであった。次第に陸平貝塚にもほかの遺跡にあるような竪穴住居があったらという声があがり、本格的に竪穴住居を復元するプロジェクトが始まったのである。ちょうど1997年に陸平貝塚A地点付近で手洗所建設のための発掘調査が行なわれ、縄文時代中期の住居跡が検出されたことから、その住居を復元しようと決まった。

　参加者は広報紙で募集し、1年目は竪穴住居についての勉強や実際に陸平貝塚で検出された竪穴住居のデータからどのような住居を作るかを話し合うことから始まった。ほかの遺跡の復元竪穴住居を見学して陸平ではどのような住居にするか具体的に検討したり、事前に必要な材料を用意するなどして準備を進めた。続く2年目に住居の復元作業を行ない、完成に至ったのである。作業は元気っ子体験事業にも組み入れ、村の子どもたちにも骨組み作業の一部に参加してもらった。住居の上屋は屋根葺きの技術を持つ地元の方に葺いていただくなど、竪穴住居の復元ではそれまで陸平に関わりをもたなかった方（とくに男性）や地元の方に関わっていただける新たな機会ともなった。2003年の秋に完成した100%手作りの竪穴住居は日常の管理や修理についても、参加者が文化財協力員としてその後も関わっている。

(4) 陸平貝塚公園

　2004年、陸平貝塚に隣接して文化財センターがオープンし、それとともに陸平貝塚や文化財センターを含めたエリアは陸平貝塚公園として整備されることとなった。かつて博物館計画が頓挫した頃には、このような施設が建設されることは想像できなかった。陸平をヨイショする会の活動をはじめとするさまざまなソフト活動を進めていくなかで、陸平貝塚に対する理解が得られてきた大きな成果である。

　文化財センターは資料の保管管理のほか、整理作業室や展示室、体験学習室

竪穴住居復元

広報紙で参加者を募り、調査で検出された住居のデータをもとに竪穴住居を復元。どんな住居を復元するかみんなで話し合い、視察にも出かけ、復元した石斧での樹木伐採など、すべて自分たちの手で作った。
復元した竪穴住居は土日を中心に燻蒸して管理。復元に携わった地域住民が文化財協力員としても参加、築10年の修理も協力員の手で行なわれた。

竪穴住居管理

陸平貝塚出土資料の公開

案内ボランティア
土日を中心に行なっている文化財協力員による案内ボランティア。

陸平貝塚に隣接する文化財センターでは、いつでも陸平貝塚の出土資料をみることができる。

親子学習会
陸平貝塚で開催された見学会。その年の秋に行なわれた月見の会や星の観察会、調査研究発表会などが陸平をヨイショする会発足のきっかけとなった。

陸平貝塚の発掘

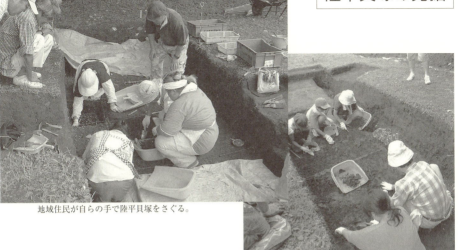

地域住民が自らの手で陸平貝塚をさぐる。

住民参加の発掘調査では発掘体験の機会もある。参加した親子から「土器が出てきて感動！」の声が。

縄文土器の分類
陸平貝塚の調査は発掘後も続く。整理では研究者から直接学ぶ機会もある。

陸平発掘丼のパッケージ

発掘と貝塚にちなんだ陸平発掘丼が「陸平縄文フォーラム'13」で披露（試食）された。

体験指導
縄文食体験では、作り方の手順や縄文時代の食生活についても説明。

2 かってあそんでひろがって―陸平貝塚の活用事例―（馬場信子） 211

を備え、それまで公民館などの施設を利用していた体験事業やイベントなどが行なえるようになった。また陸平をヨイショする会のボランティア活動の拠点ともなっている。

　文化財センターができたことにより、ソフト活動の面においてそれ以前とは内容や進め方などが変わっていった。陸平貝塚の資料を常時展示して紹介することもできるようになり、遺跡見学と体験事業などを連動して行なえるようにもなった。

　体験事業は、体験を希望する団体の受け入れを常に行ない、その指導には陸平をヨイショする会の縄文土器部会や縄文食部会が携わっている。文化財センターができる前から体験指導を行なっていた経験が活かされることになったのである。子供から大人まで年間多くの人が体験を楽しんでおり、リピーターも増えている。文化財協力員として登録した人が土日を中心に案内ボランティアとして文化財センターに常駐し、見学に訪れた人への案内や説明を行なっている。指導にあたる陸平をヨイショする会や文化財協力員の人たちは体験者や見学者とのコミュニケーションを大切にし、陸平貝塚や美浦村のPRに一役かっている。特に陸平貝塚や文化財センターは美浦村のなかにおいては、村外から訪れる人の多い施設であり、まちづくりの重要な位置を占めているといってもよい。

　2008年度からは、10か年計画で住民参加による陸平貝塚の発掘調査が行なわれている。これまで陸平貝塚の活用が進められていったものの、陸平貝塚の実態についてはそれまでの限られた情報や一般的な縄文時代の情報に頼ることが多かった。調査は陸平貝塚そのものに対する理解を深め地域づくりへとつなげていくために、地域住民が参加する形で実施している。参加者は広報紙で募集し「陸平貝塚を皆で調べよう講座」として実施。参加者は単なる受け身の体験ではなく、縄文時代のこと、貝塚のこと、発掘調査について事前に勉強したうえで調査に臨み、さらにその後の整理作業から報告書作成にいたるまで調査全体に関わる。

　参加者は現地調査で研究者の調査の様子を間近で見たり、作業補助をしたり講義を受けるなど、遺跡で多くのことを学んだ。この経験は、陸平貝塚の案内ボランティア活動をはじめ、陸平貝塚を訪れる見学者に対応する際に活かされている。調査の参加により、それまでに机上で学んだ陸平貝塚の知識に、参加者それぞれの体験や思いなども加わり陸平貝塚を案内、説明する内容が深まったものになっていった。この調査の根底には「動く貝塚博物館構想」で掲げられている「陸平貝塚が保存されることにより縄文研究とくに貝塚学を進める場、縄文文化を理解する場となり、地域の人々が誇りと連帯のきずなになるような文化ゾーンのシンボルとなる場となる」という考えがある。

　2008年度からの調査では、縄文時代後期の貝塚の調査（D貝塚）、縄文時代早・

| 文化のまちづくり
フォーラム |
|---|

オープニング

陸平貝塚をめぐる活用事業が始まった3年後に開催された「文化のまちづくりフォーラム」。講演や遺跡活用のシンポジウム、展示、陸平をめぐる住民活動の紹介はじめ、オープニングでは縄文太鼓演奏や現在も歌われて続けている「陸平よはるかに」の初披露も行なわれ、多くの住民が関わった。

　前期の貝塚を残した人々の居住域の確認、縄文時代後・晩期の住居跡の確認などの目的を掲げて実施した。また、発掘調査の内容を中心にしたビデオ（DVD）を製作し、文化財センターで来館者に見ていただいている。発掘調査時には現地説明会や親子発掘体験を、また調査終了後には文化財センターにて速報展を実施した。発掘調査に伴うイベントとして、2008年度には発掘調査後に「みんなでつくる陸平貝塚動く博物館」と題し、発掘調査の報告や遺跡活用をテーマにした縄文フォーラムを開催。そのオープニングでは、発掘体験をテーマに高校生が演じる寸劇が披露された。また、2013年にはそれまで3回実施された調査の中間報告として、縄文時代の食をテーマに「陸平縄文フォーラム'13」を開催した。調査に関わっていただいている研究者による陸平貝塚の発掘調査でわかってきた成果の報告や料理研究家も交えたシンポジウムを開催した。この時に陸平発掘丼が披露された。これは貝塚の発掘をイメージして村の食生活改善推進委員や住民有志がレシピを考え、料理研究家のアドバイスも受けながら試行錯誤して開発したものである。

(5) 今後の課題

　陸平貝塚を様々な角度からとりあげることにより、直接遺跡に興味がない人にもまずは名前だけでも知ってもらおう、陸平貝塚に来てもらおうと、活用事業が始まり、進めてきた。陸平貝塚に全村民が行ったことがあるかといえば、今も行ったことのない人の方がまだ多いかもしれない。しかし、陸平貝塚に対する地域の人の意識はかつてに比べたらかなり変化してきていると感じることがある。それは、知人を連れて文化財センター展示室を訪れる地元の人が増えてきていること、そしてそんな時に耳にした会話で「地元に住んでたら陸平に来ないと……」というニュアンスの言葉を聞いた時である。とても嬉しく感じた。

2015年12月には、陸平貝塚の名に由来する小惑星「陸平」((9650) Okadaira = 1995YG) が誕生した。天文愛好家の村民が、小惑星の発見者に命名提案したことによる。長年のソフト活動により陸平貝塚が村民に周知され、また身近な存在となってきていることの表れといえる。小惑星「陸平」はNASAのホームページで紹介されているがそこには陸平貝塚の紹介文も記され、天文分野に関心のある世界中の人に広く陸平貝塚を紹介することのできる機会となった。

　長い間陸平貝塚の保存と活用に関わっていただいた戸沢先生からは、動く貝塚博物館構想や陸平貝塚が地域に残すものについて幾度か村民に対して直接お話をしていただく機会があった。活用に関わってきた人々は、自分たちの活動を直接言葉で評価してもらったことが今も大きな誇りと活動の励みになっている。地域の人々の関わりがなければこれまでの活動や事業は到底行なうことはできなかった。現在、活用に関わっている方々の主たる年齢層は60歳代後半から70歳代であり、今後は次世代の人につないでいくことが課題となっている。

　先人たちの調査や研究を踏まえ、これから先長い年月をかけて少しずつ陸平貝塚の内容が解明していけば、陸平貝塚そのものや縄文時代、ひいては地域の歴史に対する理解が深まるだけではなく、活用面においても中身の深い、広がりを持ったものになっていくことだろう。陸平貝塚が残されていること自体が地域にとっては陸平にしかない要素をまちづくりにも活かしていくことができ、また、自分たちの村に陸平貝塚があることを意識し、誇りに思えるようになること、それはめぐりめぐって陸平貝塚が守られて残されていくことにもつながるのではないかと考える。

　「いまから百余年前、日本考古学史の上で一つの輝かしい歴史を持った陸平貝塚で、これからの新しい日本考古学史の一つの方向を生み出そうとしている。それは、いまは夢としか評価されない動く貝塚博物館を通して、今後百年、いやもっと後の世まで動き生き続ける考古学を育て、そのことによって地域の人びとの生活や、より多くの国民の心に利益を与えることのできるような、文化政策のモデルを創造することでもある。」(戸沢1991)。

引用・参考文献

市川紀行 1987「縄文人と美浦ロマン」『陸平通信』1、陸平調査会
戸沢充則 1991「陸平・動く貝塚博物館構想」『歴史手帖』19—5、名著出版
戸沢充則 1993「陸平貝塚の保存と活用―「動く貝塚博物館」構想の基礎―」『論苑　考古学』天山舎

＊写真すべて美浦村教育委員会提供

第Ⅴ章　座談会
関東地方の貝塚研究

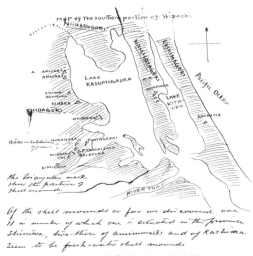

モース宛佐々木手紙付図（川村論文）

参加者
樋泉岳二　　米田　穣　　佐々木由香
谷畑美帆　　司会：阿部芳郎

貝塚研究の歴史

阿部　はじめに、貝塚研究の大きな流れを整理したいと思います。貝塚研究は、1877（明治10）年大森貝塚でのモースの調査が嚆矢とされています。それ以前に貝塚の存在や部分的に貝塚を掘ったなどの記録はありますが、具体的な分析やデータの公開を初めておこなったのは、モースの大森貝塚でした。正確な出土品の実測図や遺物の出土状況、動物遺体の記載などのスタイルは、その後の貝塚研究のひな型とされたといわれていますが、実際には、陸平貝塚（茨城県美浦村）の報告には形式の踏襲が認められるものの、それ以外の貝塚の研究には引き継がれておらず、実質上のブランクが生まれました。もちろんその間も貝塚の発掘は盛んにおこなわれましたが、それは貝塚の研究というよりは人骨の収集が中心でした。そのため、考古学的な貝塚研究には約50年のブランクがありました。

　しかし、昭和の前半期になると東京大学の人類学教室の人たちが、さまざまな貝塚を掘って、人骨だけでなく土器や石器などの遺物も多数収集しました。その当時の状況が、酒詰仲男先生の『貝塚に学ぶ』という本に紹介されていますし、現在の東大の報告にもあります。当時は山内清男先生のいた時代です。こうして、東大の人類学教室には膨大な資料が収蔵されるようになりました。まず、この資料についてお話をうかがいます。これらは現在どのように活用されているのですか。

米田　先史時代の考古資料と人骨は総合研究博物館人類先史部門に収蔵されており、カタログの作成をおこなっています。文学部や理学部の学生が研究資料として利用することもあります。古い発掘の人骨については、どういう出土状況かを酒詰先生の日誌等に戻って確認しながら整理しています。これらの資料は、日本人の形成に関する形態学的な情報を集める目的で収集したため、今日的なレベルでは考古学的情報がやや不足しています。再活用するために、人骨は年代を測定しています。

阿部　何体くらいの人骨があるのですか。

米田　縄文時代のものは再整理された標本の数で1600を越えています。かつては個

阿部芳郎氏

体で1体とされていたものでも数個体が入っていたりするので、これから整理が進むとより多くなりそうですね。

阿部　そういう基礎的なデータ作りと、同位体などを測定して直接年代や食性を復元するという研究は、同時並行で先生が個人で進められているのですか。

米田　人類先史部門と放射性炭素年代測定室が協力しながら進めています。

阿部　分析に学生が加わることもあるのですか。

米田　学生たちのテーマによりますが、基本的には私個人の研究テーマに応じておこなっています。

阿部　この人骨収集時代が長く続いた後に、あるいは一部平行したかたちで地質学の東木竜七先生が、貝塚の貝種の淡鹹の別を調べながら当時の海岸線の復元をしていますね。それを今度は考古学者が用い、縄文時代の時期区分に利用したのですね。昭和の初期の頃です。この研究は大山柏先生という考古学者がかなり精力的におこなって、関東の谷ごとに上流から順番に発掘をして、土器の特徴や淡水・汽水・鹹水にわけての分布をもとに縄文文化を区分したのですね。今日からみても合理的なのは、環境変動という全球的な「時の法則」にしたがい、時期の区分をおこなっていることだと思います。ただし、一番古い時代に海が谷の奥深くまで侵入していたという前提自体は間違っていました。谷奥まで鹹水貝塚が進出するのは、「縄文海進」と呼ばれる前期であることが、その後の研究でわかってきたのです。

同じ時代の研究をした山内先生がいますが、山内先生は土器の型式学的分類から縄文時代を区分していました。これらの研究が同時におこなわれたのです。面白いのは山内先生が大山の研究所に調査資料を見に来て、それを『日本先史土器図譜』などにも用いているのです。なぜかというと、大山先生の調査では層位にしたがって正確に発掘

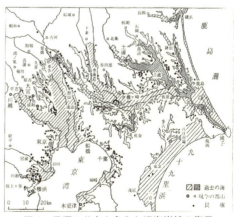

図1　貝塚の分布からみた旧海岸線の復元
（東木龍七1926『地形と貝塚分布より見たる関東低地の旧海岸線』地理学評論より）

し、小さな土器片までもが正確に採集されていたからなのです。このあたりが、人骨を発掘しながら土器を掘っていた研究とは異なっていたのです。
　1928（昭和3）年に大山史前学研究所から埼玉県真福寺貝塚（埼玉県さいたま市）の報告書が刊行されますが、ここにコラムサンプルをおこなったという記述があります。私が知っている中では最も古い事例です。

樋泉　コラムサンプルという言葉は使っているのですか？

阿部　いいえ、15cm四方で採取し、その中で貝類の淡水・鹹水の判別をしているという記載があります。この時期には同様な研究はありますか。

樋泉　先駆けであることは確かですね。

阿部　昭和初期にはそういう研究もはじまっていたのですね。東木先生の研究とは異なり、興味深いのは海の貝が層の下のほうに多いとか、上の層になるとシジミが多くなってくるというようなことも記載されています。東大の田沢金吾先生は、貝殻の散布状態から貝塚の類型化をしていますね。馬蹄形や点列環状など形態的な区分をおこなっており、今日の研究につながる視点が出てきます。土器型式も同じですね。
　酒詰先生はこうした環境の中で、戦後も貝塚研究を進めた人ですね。『日本貝塚地名表』という労作があります。当初は英語の教員だったので、ずいぶんとご苦労されたことを著書から読み取ることができます。貝類への興味は、大山柏先生の息子の大山桂先生との出会いが大きな契機となったようです。戦後に貝塚のデータをまとめた労作を完成されていますが、現在でも重要な資料です。
　食料として考えるという視点もあり、貝だけでなく、植物資源の研究も進め『日本石器時代食料総説』としてまとめています。

佐々木　酒詰先生は、ドングリ類とクルミとクリが縄文時代に多く出土していることを初めて指摘しています。とくにクルミが残りやすいので、利用形態について詳しく書かれていますね。大山先生も1929年に勝坂遺跡（神奈川県相模原市）の報告で、縄文時代におけるクリの栽培を指摘しています。食料研究の初期の仕事として評価できると思います。

阿部　このころは、食料という概念で全体を考えるという枠組みがあったようですね。そのあとに魚類専門とか植物専門とかに細分されてゆくのですね。もちろん、動物学と植物学を一人の研究者が進めることは今日では困難でしょうが、細分が進む反面で全体的な評価が低調になっていきます。これは今日的な問題でもありますね。

佐々木　直良信夫先生にしてもそうですね。

阿部　直良先生は、史前学研究所にはあまりかかわっていないようです。論文は投稿していますが。

　食料という視点があって、発掘による植物遺体などの発見がそうした研究の契機を作っていたのでしょう。その1つが先ほど挙げた真福寺貝塚で、低地でさまざまな遺物が出土することもあり、大山先生が欧州留学で得た広範な知識を生かして、動物・植物遺体の研究の実践をした遺跡です。また、大山先生は『史前学雑誌』において北欧のマグレモーゼ文化の紹介をしているのですが、この中では、姉妹学という用語を用いて関連科学の重要性を指摘しています。面白いのは、動物編年や植物編年という考え方です。樹木編年もありますね。さらに、花粉分析についても取り上げています。低地から得られるさまざまな情報を用いた研究が紹介されました。地質的な隆起や沈降などの問題、貝類などがどうかかわるかという環境適応の研究を紹介した嚆矢かもしれませんね。

　ヨーロッパではこうした研究がすでに古くからおこなわれていましたが、現在の縄文研究ではこうした視点が欠けてしまっているように思います。地形の隆起や沈降については慎重な見方が必要で、狭い地域内だけの観察だけでは不十分だ、という指摘もされています。

　1930年の大山史前学研究所による是川遺跡（青森県八戸市）の発掘では、特殊泥炭層と呼ばれたトチノキなどの堆積層も断面の写真を撮って掲載していますね。これは酒詰先生の研究より前になります。大山史前学研究所に出入りしていた酒詰先生も、こうした研究の影響を当然受けていたと考えられます。ウルシの研究もこの時期にはじまっています。真福寺貝塚の泥炭層の調査がそのはじまりで、学史的な起点となっています。小規模な発掘に限定されていた戦前の考古学でも豊かな視点の研究があったのは、日本考古学の歩みを考える場合に重要ですね。ところで、樋泉先生の貝塚の調査の方法上の起点はどこですか。

樋泉　わたしは直接的には金子浩昌先生にご指導いただいたのですが、ルーツをたどれば直良先生ということになりますね。

阿部　直良先生と酒詰先生の違いをどう考えますか？

樋泉　直良先生は、動物そのものに対する分類の意識が強いように思います。スケッチも正確ですし「記載の鬼」という印象です。酒詰先生はその部分は淡泊で種名は羅列しますが、同定の根拠などはあまり記載を残しませんでした。その分、超人的にサハリンから台湾までの貝塚を調査してリストを作るという、膨大な情報を収集する方向に力を集中していたのではないかと思います。

阿部　直良先生は、あまり地名表を作ることをしなかったのですね。
樋泉　あまり体系化という方向にはいかなかったということでしょうか。当然意図はされていたかもしれませんが。
阿部　東大の人類学教室の鈴木尚先生が、ハマグリの形態と時代に関する研究をしています。これは高校時代におこなったと直接ご本人からうかがったことがあります。時代によって形態が異なるという内容でしたね。
樋泉　現在の研究成果からみれば、時代変化ではないですね。
阿部　要するに個体変異の範囲内での違いですね。
樋泉　とくに、形の違いは成長速度の問題だと思います。
阿部　ところで、1970年代に小池裕子先生が貝塚研究に導入された成長線分析はそれ以前に国内にはなかったのですか。
樋泉　国内ではないですね。おそらく海外の研究動向を渡辺直経先生がキャッチして、それを小池先生が実践的に進めたのではないかと思います。
阿部　渡辺直経先生には成長線に関する論文がありますか。
樋泉　直接的にはないですが、渡辺直経先生が海外からさまざまな新しい情報を導入してそれを学生が実践し、いまの新しい研究につながっているということだと思います。
阿部　僕が大学生のときは成長線分析の話はされていましたが、導入の契機についての話はお聞きしたことがありませんでしたね。
樋泉　ただ、年輪レベルでの分析は海外でもおこなわれていましたが、日輪レベルの分析を考古学に導入したのは小池先生が初めてです。
阿部　佐々木先生、戦前の植物遺体の研究はどう評価しますか。
佐々木　戦前の研究では直良・酒詰両先生など考古学者が進めている一方、植物学者では三木茂先生が中野区江古田の針葉樹層（江古田針葉樹化石層）の研究を進め、1938年にアオモリトドマツやトウヒ、コメツガの球果などから、かつての東京が中部山岳地帯のような寒冷であったことを明らかにした研究が注目されました。
阿部　直良先生も江古田に注目していますよね。
佐々木　そうですね。直良先生と三木先生が共同で研究されました。
樋泉　そもそもの発見は直良先生ですよね。
阿部　1936年に工事がおこなわれた際、確か散歩中に直良先生が発見したのですよね。江古田植物化石層には、カラマツ、チョウセンゴヨウ、トウヒなどの針葉樹の化石が含まれており1954年に野生稲の種子や、キツツキやカミキリムシの食い跡がある樹木の化石が見つかっています。
佐々木　それで三木先生と共同して研究することになったのですね。

阿部　酒詰先生も興味があったようで、自分で資料を分類した際にイネが出てきたと書いていますね。

樋泉　この資料は年代測定しましたよね。

戦後の動向

阿部　次は戦後ですね。有楽町海進についても江坂輝彌先生が工事現場で見つけ、そこから前期の土器が採集されたとか。その後考古学者が工事現場に入り、自然貝層にも注目したのですね。江坂先生が注目したのは、戦前に大山先生のところに出入りしていたこともあり、自然科学にも興味があったからです。その当時は考古学でも気候変動などに注目が集まっていたようです。貝塚の研究も戦前の研究をふまえて、とくに戦後はかなり大規模な調査事例がでてきました。それは、1つの集落を丸ごと掘るというようなものです。

　　　南堀貝塚（神奈川県横浜市）などの発掘事例では、地点貝塚の下には住居があることがわかっていましたから、地点貝塚の広がりからムラの形を推測する視点が盛んになってきます。さらには原始共同体というような概念をはじめとした、戦後の唯物史観などとの結びつきが強まる研究も登場します。

　　　さらに進めるかたちで、加曽利貝塚（千葉県千葉市）などでは、共同体を支える生業とはどういうものかが議論されています。今日でも紹介されることが多いですが、後藤和民先生は干し貝加工などを主として、自給自足でなく交易を前提とした交換論などを論じました。これは1970年代ですね。交換物としては黒曜石などの矢鏃を作るための石材が推測され、さまざまな展示や書籍の中で紹介されてきました。最近この説については、貝塚の研究が進んできてむしろ日常的な資源利用の結果として評価する意見が多くなっています。干し貝交換説は100%だめですか。

樋泉　干し貝説は完全に否定されているわけではありません。ただ、後藤先生が考えていたのは、大型貝塚の周囲には小さな貝塚しか残さない集落もあるので、その違いの背景として、大型貝塚は周辺から人々が集まって干し貝作りなどの共同

樋泉岳二氏

谷畑美帆氏

作業をする場であったということだと理解しています。しかし、現在の発掘成果では日常的な生活の累積が確認できるので、特別な遺跡とは言えない、というのが有力な考え方だと思います。

阿部　自給自足的な考え方が主体ということですね。

樋泉　基本的には自給自足が中心と考えていますが、干し貝生産の可能性そのものが否定されているわけではありません。

阿部　交換物の生産というわけではないですね。これは米田先生の研究にもかかわると思いますが、貝を主食としていた縄文人のイメージは描きづらいですよね。

米田　貝ばかりをたくさん食べた人骨は出てきませんね。また、貝はタンパク源としては利用価値が低いという指摘は以前からあります。

阿部　考古学者が直接的には検証できない、味覚の問題もあります。

谷畑　カロリーが低いなど利用価値が少ないとの事でしたが、貝の成分には疲労回復の成分も入っているようです。

阿部　検証はなかなか難しいですが、嗜好品のような価値が付与されている可能性もあります。嗜好品が縄文時代にまったくなかったとは考え難いですし。

樋泉　最近は資源の選択性というものが見えてきていて、貝ではとくにそれが見えやすいのですが、相当に選択があったようです。関東の例ではハマグリに対する選択性がかなり強いですね。

阿部　やはり残滓の研究だから見えてくるということですね。

樋泉　そうです。

佐々木　植物遺体も同じです。常緑樹であるイチイガシのドングリが採集可能な地域ではイチイガシを優先、選択的に利用しますが、生育していない地域ではクリやトチノキなどの植物を手間暇かけて管理して利用しているようです。食資源の位置づけとしてイチイガシやクリ・トチノキは、ハマグリとよく似ていると思います。

樋泉　それがおいしいということなのか、別の意味があるのかはわかりませんが、食料資源のなかに優先度が高いものがあるのは確かです。

阿部　どうも資源の中に強い選択性があるようで、これが食文化の多様性に

つながっているという理解ができました。

動物考古学の台頭

阿部　次の問題に移ります。貝塚から出てきた土器や人骨の研究は戦前からおこなわれていますが、動物考古学についてお話をうかがいます。直良先生や酒詰先生は丹念に資料を分析しましたが、戦前と戦後で大きく変わった点はありますか。

樋泉　戦争の前後という括りで大きく変化したわけではありません。大きな変化は1970年代後半から1980年代前半だろうと思います。

阿部　方法自体は変わっていませんか？

樋泉　基本的にはそうです。直良先生や東北大学の松本彦七郎先生とか長谷部言人先生（のちに東大）なども貝塚出土の動物遺体を研究していますが、直良先生がはじめたのは、動物骨そのものの分類にとどまるのではなく、人の生活を復元するという観点で研究することです。やはりそれ以前は、動物そのものの分類に終始することが多かったようです。酒詰先生は、環境との関係に対する関心が比較的強かったように思います。

阿部　直良先生の共著では、古代人の生活など歴史的な側面を強調する言葉を使う場合が多いですね。読むと大半が動物の骨の研究なのですが、端々に当時の人々の暮らしにかかわる心情や憧憬が書かれています。一般書も多いですね。生活史全般に対する興味があったのでしょうね。

佐々木　直良先生の文章は、植物遺体を勉強する人にもとても参考になります。残っている遺体から、どのように過去の歴史をとらえたらよいのかという視点が刺激的です。

阿部　情緒的な文章が多いですね。
　『秋』というおもしろい題名の本も出版しています。そういう個性がある人の研究なのですね。広い生活史という視点とかかわりが深い研究者です。一方、酒詰先生は縄文海進の研究をきっかけに、大山先生の研究所を出ていくことになってしまうのですよ。大山先生の理論とは異なる実態があることを、酒詰先生は丹念に踏査して検証をしてゆくのですね。現在では常識的ですが、当時は谷奥の鹹水貝塚が最古と考えられていたのです。一方で大山先生との仲が悪くなったという人がいますが、それは憶測でしかなく、酒詰先生は終生大山先生に学恩を感じていたことを、戦後も学位論文である「日本縄文石器時代食料総説」の冒頭に書いています。

樋泉　この海進海退の話は、江坂先生の研究につながるのですね。直良先生

の研究は金子先生がかなり忠実に引き継いでいます。それが戦後1970年代までの状況です。

阿部　今でもよく使われるのは、東木先生の図を下敷きにした江坂先生の図ですね。1970年代以降はどうでしょう。

樋泉　1970年代の後半が大きな転換点になっていると思います。

阿部　このきっかけはやはり大規模調査ですか。

樋泉　それもありますが、もうひとつの大きなきっかけは文部省科学研究費特定研究「古文化財」（以降、「古文化財」と表記）の採択ですね。渡辺直経先生らが中心になって大部な報告書が刊行されています。考古学と自然科学の研究を集めたとても大きな枠組みです。そこで新しい研究の芽が出てくるのです。あとひとつは、1970年代から1980年代前半にかけて鳥浜貝塚（福井県若狭町）や寿能泥炭層遺跡（埼玉県さいたま市）、伊皿子貝塚（東京都港区）など次の研究につながるような重要な調査が相次いだことです。

阿部　植物もそうですか。

佐々木　その通りですね。松谷暁子先生の植物遺体の灰像と炭化像による同定や、嶋倉己三郎先生などが樹種同定の研究成果を発表していますね。

　1970年代前半以前は、珍しい遺体を中心に考古学者が植物学者に依頼する鑑定でした。その後、植物の研究者が発掘調査現場に入って、体系的に当時の環境や資源選択の問題を調べはじめました。寿能泥炭層遺跡がはじめてだと思います。

樋泉　鈴木三男先生ですか。

佐々木　鈴木三男先生や能城修一先生ですね。

樋泉　粉川昭平先生や笠原安夫先生らもいましたね。粉川先生もマルチな先生で人の生活に興味があり、具体的に遺跡とリンクするようになったのは「古文化財」が大きな契機になったことは確かです。

阿部　晩期のなすな原遺跡（東京都町田市・神奈川県横浜市）の住居から出土した資料をエゴマと江坂先生が指摘されましたが、こうした発見の評価は笠原先生や松谷先生に引き継がれます。

佐々木　「古文化財」で発表された粉川先生の遺跡出土種実遺体の研究方法や松谷先生の走査型電子顕微鏡を用いた種実の同定方法により、とくに栽培植物の種を特定する研究が一気に進みました。エゴマの重要性が提示されたのも「古文化財」の研究の成果です。

阿部　「古文化財」のチームの中に縄文農耕の班がありましたね。

佐々木　ありました。

阿部　その班は戸沢充則先生がリーダーでした。

佐々木　1974年の荒神山遺跡（長野県諏訪市）出土のエゴマなどを調べなおしましたね。

阿部　そのチームで学史の担当は戸沢先生でしたね。藤森栄一先生の研究の流れで中期の縄文農耕論の伝統を継いだのですが、残念ながら具体的な研究の展開にはつながりませんでした。植物では、主体的に考古学者が加わるのはそのあとになるのですか。

佐々木由香氏

佐々木　なすな原遺跡では詳細な観察から、アワという見立てがエゴマになったのですね。その頃は、「アワ類似炭化物」が縄文時代にあるということで注目されていました。種子研究の第1次ブームですね。ところが、アワとされた炭化物は松谷先生の研究の結果、ことごとくエゴマの果実だと判明し、フローテーション法による土壌の水洗も下火になりました。1980年代後半です。土を篩って目に見えない植物遺体を回収するのですが、台地の調査で実施されることが多くて、低地遺跡ではなかなか行われませんでした。寿能泥炭層遺跡や鳥浜貝塚の研究を待たなくてはならなかったのです。

阿部　調査の歴史は鳥浜貝塚のほうが古いですね。立教大学の調査です。

米田　植物は、西日本中心にイネのプラント・オパールが注目されていましたね。

佐々木　1980年代前後ですね。農学者であった藤原宏志先生を中心に、縄文稲作の問題が研究されました。

阿部　私たち土器の研究者も影響を受けましたね。

佐々木　縄文時代の土器の内部や貝層中にイネのプラント・オパールが検出されたため、一時期注目されていましたが、現在では後世の混入などの問題もあり、プラント・オパールのみを稲作の直接的な証拠とするには弱いことが共通認識になってきています。

米田　コンタミネーション（混入等による試料汚染）の問題ですね。

阿部　今はプラント・オパールの存在だけでは誰も支持しません。私も岡山大学で出土土器の分析をおこなった経験があります。当時は後期の土器から発見できたので、注目したのです。しかし、その後は否定的な見解

動物考古学の台頭　225

に傾いていきます。微小なものなので、後天的な混入があるのです。

米田　縄文土器のなかにプラント・オパールがあったというのは確かなのですか。

阿部　そうですね。

佐々木　しかし、汚染の状態を除去できていない状況での分析でした。現在は汚染を除去する技術が進んでおりまして、コンタミネーションのない状況下での土器胎土のプラント・オパール分析では縄文時代のイネの発見はありません。弥生時代の試料からは発見されるそうです。

阿部　当時は残念でしたが、今から思うと科学としては正常な方向に動いているので良かったと思います。「あるある」と言ってやはりあった。というのではなく、慎重に分析してみると「ない」、というような方法の改善と評価の振り子ができたので正常化したのでしょうね。それがないままの理解は危険ですね。

米田　それはどのような経緯からですか。

佐々木　彦崎貝塚（岡山県岡山市）でプラント・オパール分析がされたところ、イネのプラント・オパールが縄文時代後期の貝層に大量に含まれると発表されましたが、縄文時代当時の彦崎貝塚では残らない現生と推定される、未炭化の種実が相当含まれることがわかっていました。そのことを配慮しない状況で、イネのプラント・オパールの発見のみがニュースになったのです。

阿部　土層断面のサンプリングでも、特定の場所だけのサンプルが採取されていました。そうすると、サンプルは、表土から連続して突き抜くように採取する必要があります。地表の影響が大きいのですね。

佐々木　種実同定用のサンプルは表土から採取していたので、プラント・オパール分析のサンプリングの方法と違いを感じました。貝層は、貝が大きく不規則に堆積するため、土壌内に空隙が多く、現生の昆虫などが縄文時代の貝層に落ちているのもわかります。

阿部　考古学者は考え方が逆で、貝があるので下に行かないと思い込んでいる人が意外に多いですね。

佐々木　粘土層など緻密な堆積物にパックされている地層は別ですが、貝層は危ないですね。1980年後半以降に、こうした堆積状況や過程（タフォノミー）に対する検証がはじまります。

阿部　問題は考古学者の視点と問題意識ですね。

米田　1970年代からさまざまな理化学的研究が実践されたけれども、実際的には個別の手法で議論が進んでいったのですね。

佐々木　個別の手法を鍛えあげることと、炭化種子の分析でアワがエゴマと実証された研究やプラント・オパールの分析などが進んでいますが、多くの研究が縄文農耕を実証する研究に向かっていました。サンプリングの方法までは議論が進まなかったように思います。

阿部　ただ、古文化財学という領域が、方法についての議論を鍛え上げる環境を作ることに貢献はしているのではないでしょうか。

佐々木　そうですね。

樋泉　動物では、小池先生や鈴木公雄先生も「古文化財」の重要メンバーでしたから、そうした交流の中でそれまで異なるテーマを研究してきた先生方が新たな問題意識をもって研究を進め始めたのでしょう。たとえば小池先生が成長線を分析した貝殻の酸素同位体比を、鎮西清高先生が測定して古水温の季節変動を推定するといった、非常に実験的なアプローチも行われています。ただ、実際の考古学への応用となると、分析試料の取り扱いかたなどにかかわる方法が熟成されてくるまでに実に20年の歳月がかかっているのです。ようやくさまざまな検証を経て、より安全確実な方法が成立してきました。

米田　お互いの長所短所がわかってきたから、連携できるようになってきたのですね。

樋泉　プラント・オパールにしても、一時期は立場が異なると議論がかみ合わず、検証ができませんでした。問題点を明らかにする作業を蓄積するのに時間がかかったのですね。今ようやくお互いの立場の認識ができて、本当の意味での健全な学際研究の基盤が整ってきたと思います。

阿部　あと1つ。鈴木公雄先生の貝塚の総量やカロリー計算の研究もこの時代ですよね。

樋泉　そうですね。鳥浜貝塚もそうだし、オホーツク文化もそうです。

阿部　こういう研究の評価はどうですか。

樋泉　1980年代後半には赤沢威先生や小池先生たちが安定同位体比分析を開始しますが、それ以前はまだそうした方法がなかったので、貝層の総量計算のようなやり方でしか推定できなかったのですね。

阿部　かなり前ですが、芹沢長介先生が大型貝塚のカロリーが低いので、大型貝塚は貧乏な人々が残したという説明をしたことがありますね。貝塚貧乏説です。これは貝類を主食とした集団がいたという前提です。今、米田先生がおこなわれている食性分析とはかみ合わないですよね。

米田　縄文時代の植物食を明確に示したのは、赤沢先生と南川雅男先生のお仕事ですね。貝塚民といっても、陸のものと海のものを組み合わせてい

るという点に重要な特徴がある。生態系の重なる部分に生活するというところに特性があるのです。

佐々木　それは1989（平成元）年でしたか。

阿部　私たちには衝撃的な研究でした。新田野貝塚（千葉県大原町）の研究ですね。

樋泉　渡辺仁先生の影響かな。赤沢先生は魚の体長復元と生態から、漁労活動をトータルに見ようとか、サイトキャッチメント分析もされていましたね。

阿部　さて、ちょうどこの時代に、植物資源を重要視する見解が渡辺誠先生によって指摘されましたね。

佐々木　1975年刊行の『縄文時代の植物食』ですね。

樋泉　漁業の本もありますね。

阿部　生業をかなり具体的に分析した事例ですね。

樋泉　渡辺誠先生は考古学的なアプローチですね。

阿部　民俗例を用いながら、事象を広く捉えるという点も特徴です。

佐々木　遺跡の土壌を水洗選別する手法は、1974年に鳥浜貝塚で導入されていますが、同じ頃北海道にいらしたゲイリー・クロフォード先生という現在カナダトロント大の研究者や吉崎昌一先生が、水洗選別を積極的におこないました。ある程度総体としての評価ができるようになったと言えます。

樋泉　貝塚の水洗選別についても、やはり1970年代に鈴木公雄先生やお弟子さんの小宮孟先生らが導入していて、サンプリングエラーの影響を評価することの重要性が指摘されています。やはりサンプリングの重要性が意識されるのもこの時期ですね。

佐々木　一番初めは鳥浜貝塚ではないですか。現在も福井県立歴史博物館で1960・70年代に採取された柱状サンプルが保管されています。良好な部分が保管されていて、編み物なども約30年間保管されています。未報告の製品が多いですが。たいていの遺跡では30年前に調査された植物遺体や堆積物は保管されていないですよね。保管されたことによって再調査が可能でして、最近の研究では、能城先生らがされた鳥浜貝塚の草創期のウルシの木材の再同定などでも成果が出てきています。1980年くらいまで植物遺体は、分析者によって保管されている以外には資料の保存があまり良くなく、90年代は行政発掘が多いですが、分析会社が台頭して来ることもあり、分析した試料以外は残っていない場合が多いです。あるいは調査・分析されずに捨てられてしまう場合も多かった

ように思います。
阿部　それはなぜですか。
佐々木　予算の問題が大きいと思います。予算がなければ保管ができないということではないかと。
樋泉　植物の場合はケアが大変なのですね。
佐々木　木製品は保存処理などをすれば保管が容易ですが、処理もされなく、出土量も多い自然木は、水漬けのまま保管するのはスペースも取り、水替えなどの作業もあるため大変です。調査段階で専門の研究者が関われればよいのですが。1980年代に鳥浜貝塚などで考古学と自然科学がコラボレーションできたのに、それ以降は引き継がれなかったように映ります。
谷畑　私も1980年代、90年代に学生をしながら、いくつかの行政の現場で調査員をしていましたが、自然遺物の保管は難しいということでした。
米田　それは予算の問題ですか。
谷畑　そうですね、予算の問題は大きいでしょう。それから置き場の問題もあり、資料の活用が十分にできないのではないか、専門機関にお願いしたほうがいいのではないかということがありました。そうはいってもやはり予算の問題が大きいと思います。
阿部　やはり予算が大きいですね。
米田　自然科学分析でも、これをやっていればよいというようにマニュアル化してしまったのでしょう。
佐々木　分析方法が定型化し、なおかつ自然科学分析に関しては委託が多くなり、発掘と分析が乖離してしまったことが一因ですね。遺跡に成果をもっと還元する必要があると思います。自然科学分析については、報告されたとしても、報告書の付篇としての報告例も多く、あまり読まれていなかったように思います。
米田　そうではいけないという人もいますが。
佐々木　2010年以降にまた考古学と自然科学が接近しているように思いますが、1980～90年代はそういう状況でした。
阿部　サンプルの採取基準と方法を共有化する必要があると思いますね。
佐々木　もちろん記載方法や分析保管方法のマニュアルはあります。
谷畑　鳥浜貝塚の発掘調査に関わる研究者は意識が高いですよね。
佐々木　鳥浜貝塚での調査では、動物遺体・植物遺体・地質の研究者が発掘から一緒に研究している点が大きいです。問題意識を共有する中で高い意識ができたのですね。

米田　当時は方法論が確立していないので、その場で何がわかるのかの議論があって、方法が確立するプロセスがあったのですね。本当は、遺跡はみな違う上に条件によって資料のポテンシャルも異なるので、マニュアル化はできません。マニュアルができてしまうと、発展がなくなりますね。そうすると分析が終われば、資料保管の必然性がなくなってしまうのでしょう。そういった調査や保管を監督・指導するのは文化庁ですか。

阿部　それは行政単位での判断ですね。

樋泉　新しいことをやるのはものすごく大変です。必要であるという理由の説明が大変です。

阿部　一般的な傾向として、行政は時間とお金のかかることはやりたくないのです。お金がかからないで工夫できることもあると思いますが、共同研究はそこが大切だと思いますね。

佐々木　1980年代に遺跡で考古学と自然科学分析との共同研究ができたときは、考古学の人たちも自然科学分析の重要性を十分理解していて行政にも説明できたと思います。現在は、分業化による弊害で連携が見えなくなっているのではないかと思います。

関東地方の貝塚研究

阿部　次に、関東の貝塚研究について、話を進めましょう。関東地方の貝塚研究について戦前戦後の流れとたどってきましたが、これまでわかってきたことをまとめたいと思います。

樋泉　1980年代の「古文化財」の研究がきっかけになり、新しい手法ができてきました。一方ではその手法を遺跡で実施し、データが蓄積されます。1980年代以降は、高精度化と蓄積の時代ととらえることができると思います。

阿部　夏島貝塚（神奈川県横須賀市）ではかなり下の層から釣針が出ていたり外洋性の魚類などの出土もあるので、今日的に評価するとどうですか。

樋泉　木炭の放射性炭素年代で 9240 BP でしたか。較正すると1万年前をさかのぼる時期になります。最近ティモールで約4万年前の貝塚がみつかっていますが、世界的にみても夏島貝塚はかなり古い貝塚です。

阿部　マグロは釣らないと採れないのでしょうね。

樋泉　私はそう思っています。

阿部　釣針では年代は一番古いですよね。

樋泉　縄文での確実な例としてはそうです。

阿部　外洋性漁労ですね。

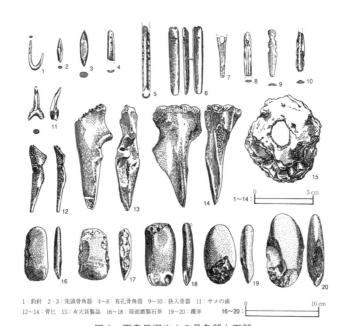

図2 夏島貝塚出土の骨角器と石器
(杉原荘介ほか1957「神奈川県夏島貝塚における縄文文化初頭の貝塚」明治大学より)

樋泉　そうですね。世界的にみても興味深いですね。夏島貝塚と同時代の平坂貝塚（神奈川県横須賀市）ではイワシなどの小魚の骨が多く出ていますから、網漁もおこなっていたことがわかります。完新世の初頭にこうした多様な漁労技術が成立しているのは、世界的に見てもレベルが高いですね。また平坂では人骨も出土しています。

阿部　その時代の人骨の食性はどうですか？

米田　これまで分析した早期はほとんどが内陸遺跡で、東名遺跡（佐賀県佐賀市）と南川先生が報告された菖蒲崎貝塚（秋田県由利本荘市）が数少ない沿岸の分析例になります。関東でも夏島貝塚に人骨があれば。

谷畑　平坂の人骨には栄養不良による病気の痕跡が骨にあります。

樋泉　まだ食性はわかりませんね。情報が少なすぎますから。

阿部　早期前半で、魚ばかりを食べていた人がいないので、複数の資源を利用するというパターンの中で釣り漁がこの段階に発達していたのですね。

樋泉　釣りも網漁もあります。刺突漁もあったと想定できます。

阿部　夏島貝塚から当時の海まではどれくらいですか？

樋泉　夏島は現在標高が約50mで、最近のデータでは当時の海水準が−40mくらいですね。だとすると、当時の海面から90mくらいの島の

阿部　　瀬戸内海の黄島貝塚や黒島貝塚（岡山県瀬戸内市）など古い時期の貝塚は、なぜ頂上にあるのですかね。

樋泉　　そういうところではないと遺跡が残らないということだと思います。

阿部　　もちろんそうですが、それにしても高い場所までもっていくでしょう。それがかなり広い地域で共通しています。古い時期はシジミ主体ですよね。

樋泉　　そういう傾向です。

阿部　　完全に海になる前にすでに活動している。

樋泉　　まだ不確実な部分もありますが。

阿部　　取掛西貝塚（千葉県船橋市）もそうでしょう。上になるとハマグリが入りますよね。

樋泉　　必ずしも上層からだけではないようですが。その辺は今後の分析結果待ちです。

阿部　　古い時期からさまざまな資源を利用しているのですね。

樋泉　　そうです。渡辺誠先生の研究では土器片錘を用いる網漁は縄文中期に霞ヶ浦で成立して、そこから周囲に波及するイメージでしたが、網漁自体についてはそうではないことは間違いありません。1970年代に小宮先生が菊名貝塚（神奈川県横浜市）の縄文前期初頭の貝層サンプルを水洗選別した結果、イワシやアジなどの小魚の骨がたくさん検出されたことから、網漁の起源がこの時期まで遡ることを指摘しています。実際には、もっと古い段階でおこなわれていると思います。

阿部　　道具利用と実際の生業の関係で、道具化の時期は遅れる可能性がありますね。

樋泉　　道具と食料残滓、さらに安定同位体比による食性分析結果を比較検討すると、必ずしもうまく合致しないということもわかってきました。むしろそれが今の到達点なんだと思います。合わないということはどこかに我々に見えていない部分があるわけで、それが課題ですね。次のステップになると思います。

阿部　　夏島貝塚の段階で、すでに多様な資源を利用していたことがわかりました。次に中期の中里貝塚（東京都北区）の話です。中里貝塚は夏島貝塚とは異なる資源利用のあり方を示していますが、夏島貝塚と比較した場合の特徴はどうでしょうか。

樋泉　　何もかも違いますね。夏島貝塚のほうがいろんなものがそろっています。中里貝塚は貝しか出てきません。そういう意味ではものすごく単純

です。しかも立地が低
地なのです。ですから
昔から、中里貝塚は人
工物なのか自然の作用
で形成されたものなの
かがわからなかった。
このことは明治時代か
ら指摘されてきたので
すが、それに決着がつ
いたのは最近のことで
す。1996年に発掘を

図3　中里貝塚の貝層断面
（東京都北区飛鳥山博物館提供）

おこない、やっとその正体が判明しました。
　結論的には全て人間が作ったものではありませんが、ほとんどの貝は人間が捨てたものであることがわかりました。阿部先生がハマ貝塚という言葉で説明されていますが、人がそこに住んで貝を食べて捨てたのではなく、採取した貝から身を取り出した場所だったのです。貝塚の性質自体が根本的に違う。

阿部　　貝が取れる場所はかなり近いと考えていいですか。

樋泉　　漁場自体はそれほど遠くないでしょう。ただ、貝塚の主体種であるカキとハマグリは生息する環境が違うので、漁場自体はそれぞれに分かれていたと思います。

阿部　　生息場所も違いますし、採取季節も違うのですね。

樋泉　　その可能性もあります。ただ季節については、ハマグリは春〜夏限定であることが貝殻成長線分析で確認されているのに対して、カキは冬場が中心の可能性が高いと思いますが、成長線分析ができないので確定できません。

植物資源の利用

阿部　　中里貝塚のようにこれだけ特定の資源を集約的に利用するのですが、植物資源ではどうでしょうか。

佐々木　縄文時代中期ですか。

阿部　　時期はとくには問いませんが。

佐々木　縄文時代中期の植物資源利用は、まだはっきり見えていないです。関東地方で見ますと、中期後半からはある程度見えてきています。

阿部　　ただ、前期の羽根尾貝塚（神奈川県小田原市）はどうですか？

植物資源の利用　233

佐々木　前期には、一通りの多様な植物資源利用のスタイルがは完成しています。そのはじまりは、草創期にまでさかのぼると思います。

阿部　縄文的な植物利用というのをもう少し解説してくれますか。

佐々木　東日本ではクリの実や材を利用しただけではなく、定住集落の場合、周りに資源として一定量のクリがある林を管理している遺跡があります。多様な植物資源利用とは、栽培植物のウルシなどもあり、ニワトコやヤマグワなどのベリー類、ツルボなどの鱗茎類といった有用植物を複合的に利用する技術のことを指します。縄文時代早期～前期には低湿地遺跡が少なく多様な植物資源利用が見えていないですが、おそらく前期には完成していると思います。

阿部　早期では見えませんか？

佐々木　関東地方で見えそうなのは雷下遺跡（千葉県市川市）ですね。ただしクリがたくさん出る様子はわかりません。ただ、ナラガシワのドングリ類がピットに入っていたり、打撃痕をもつクルミが多く出土します。資源管理の実態ははっきりしていません。

阿部　基本は植物に主体をおく集団ということですか。

佐々木　雷下遺跡は海岸に立地していますので、植物は主体ではなかったと思います。

阿部　もちろん貝塚もありますが、堅果類などを貯蔵したりしているのでしょうか？

佐々木　一部ストックはしていますが、前期以降の貯蔵の様相とはだいぶ異なります。

阿部　東名遺跡はどうですか。

佐々木　東名遺跡では、イチイガシのドングリを選択利用しています。西日本から九州では、イチイガシを選択的に利用する文化圏があります。

阿部　それは、いわゆる前期的な植物利用の特徴ということですか。

佐々木　いえ、九州では、照葉樹林が拡大する早期からすでに植物資源利用のシステムが確立しているようです。

阿部　それは温暖化とともに波及するのですか？技術が東に向かって拡散しているということですか？

佐々木　そういう考えもありますが、縄文的な植物資源利用は草創期の九州の落葉広葉樹林の中で培われている証拠があるため、気候の変化よりも落葉広葉樹林という植生が重要ではないかと考えています。

樋泉　粟津湖底遺跡（滋賀県大津市）はどうですか？

佐々木　粟津湖底遺跡は、早期に落葉広葉樹を背景にした植物資源利用が見ら

れますね。

樋泉　だから東日本的なんですね。

佐々木　下層は落葉樹主体の植生ですが、途中から照葉樹主体の植生へ変化します。早期の段階でクリ塚が出土しています。落葉広葉樹の台頭がクリの利用をもたらし、ヒョウタンやアサなどの栽培植物、マメ類などの有用植物が複合的に利用されています。一方、照葉樹が早い段階で卓越した九州地方では早期の終わり頃から中期以前の栽培植物が一点も見つかっていません。クリはありますが、大量に利用された痕跡は見つかっていないのです。

阿部　中里貝塚の場合には、東京湾には多数の貝類が生息していますが、カキとハマグリの大型個体に限定して採取しています。植物資源の利用ではどうですか。

佐々木　関東地方ではよく見えないのですが、木材資源に注目すると、縄文時代前期以降にクリに特化した利用があると思います。

阿部　たくさんある堅果類の中ではクリやトチノキに偏るのですかね。

佐々木　出土量をみても、圧倒的にクリとトチノキが多いです。

樋泉　それは中里貝塚と同じことが言えるのではないですか。要するにいろいろな資源がある中でクリやトチノキを選択するということですね。ただ貝の場合は、中里ではカキの養殖をしたり、干潟に積極的に関与したりということはないとは思いますが、植物はそこまでおこなっているということがわかっているのですね。つまり、クリは縄文前期以降に選択的に利用され、しかもそこに人間が介入して森を管理しているということです。

佐々木　そうですね。関東地方の中期の様相がわかる遺跡として勝坂遺跡では、中期後半の段階でクリが40%を占めます。

阿部　それは花粉分析ですか？

佐々木　花粉分析です。現在の自然状態の森の中ですとクリは平均で5%以下の花粉しか得られませんので、勝坂遺跡のクリ花粉の多さは目立ちます。

阿部　それは管理と呼べますか？

佐々木　勝坂遺跡では人間がクリ林の維持に介在していると考えています。一方、同じ中期の中里貝塚では木枠付土坑が検出されていますが、材としてクリは使われておらず、花粉の量も少ないので、選択的な利用や管理された植生の痕跡はありません。木枠付土坑は使われている木材から見ると、雑木ばかりで長期的な利用の意図は見えません。住居の建築材や低地の木組遺構などには耐久性の高いクリを選択的に使っているので、

　　　　構造物に対する木材利用の選択性は明確です。つまり、クリがすべての集落で管理され、有象無象に使われているのではなく、適材適所でクリが管理され、使われていたと思います。

樋泉　貝では、干潟に介入し二次林のように利用したとすれば、たとえばハマグリを取れば競合するアサリやシオフキなどほかの貝が増えるので、これらを意図的に排除することなども考えられますが、花粉分析のような方法がないので検証できません。

阿部　台地上の貝塚の中身はヤマトシジミが多く、中里貝塚とは異なりますよね。

樋泉　それが中里貝塚は自家消費型の貝塚ではなく、交易品生産の拠点だという考えの根拠のひとつになっています。ただ、シジミはハマグリとは競合しないので、干潟の管理とは別の話になると思います。

阿部　イメージ的に植物資源の利用はかなり複雑化していて、そういう思考の人々が海の資源を利用したのだろうという気がします。つまり植物資源を利用する人と、海の資源を利用する人々が異なるのではなく、基本的には類似した資源利用形態が生み出したということは考えられないでしょうか。

佐々木　特定の資源を選択的に利用するという人たちですね。

阿部　私はそういう状況が、長期継続の集落を支えた１つの技術系ではないかと考えています。

佐々木　トチ塚やクルミ塚が示すように、特定の植物に集中した利用を示すのは中期からのようです。前期では情報が少ないこともありますが、多くの種類を少量利用しているというイメージがあります。

樋泉　今のところ、貝で捕獲圧が確認できるようになるのは前期からです。

佐々木　前期のいつ頃からですか。

樋泉　諸磯式期くらいですね。

阿部　植物考古学と貝塚の研究を関連づけて議論ができるようになると、さらに一段階ステップアップできそうですね。

樋泉　今回のような話は初めてしましたが、枠組みをもう少し作らないといけませんが、材料は少しずつ出てきているように思います。資源利用というキーワードを徹底すれば、議論は可能だと思います。

阿部　その場合、なるべく同じ地域の同じ時間幅のなかでおこなう必要がありますね。それができれば面白いですね。

佐々木　貝塚では動物遺体は精緻に、大量に分析がおこなわれていますが、それに比べると植物遺体の分析は限られた資料を少量分析しているように

思います。
阿部　貝層から炭化物を定量的に取り出す方法などは進んでいるのですか。
佐々木　あまり進んでいません。
阿部　そういうモデルがあればできますよね。
佐々木　保美貝塚（愛知県田原市）では、現在分定量的に析しています。当初は貝と動物遺体のためのフローテーション方法でしたが、植物遺体も採取効率よく回収できるように水洗方法を改良しました。土壌の水洗方法も、回収したい対象物に即して変えてみると炭化物の回収率が随分と異なることがわかりました。
阿部　それは種子ですか。
佐々木　炭化種実狙いです。
阿部　方法の共有化も重要ですね。

縄文人の食資源利用

阿部　資源を利用した人間という話題に移ります。ここでは姥山貝塚（千葉県市川市）の話をお願いします。集団の特性を明らかにする点では米田先生どうですか。古くは住居のなかに5体の人骨があり、むかしはフグ中毒の家族という説明がありましたよね。

米田　佐倉亜衣子さんたちが年齢の推定をおこなっており、老年女性1体を含む、男性と女性の成人が2組、子供1体です。

どのような方法で埋葬されたかという研究がありますが、一定期間をもつ追葬のような埋葬という解釈に対して批判的な意見もあるようですね。われわれは年代測定や食物の分析をおこなっていて論文を準備しているところです。

阿部　親子のような関係は見えるのですか。

米田　家族が消費単位であれば、親子で食べ物が似ていることが期待されますが、合葬でも個体間に違いがあるので単純ではないと思います。これまでは自然人

図4　千葉県姥山貝塚発見の住居と人骨
（松村ほか1932『東京帝國大學理學部人類學教室研究報告第5編　下總姥山ニ於ケル石器時代遺跡　貝塚ト其ノ貝層下發見ノ住居址』東京帝國大學より）

類学の古人骨研究は系譜論が中心で、時期も精度が粗いので、動物や植物と同じように特殊な事例や興味を引く事例などは報告されていますが、一集団の中での個性的なあり方を考える視点での研究がはじまったのは最近です。これからということですね。

阿部　これが家族であるという人骨群はありますか。

米田　合葬されたもので直接的に年代を測定して、さらに食べ物が同じか否かなどを少し慎重に見ないといけないと思います。

阿部　まだこれからの領域ですね。

米田　縄文時代では家族についての骨学的研究はほとんどないように思います。山田康弘先生が、考古学的情報とあわせていくつかの事例で形態小変異などを検討したのが例外的な事例です。同位体の分析では、尻労安部洞窟（青森県東通村）では歯が２本あり、同一の人物であることを報告しましたが、家族の復元に関しては事例がないので興味深いテーマだと思います。

阿部　そのあたりの研究をされている人類学者はいなのですか。

米田　歯の形質から分析する事例はありますが、それほど事例は多くはありません。

阿部　姥山貝塚では分析しているのですか。

谷畑　近藤修先生が、市川市のデータブックで少しおこなっていると思います。

阿部　例えば人類学的に家族と考えられる集団を前提にするのか、食性を前提とするのか。同じ家族でも同じ食べ物を食べていない可能性もありますよね。

米田　年代もぴったりと同じではないので、同じ食卓でともに食事をしたわけではないと思います。今まで私たちは大枠での議論しかしてきていませんし、人骨に共伴した土器による時代比定も確定的ではありません。古い発掘ではそうした情報がない事例も多いので、遺跡間の比較といっても数百年という時間幅のなかでの可能性があります。考古学の議論をおこなう場合は時間的に限定された集団同士でのバリエーションを検討する必要があるので、その点はこれからの研究になると思います。私はこのプロジェクトに参加したおかげで、そうした視点

米田　穣氏

を開いてもらったと思っています。

佐々木　竪穴住居に家族が住んでいて同じものを食べている展示をみますが、証明されたものではありませんよね。

阿部　基本的に、私たちの家族観が投影されていることもあるのでしょうね。

米田　もう少し長い範囲で考えると、男女の分業がいつ頃から存在するのか、あるいは集団全体で同じ生業をおこなうのか、それとも世帯単位で個別におこなうのかなど、どこかでパラダイムシフトが起こっているはずなので、個人の情報を見ていくことで社会構造の復元につながると思います。個人単位で見ていくと、家族と思われる集団の類似性は高くなると思われます。

阿部　深鉢土器のようなあれだけ大きな土器で煮たものは、個人で食べていたというよりも集団で食べたと考えたほうが考えやすいのですが。

佐々木　民族によっては女性だけで食事をして、男性と分けていたりする例もありますよね。とくに儀礼のときなど。男と女の区分が厳格におこなわれていた可能性もありますか。

米田　一般的な縄文時代の集団では、性別で食性に違いはありません。個体差の要因が社会的背景なのか、時間的不安定性なのか、もう少し精査が必要です。

阿部　人骨の研究は年代が重要ということですね。

米田　千葉県域はそういう研究ができる重要な地域なので、歯の情報なども組み合わせて、外から来た人々を分けてゆくと、集団間の関係なども見えてきて、考古学との事象との比較研究ができます。

阿部　米田先生の食性分析から見える縄文の集団とは、全員が同じものを食べているというイメージですか。

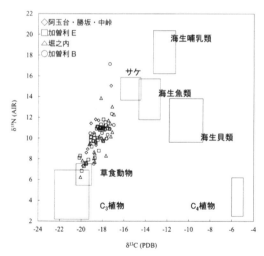

図5　縄文時代中・後期の古人骨の食性復元
（米田　穣 2014「炭素・窒素同位体でみた縄文時代の食資源利用—京葉地区における中期から後期への変遷—」『別冊季刊考古学』21、雄山閣より）

米田　分析した事例の中では、驚くほど個人差が大きい遺跡があります。

阿部　年代差を含んでいるとしても、全員が同じものを食べているわけではないということですか？

米田　想像ですが、みんなで狩りをして同じように分け合って食べているのではないと思います。漁労を中心とした人や、狩猟を中心としている人や、もちろん交換はあると思いますが、それなりに生業のウエイトの置き方に違いがあると思います。

阿部　一般的に、縄文人は植物資源を主食にしていたと考えられていますよね。それとの関連はどう考えますか？食性としてはそれくらいのバリエーションがあっても、基本的に堅果類に依存していて、それに加えて魚や肉を食べるというような食事が安定同位体による食性分析にあらわれているのでしょうか？

米田　阿部先生にも指摘していただいているように、とても極端な食性をもつ人もいますが、本州の貝塚の人骨は多様な食べ物を食べているというのが一般的な特徴となっています。その多様性の原因が、時間差か集団差か個体差かを調べていくことにより集落や社会のあり方の多様性を考えることができると思います。

阿部　本州が一番複雑ですか？

米田　大枠でみると北海道と沖縄と本州という３つに縄文時代の食習慣は分けられますが、一番遺跡間の差が大きいのは沖縄ですね。同じ島でも全然食べ物が違うのです。その場のものを一生懸命食べていた。海に依存する遺跡や陸に依存する遺跡があります。

阿部　その遺跡を分析すると魚ばかりが出土するのでしょうか。

樋泉　米田先生の分析された遺跡で、動物遺体の分析データがあるところで照らし合わせると、うまくかみ合うデータがなかったように思います。

阿部　イメージ的には集団規模は大きくはないのですか？

樋泉　大きくはないですね。動物遺体についても出てくるものは大体同じパターンです。

阿部　食性は違うけれども…。

樋泉　動物遺体に関してはそれほど大きな違いがあるようには見えません。ただ、同位体分析ではタンパク質に対する個々の食料資源の寄与の程度を調べているので、主食という言葉をつかわれていましたが、カロリーベースで考えると異なる見方が出てくるということはあるかもしれません。

米田　トウモロコシを食べている人は、全然違いますね。タンパク質では主

要成分でなくても、植物ではデンプンがはいってくるので、カロリーでいうと基本的には植物資源が主体になっていても、矛盾はありません。

阿部　日本国内での地域差はどうですか

米田　北海道はほかの地域と大きく違いますね。魚介類を中心にした食生活ですが、それだけではカロリーを摂取するのは難しいので、海獣の脂肪は重要だったと思われます。大型獣のいた時代であれば、陸上でも動物の脂肪を使っていれば植物なしで生活できたかもしれません。魚だけでいきてゆくのは難しいですが、植物と組み合わせると炭水化物がエネルギー源になります。縄文時代に植物と魚の組み合わせがどこまでさかのぼるか、すごく面白い研究対象ですね。

阿部　そうですね。骨は少ないですが遺跡は多いですからね。とくに早期の時期は、石器の組成などにも地域性が強力に出ますね。人骨がないのは残念ですが、磨石や石皿が大量に出土する地域もあります。中期よりも多いのです。

米田　人骨がない時代や地域はいままで検討できませんでしたが、土器付着炭化物なども情報源になると思います。個別の遺跡では分析事例が多いので、縄文時代の早い段階でもそれなりに傾向が見えると思います。

　全国でみた場合の研究はないので、将来的には人骨のない遺跡でもおこなってみたいですね。人骨のタンパク質では見えてこない食性の多様性が見えてくるかもしれません。

阿部　トッピングしているのでしょうね。魚とか肉など、調理の仕方なども異なっていた可能性もある。その素材として魚とか貝とか。いままでごった煮のようなイメージがあったのですが。つまり、主食があってそれに個々の食材を組み合わせているのでしょうか。食の複雑化が起こっている。深鉢はごった煮の道具として考えてきたのですが、そうではないのかもしれない。土器の器種組成などを読み解くヒントになるとわたしは考えています。

米田　いろんな種類の土器を網羅的に分析すると、使い分けがわかってくるかもしれませんね。

佐々木　下宅部遺跡（東京都東村山市）では、アズキ亜属の種子のみを煮たと思われる晩期の土器の出土例がありますが、この土器などは、ある一定の植物を調理していることを示していると思います。

阿部　ホテルのバイキングみたいな感じを私はイメージしているのですが。

米田　現代人は選択の自由があるのに、食性にバリエーションがないのに対して、縄文時代は選択の自由がないのでバリエーションが生じるのかも

しれません。

樋泉　漁師が船上でとれた魚を食べたりするではないですか、ああいうことをしているとそれなりにバリエーションが出るとも考えられますね。必ずしも家の中で食事をするわけではないかもしれないですね。

佐々木　加工場専用の土器などがあり、それ以外に集落でも粗製土器が用いられて使い分けられていた可能性もあります。特定の植物が入っている大型の粗製土器と、さまざまなものを煮た精製土器などというような使い分けです。

阿部　その場合は、大きな土器は豆だけを煮て食べるというイメージですか。

佐々木　はい。食べられる状態にして、ほかの食物と混ぜて食品を作るとか。

阿部　パン状炭化物は単一素材が多い。1つの固形物を作るというのはたぶん複合的なものを作ることを可能にしますよね。

佐々木　単一素材の固形物を大量に作るということですか。素材は集団ごとに異なるので、食性のバリエーションに反映されるのでしょうか。

米田　ただ、集落内でも人骨の同位体にバリエーションが大きいのが意外なところで、ごく若くして死んでいる場合は出身地の違いかもしれませんが、集落の中でも食べ物を平等に分けているのではなく、食料の分配に偏りがあったのかもしれません。

阿部　そうすると、これまでとイメージがだいぶ変わりますね。博物館の展示にあるような一家団欒のイメージではなくなりますね。

樋泉　米田先生は個人を対象としていますが、私は遺跡ごとに全部足し算して見るので遺跡内のバリエーションはあまり見えないのですね。トータルとしては同じような資源利用をしていて、内部の個人のバリエーションが大きいといえると思います。

阿部　同じ遺跡あるいは地域で、お互いの分析手法の解像度の違いを意識する必要があります。

米田　東京湾岸の集団でも、平均値でみると私たちの分析結果も集団間で大きな差はないように見えます。

阿部　米田先生の分析では、現代人の食性はかなり狭い範囲に収まるのですよね。

米田　そうです。

阿部　その距離からみれば、縄文人のバリエーションを見ると、相当に食性が異なる集団ということになりますね。

米田　集団の変異幅では、縄文時代は現代の日本人よりも何倍も大きなバリエーションがありますね。

阿部　私たちの食文化ではイメージしづらい集団ですね。

米田　相当違うと思いますね。

樋泉　その食生活を長い間続けないと、同位体分析では見えてこないですよね。ハレの時に少し食べるということではなく、5年〜10年ほどの同じパターンの食事を続けないといけない。

米田　集団の中で生業の違うサブグループがいたというような話に飛びつきたくなるのですが、年代の問題があり人骨群を同時に生活した同じ社会のメンバーととらえていいのかはまだ問題が残る点です。

阿部　私も同感です。残滓や加工技術、道具との相互関係の中で慎重に考えたい課題です。食性分析には10年ほどの履歴の反映とすると、資源消費の仕方、残滓のあり方、道具の廃棄率など遺跡内の空間分布の違いとして出てくるように思います。貝塚などで残滓の偏在性はないですよね。

樋泉　同じ年代では極端な偏りはないですね。

阿部　ということは入手の段階までは同じ素材をもってきて、その後の分配や調理加工に要因があるのではないでしょうか。

樋泉　口に入る段階で分かれるのですね。

阿部　そこに個性ができるのであれば、多分に文化的な性質ですね。

樋泉　そして廃棄された段階では、平均的なものになってしまうということでしょうか。

阿部　加工したときは、個々に加工しておいて、中身を混ぜているのでないでしょうか。

樋泉　しいて言えば貝塚の発掘では、貝層の中では骨が少ないのに貝層の下面で獣骨がまとまって出土するというケースはしばしばありますが、儀礼をおこなったというように解釈されがちです。しかし実はそうではなくて、肉を食べる集団がいて、それが偏在性を生み出しているのかもしれませんね。

阿部　部室貝塚（茨城県小見玉市）がそうでしたね。獣骨層に土器が多く出土しています。

樋泉　台方花輪貝塚（千葉県成田市）もそうですね。

米田　住居単位で異なる道具を使う事例はないのですか。

阿部　石器で分析すると狩猟具は偏在しています。石皿と磨石などは差が小さいです。狩猟する際には、専業的な集団がいたと私は考えています。

樋泉　狩猟は熟練も必要ですね。このような難易度や危険性が高い生業については、私も専門的な集団がいたと思います。カツオやマグロなども同じで、当然想定されますね。

阿部　獲ったものを分配してしまえば、食性には偏在性は出にくいですよね。
米田　ですから、バリエーションがあるということは、少なくとも均等的な分配ではないということですよね。
阿部　原始共同体という平等な横一線の社会ではないということは間違いない。
米田　階層化社会ですか。
樋泉　階層化か否かはわかりませんが。
佐々木　偏在化社会？
樋泉　均一ではないことは確かです。
佐々木　これまでの理解がステレオタイプで、均質化されていたと考えていた方に問題があるのかもしれませんね。
阿部　その議論は先ほどの「古文化財」の研究の場合のように、これまでの考え方と極端に違う考えをもつことを振り子の一端のように考え、均質的な社会という理解から多様な実態の解明へと研究を進める必要があるのではないでしょうか。
樋泉　個人や集団レベルでの多様性ですね。
阿部　問題はそれを説明できるモデルがなかなか作れないということです。
米田　縄文の始めと終わりでは、全然違うので、その振り子の中でどのような変化が起こり弥生に移り変わるのかは面白いですね。
樋泉　東京湾沿岸域の食性は、かなり複雑な実態をもつということですか？
米田　そうです。東京湾はバリエーションが大きいですね。本州全体のバリエーションをこの一地域が含みます。東京湾だけで縄文の全体を語ってはいけないと思いますが、どのように位置づければよいかということはまだ明確ではありません。
樋泉　東京湾岸域は研究の1つのモデルになりますし、一番情報が多いことは確かです。
阿部　この地域の情報を用いて組み立てた方法で、ほかの地域で分析をするというような取組みができれば、興味深いですね。

　最後に1項目だけうかがいます。私たちはこれまで環境変動と生業という点で研究を進めてきました。環境史的には縄文時代に寒い時期から暖かい時期への変化したことは確実で、そうした中で生業の変化をどう考えればよいのでしょうか。貝塚では夏島貝塚で海洋資源の積極的な利用がありますが、これも複合的な生業の1つです。最温暖化した前期ではどうですか。
樋泉　技術的には根本的な変化はありません。夏島貝塚をはじめとして、

　　　　早期前葉には基本的な技術要素が出そろっているといっていよいと思います。
阿部　　道具もそろっていますね。植物はどうですか。
佐々木　植物遺体の情報は大半が前期以降なので明確ではありませんが、早期でもアサやエゴマなどの栽培植物が確認されていますし、堅果類も利用されています。
阿部　　鳥浜貝塚ではどうですか。
佐々木　2016年に新たに公表された成果では、鳥浜貝塚には草創期からウルシやアサの花粉があり、栽培植物の存在が草創期まで遡りました。クリの花粉も一定量あります。クリが管理されたものか自然かは難しいところですが、鳥浜貝塚ではクリの花粉が早期では5％以上になるため、管理されている可能性が指摘されています。
阿部　　前期は気候も温暖化して上り坂になりますが、資源利用については階段を上るように発達するような大きな画期があるわけではないということですね。
佐々木　そうですね。九州地方では草創期の隆帯文土器の時期が画期といえます。
阿部　　古いですね。
佐々木　九州地方では隆帯文期に暖温帯落葉広葉樹林が成立しますが、王子山遺跡（宮崎県都城市）ではクヌギ・コナラのドングリ類、ツルマメ、鱗茎類という植物利用のセット関係が見え、後晩期の関東地方の下宅部遺跡とあまり変わりません。九州地方ではその後いったん寒冷化し、照葉樹林化してしまいますが、生業の変化の環境要因としては落葉広葉樹林の拡大や縮小が大きいと思います。
米田　　イチイガシは人間の関与なしでも卓越するのですか。
佐々木　イチイガシの優占的な利用に人為的な関与があったかについては、今後の課題です。
阿部　　要するに縄文時代に入り、さまざまな資源が自生するようになり利用技術が早・前期に確立して以後、大きな変化がないということです。問題はその技術をどう組み合わせたのか、それを明らかにすることによって、縄文の実態が見えてくるということですね。
樋泉　　漁労に関していえば、海進は大きなイベントです。縄文早期には急速な海面上昇によって深い入江が発達したので、干潟が形成される場所は限られていましたが、ヒプシサーマル期以降は土砂の堆積が進んで干潟が次第に拡大し、貝塚形成に適した条件が整います。これが大型貝塚出

現の背景になります。技術的な革新はありませんが、環境変化に適応し資源利用技術の運用形態が発達したと考えるのが妥当だと思います。
佐々木　植物利用でも縄文時代後期にトチノキの花粉が増えるのは、海水準低下により土砂の堆積が進み、斜面地がひろがってトチノキが生育しやすい場所が増加するという環境的な要因もあったと思います。
阿部　あく抜き技術はそれ以前にありますよね。
佐々木　そうです。
阿部　そういう環境ができたので、技術を運用したということですね。
佐々木　はい、大量加工に対応する資源量と加工の場として水場が確保できたと考えています。
阿部　干潟ができて大きな貝塚ができるというのと同じですね。
樋泉　ヒシなどもメジャーではありませんが、多く出土する遺跡がありますね。
阿部　そういう多様な資源利用技術の成立への動きの中で食性に変化が生じているということですね。時間もなくなってきましたが、1970年代以降に今日につづく研究の大きな転機があり、また近年進歩の著しい動物考古学・植物考古学・同位体生態学の成果は、1集団の食性や生業が必ずしも均質的ではない可能性が高いことを議論することができました。

　今後の課題として食性の多様化が、いつ、どのようにして起こったのか、この問題は土器や石器を道具として考える先史考古学の視点からも実に重要な問題であり、魅力でもあります。さらにこうした着眼点の研究を進めることによって、縄文文化の多様性を解明するための1つのモデルができるのではないかという展望が持てたと思います。

　長時間にわたり議論をおこないましたが、これで座談会を閉じたいと思います。ありがとうございました。

霞ヶ浦周辺貝塚関連文献年表

阿部きよ子

＊古鬼怒湾沿岸茨城県域の縄文貝塚に関する文献（2015 年 10 月頃まで）を掲載した。

【1880〜1884】

佐々木忠二郎・飯島　魁 1880「常州陸平介墟報告」『学芸史林』6―31

I. IIJIMA, AND C. SASAKI 1883『OKADAIRA SHELL MOUND AT HITACHI, BEING AN APPENDIX TO MEMOIR VOL. Ⅰ. PART Ⅰ OF THE SCIENCE DEPARTMENT, TOKIO DAIGAKU.』TOKIO DAIGAKU

University of Tokyo　1884『Catalogue of Archeological Specimens』

【1890〜1894】

小金井良精 1890「本邦貝塚ヨリ出タル人骨ニ就テ」『東京人類学会雑誌』6―56〔陸平〕

若林勝邦 1892「余ガ発見セシ下総、常陸ノ貝塚」『東京人類学会雑誌』7―72〔旧稲敷郡、旧北相馬郡〕

坪井正五郎 1893「雑報（埼玉・茨城・千葉三縣旅行）」『東京人類学会雑誌』8―85〔旧北相馬郡、旧岡田郡〕

八木奘三郎・下村三四吉 1893「常陸國椎塚介墟發掘報告」『東京人類学会雑誌』8―87

下村三四吉 1893「茨城県下石器時代遺跡七ケ所」『東京人類学会雑誌』8―88〔旧稲敷郡、旧河内郡〕

岡田毅三 1893「常陸筑波郡貝塚発見ニツ三ツ（一）」『東京人類学会雑誌』8―90

川角寅吉 1893「常陸国龍ケ崎近傍の石世遺跡」『東京人類学会雑誌』9―92

辻　武雄 1893「茨城県信太、河内両郡ニ於ケル石器時代ノ遺蹟」『東京人類学会雑誌』9―92

八木奘三郎 1894「椎塚介墟第二回の発掘中に獲たる土偶に就て」『東京人類学会雑誌』9―98

佐藤傳蔵 1894「常陸国福田村貝塚探究報告」『東京人類学雑誌』9―100

佐藤傳蔵・若林勝邦 1894「常陸国浮島村貝塚探究報告」『東京人類学雑誌』10―105

坪井正五郎 1894「常陸国椎塚貝塚」『東洋学芸雑誌』153

【1895〜1899】

小室龍之介 1895「常陸国霞ヶ浦沿岸ニ於ケル古跡」『東京人類学会雑誌』10—106〔岩坪平〕

無署名 1895「常陸陸平古土器図譜」『東京人類学会雑誌』10—107〜111

渡辺市太郎 1895「常陸国福田徳林寺石器時代遺跡」『東京人類学会雑誌』10—109

川角寅吉 1895「下総立木貝塚略報」『東京人類学会雑誌』10—113

坪井正五郎 1895「骨器の用を明示する貴重なる遺物の発見」『東洋学芸雑誌』168

大野延太郎 1896a「常陸霞ヶ浦沿岸旅行談」『東京人類学会雑誌』11—121〔沿岸広域〕

大野延太郎 1896b「常陸霞ヶ浦沿岸旅行談(第百廿一号の続)」『東京人類学会雑誌』11—123

佐藤傳蔵 1897「椎塚介墟発掘報告の翻訳」『東京人類学会雑誌』12—136

東京帝国大学理学部人類学教室 1897『日本石器時代人民遺物発見知名表(第一版)』

野中完一 1897「常陸国椎塚第四回の発掘」『東京人類学会雑誌』13—139

八木奘三郎 1897「常陸別所小形磨石斧(共同備忘録第二回)」『東京人類学会雑誌』13—139

大野雲外(延太郎)1897「椎塚発見鯛頭頂骨ニ骨器ノ折レ刺サリタル図」『東京人類学会雑誌』13—140

佐藤傳蔵ほか 1898「常陸国福田村貝塚第二回発掘報告」『東京人類学雑誌』14—146

中澤澄男 1898「常南総北の遺跡」『東京人類学会雑誌』14—152〔福田、椎塚〕

川角寅吉 1898「常陸国福田貝塚発掘報告」『東京人類学雑誌』14—153

東京帝国大学理学部人類学教室 1898『日本石器時代人民遺物発見地名表(増訂第二版)』

無署名 1899「常陸阿波貝塚発見の土偶 図版:大野雲外(延太郎)」『東京人類学雑誌』14—154

大野延太郎 1899a「常陸国福田貝塚ニ於ケル土器石器ノ包含」『東京人類学雑誌』14—154

大野雲外(延太郎)1899b「石器時代土瓶 常陸国稲敷郡福田村発見(図版)」『東京人類学雑誌』14—156

大野延太郎 1899c「常陸吹上貝塚調査報告」『東京人類学会雑誌』14—156

川角寅吉 1899「常陸国福田貝塚発掘報告(第153号の続)」『東京人類学雑誌』14—156

鳥居龍蔵 1899「常陸吹上貝塚ヨリ発見ノ人類大腿骨ニ就テ」『東京人類学会雑誌』14—156

野中完一 1899「瓶廼舎雑記一」『東京人類学会雑誌』14—157〔椎塚、信太村〕

瓶堂居士 1899「福田の貝墟」『博物館雑誌』8

【1900〜1904】

大野雲外（延太郎）1900「赤塗り土器の図版」『東京人類学雑誌』15—172〔福田〕

草野甚太郎 1900「常陸行方郡南部の遺跡」『人類学雑誌』16—176

沼田頼輔 1900「茨城県新治郡中家村貝塚発見の遺物に就きて」『東京人類学会雑誌』16—176

若林勝邦 1900「下総国北相馬郡文間村の土偶」『考古』1—2

東京帝国大学理学部人類学教室 1901『日本石器時代人民遺物発見地名表（増訂第3版）』

沼田頼輔 1901「鮫の歯と小骨器（共同備忘録十四）」『東京人類学会雑誌』16—180〔上高津、椎塚〕

島田増次郎 1902「本邦石器時代の磨製石鏃及び角鏃に就きて」『考古界』1—10

玉置実繁 1902「霞ヶ浦沿岸探古紀行」『人類学雑誌』17—194〔行方郡、上高津、小松〕

汀　家・准　渓 1903a「常南総北遺跡めぐり」『考古界』3—8〔福田、椎塚、小文間〕

汀　家・准　渓 1903b「常南総北遺跡めぐり（つづき）」『考古界』3—9〔福田、椎塚、小文間〕

山上木石 1903「下総結城郡菅原村金戸貝塚」『東京人類学会雑誌』18—210

大野延太郎 1904『先史考古図譜』嵩山房〔陸平〕

吉田文俊 1904「石器時代遺物発見地名表」『人類学雑誌』19—217

【1905〜1909】

吉田文俊 1905「石器時代遺物発見地名表（つづき）」『人類学雑誌』20—228

今西　龍 1906「神生貝塚記事第一回〜第四回」『東京人類学会雑誌』21—239〜242

坪井正五郎 1906「常陸国飯出貝塚発見の所謂有髭土偶と其類品」『東京人類学会雑誌』21—246

中澤澄夫・八木奘三郎 1906『日本考古学』

江見水蔭（忠功）1907『地底探検記』博文館

水谷乙次郎 1907a「常陸国稲敷郡福田貝塚発見の土版（口絵説明）」『東京人類学会雑誌』22—256

水谷乙次郎 1907b「常陸国稲敷郡福田貝塚発見の土偶（口絵説明）」『東京人類学会雑誌』22—257

柴田常恵 1908「常陸福田発見の石器時代土器（口絵説明）」『人類学雑誌』27—1

江見水蔭 1909a『探検実記　地中の秘密』博文館

江見水蔭 1909b「太古遺跡探検記」『探検世界』7—6

【1910〜1914】

江見水蔭 1910「陸平行」『小説少年探検隊』博文館
岸上鎌吉 1911『Prehistoric Fishing in Japan』東京大学農学部紀要 2―7
柴田常恵 1911a「下総国北相馬郡立木貝塚発見の朱塗土器の紋様（口絵説明）」『人類学雑誌』27―1
柴田常恵 1911b「下総国北相馬郡立木貝塚発見の貝輪包含状態（口絵説明）」『人類学雑誌』27―6
柴田常恵 1911c「常陸国陸平貝塚発見の土器（口絵説明）」『人類学雑誌』27―8
上羽貞幸 1914「下総国北相馬郡小文間村貝塚（口絵説明）」『人類学雑誌』29―12

【1915〜1919】

石田収蔵 1915a「下総立木貝塚発掘土器（口絵説明）」『人類学雑誌』30―1
石田収蔵 1915b「最近発掘石器時代土器（口絵説明）」『人類学雑誌』30―6
高島多米治 1915a「常陸福田介墟（一）」『人類学雑誌』30―8
清野謙次 1915「日本石器時代の骨角石器の製法に就いて」『人類学雑誌』30―9〔椎塚、広畑、大門〕
高島多米治 1915b「常陸福田介墟（二）」『人類学雑誌』30―9
高島多米治 1915c「常陸福田介墟（三）」『人類学雑誌』30―10
大野雲外（延太郎）1916「下総北相馬郡立木貝塚発掘遺物（口絵説明）」『人類学雑誌』31―11
高島多米治 1916a「常陸福田介墟（四）」『人類学雑誌』31―3
高島多米治 1916b「椎塚介墟篇（一）」『人類学雑誌』31―4
高島多米治 1916c「椎塚介墟篇（二）」『人類学雑誌』31―5
大野雲外（延太郎）1917「鳥骨の新発見」『人類学雑誌』32―2〔椎塚〕
東京帝国大学理学部人類学教室 1917『日本石器時代人民遺物発見地名表（増訂第四版）』

【1920〜1924】

長谷川凸津 1920「常陸の貝塚」『民族と歴史』8―10
松村 瞭 1922「貝塚の話（上）」『教育画報』14―5〔陸平〕
小松真一 1923「棒状耳飾りを附せる石器時代土偶」『人類学雑誌』38―2〔福田〕
清野謙次 1923a「霞ヶ浦の貝塚巡り第一回紀行、第二回紀行（考古漫録）」『社会史研究』9―1〔霞ヶ浦西岸一帯〕
清野謙次 1923b「霞ヶ浦の貝塚巡り第三回乃至第六回紀行（考古漫録）」『社会史研究』9―2〔稲敷郡〕
清野謙次 1923c「常陸国稲敷郡の貝塚調査」『社会史研究』9―3〔稲敷郡〕

清野謙次 1923d「常陸国稲敷郡古渡村大字飯出字廣畑貝塚、常陸国阿波村大字四固字大門貝塚、常陸国阿波村大字四固字所作貝塚、常陸国阿波村大字四固字大室貝塚」(考古漫録)」『社会史研究』9―3

清野謙次 1923e「霞ヶ浦の貝塚巡り第七回紀行、常陸国稲敷郡阿波村大字四箇字大室第二回発掘、常陸国稲敷郡阿波村大字阿波字上久保及字石神下貝塚(考古漫録)」『社会史研究』9―5

清野謙次 1923f「常陸国稲敷郡阿波村大字阿波字龍貝貝塚」『社会史研究』9―6

谷川磐雄 1923「日本石器時代民衆の生活状態」『中央史壇』6―5

中谷宇二郎 1924「常陸稲敷郡地方旅行覚書」『人類学雑誌』39―7

【1925～1929】

清野謙次 1925『日本原人の研究』

大野一郎 1926「下総常陸国石器時代遺跡地名表」『考古学雑誌』16―3

大野延太郎 1926『遺跡遺物より見たる日本先住民の研究』

大野一郎 1927「北相馬、印旛、稲敷三郡に於ける貝塚の淡鹹及土器の厚薄分布表」『考古学雑誌』17―11

東京帝国大学 1928『日本石器時代人民遺物発見地名表(増訂第五版)』

無署名 1928「鹿島半島における有史以前の遺跡」『考古学雑誌』18―4

甲野　勇 1929「茨城県小文間村中妻貝塚調査概報」『史前学雑誌』1―1

【1930～1934】

東京帝国大学 1930『日本石器時代人民遺物発見地名表(第五版補)』

徳富武雄 1930「常陸国上高津貝塚発見の弥生式土器に就いて」『考古学』1―3

池上啓介 1931「常陸国麻生大宮台貝塚調査報告」『史前学雑誌』3―4

大野延太郎 1931『土中の文化』春陽堂

東京帝国大学文学部考古学研究室 1931『考古図編』5

田沢金吾 1931「霞ヶ浦行」『史前学雑誌』3―5〔現稲敷市域〕

池上啓介 1933a「鯨骨を出土せる石器時代遺跡」『史前学雑誌』5―3〔大宮台、広畑、陸平〕

池上啓介 1933b「広畑貝塚」『史前学雑誌』5―5

大給　尹 1934「日本石器時代陸産動物質食料」『史前学雑誌』6―1

【1935～1939】

簡野　啓(池上啓介) 1935「故簡野啓氏採集日誌抜」『史前学雑誌』7―4〔旧北相馬郡、筑波郡、行方郡〕

八幡一郎 1936「常陸中妻貝塚の層位」『人類学雑誌』51―8

大山　桂ほか 1937「貝塚貝類種別考(六)～(七)」『史前学雑誌』9―1・2

大給　尹 1937「史前漁撈関係資料としてのフグ類 Fetradontidae について」『史前学雑誌』9—2
池上啓介・大給　尹 1937「茨城県稲敷郡舟嶋村竹来見目貝塚」『史前学雑誌』9—4
大山　柏・池上啓介・大給　尹 1937「茨城県稲敷郡舟嶋村竹来根田貝塚群調査報告」『史前学雑誌』9—4
大山　柏 1938「福田椎塚行」『史前学雑誌』10—3
直良信夫 1938「史前日本人の食糧文化」『人類学先史学講座』1
大山　柏 1939「史前人工遺物分類（第二綱）骨角器」『史前学雑誌』11—5・6
角田文衛 1939「常陸東栗山遺跡調査概報」『人類学雑誌』54—9
長谷部言人 1939「明治廿十六年以前に採集された貝塚人骨」『人類学雑誌』54—12〔陸平〕
和島誠一 1939「牛久沼畔遺跡瞥記」『貝塚』12

【1940〜1944】

大山　桂 1940「大山史前学研究所々蔵貝塚貝類目録」『史前学雑誌』12—2・3
竹下次作 1940「鳩崎村センゲン・小松川貝塚行」『史前学雑誌』12—2・3
大山　柏・大給　尹 1940「茨城県稲敷郡舟嶋村嶋津宮平貝塚群調査報告」『史前学雑誌』12—4・5・6
田沢金吾 1940「貝塚」『人類学先史学講座』15
樋口清之 1940a「日本先史時代の身体装飾　下」『人類学先史学講座』14
樋口清之 1940b「垂玉考」『考古学雑誌』30—6
吉田　格・鈴木敏夫・鈴木淳正 1940「茨城県北相馬郡遺蹟調査紀行」『貝塚』21
酒詰仲男 1941「貝輪」『人類学雑誌』56—5
直良信夫 1941『古代の漁猟』
三森定男 1941『日本原始文化』
甲野　勇 1942「日本石器時代産釣針」『古代文化』13—3
江坂輝彌・吉田　格 1942「貝柄山貝塚」『古代文化』13—9
直良信夫ほか 1942「貝柄山貝塚及指扇五味貝戸貝塚発見の貝類」『古代文化』13—9
長谷部言人 1942「石器時代のタカラガイ加工」『人類学雑誌』57—9〔椎塚、福田〕
池上啓介 1943「茨城県稲敷郡鳩崎村丘陵貝塚群調査報告」『史前学雑誌』15—1
桑山竜進 1943「日本新石器時代の鹿角に於ける加工技術」『民族学研究』新1—6
酒詰仲男・広瀬栄一 1944「常陸国駒形貝塚」『考古学雑誌』34—8

【1945〜1949】

大給　尹 1948「立木・園生両貝塚魚骨」『史学』23—3
慶應義塾中等部考古会 1948『第一回発掘調査記―茨城県稲敷郡舟嶋村宮平貝塚』

吉田　格 1948「茨城県花輪台貝塚概報」『日本考古学』1―1

酒詰仲男・広瀬栄一 1948「常陸国安食平貝塚」『日本考古学』1―4

清野謙次 1949「椎塚貝塚の発掘史」『霞ヶ浦文化』3

甲野　勇ほか 1949「花輪台式文化」『縄文式文化編年図集』1

酒詰仲男・広瀬栄一 1949「茨城県下玉里貝塚略報」『日本考古学』1―6

芹沢長介 1949「半磨製石鏃について」『考古学集刊』3〔花輪台〕

【1950～1954】

海野福寿 1950「野中貝塚発掘に参加して」『栞』4

江坂輝彌 1950「茨城県稲敷郡八原村別處貝塚見学記」『貝塚』24

岡田茂弘ほか 1950「茨城県新治郡安飾村岩坪平貝塚」『浄蓮』1

慶應義塾中等部考古学会 1950『茨城県稲敷郡椎塚貝塚』

佐原　真 1950「茨城県花輪台式土偶の新資料」『貝塚』28

林　義久 1950「宍塚貝塚」『新修』3、土浦第一高等学校

慶應義塾高等学校考古学会 1951a「霞ヶ浦周辺縄文式文化遺跡地名表」『Archaeology』11

慶應義塾高等学校考古学会 1951b「茨城県稲敷郡舟嶋津宮平貝塚群調査報告」『Archaeology』12

酒詰仲男 1951「茨城県陸平貝塚」『日本考古学年報』1

清水潤三 1951「茨城県舟津貝塚」『日本考古学年報』1

中村盛吉・藤田　清 1951『鬼怒川文化』

藤田　清 1951「田倉貝塚について」『ひすい』2

慶應義塾高等学校考古学会 1952a「関東地方縄文式文化遺跡地名表千葉・茨城・栃木（第二版）」『Archaeology』14

慶應義塾高等学校考古学会 1952b「茨城県行方郡現原村若海貝塚発掘報告」『Archaeology』15

酒詰仲男 1952「編年上より見た貝塚（概説）―特に関東地方の貝塚について」『日本民族』

岡田茂弘 1953「骨角器の刺さった鹿角」『貝塚』48

酒詰仲男・広瀬栄一 1953「常陸国安食平貝塚」『日本考古学』1―1

中村盛吉 1953「牛久沼沿岸貝塚踏査記」『考古学』11

中村盛吉・藤田　清 1953『桜川文化』

野口義麿 1953「常陸国川尻貝塚」『上代文化』24

平野誠一 1953「上高津貝塚紀行」『archaeology』18

藤田　清 1953「鬼怒、小貝、桜三川流域に於ける上限鹹水貝塚について」『古代常

総文化』4
江坂輝彌 1954a「貝塚と海岸線の問題」『古代常総文化』8
江坂輝彌 1954b「茨城県野中貝塚調査報告」『考古学雑誌』39—3・4
慶應義塾高等学校考古学会 1954「茨城県土浦市上高津貝塚発掘調査報告」『archaeology』19
清水潤三 1954「茨城県稲敷郡椎塚貝塚」『日本考古学年報』2
直良信夫 1954「野中貝塚出土自然遺物」『考古学雑誌』39—3・4
中村盛吉 1954「築戸貝塚の発見について」『古代常総文化』9

【1955～1959】
穴沢咊光 1955「茨城県行方郡津澄村繁昌森戸貝塚調査概報」『Archaeology』21
江坂輝彌 1955a「茨城県新治郡関川村道城平遺跡」『日本考古学年報』3
江坂輝彌 1955b「茨城県東茨城郡小川町野中貝塚」『日本考古学年報』3
慶應義塾高等学校考古学会 1955「茨城県行方郡津澄村繁昌鬼越貝塚発掘報告」『Archaeology』22
斎藤　忠 1955『日本考古学図鑑』
清水潤三 1955a「茨城県宮平貝塚(1)(2)」『日本考古学年報』3
清水潤三 1955b「茨城県宮平貝塚」『日本考古学年報』4
中村嘉男 1955「広畑貝塚の粗製土器」『金鈴』6
野口義麿 1955「福田貝塚の注口土器―私のノートから―」『石器時代』2
学習院高等科史学部 1956『茨城県麻生堀之内貝塚発掘概報』
慶應義塾高等学校考古学会 1956「茨城県石岡市三村地蔵久保三村貝塚発掘報告」『archaeology』23
小仁所左門 1956「霞ヶ浦北岸の貝塚群」『常総古代文化』15
酒詰仲男 1956「問題の回顧と展望③　貝塚―戦後日本における貝塚研究の動向について―」『古代学研究』14
東京国立博物館 1956『収蔵品目録（考古　土俗　法隆寺献納宝物）』
慶應義塾高等学校考古学会 1957「茨城県新治郡出島村大字安飾安食平貝塚発掘報告」『Archaeology』24
清水潤三 1957「茨城県行方郡若海貝塚」『日本考古学年報』5
法政一高考古学研究部 1957「茨城県行方郡玉造町藤井貝塚調査略報」
江坂輝彌 1958「日本石器時代に於ける骨角製釣針の研究」『史学』31—1～4
大阪市立美術館 1958『美術集英　大阪市立美術館収蔵』〔福田、椎塚〕
清水潤三 1958「茨城県行方郡鬼越貝塚」『日本考古学年報』7
慶応義塾高等学校歴史研究会 1959「茨城県新治郡出島村田伏神明台貝塚発掘報告、

茨城県新治郡出島村牛渡貝塚発掘報告」『Archaeology』25
酒詰仲男 1959『日本貝塚地名表』土曜会、日本科学社
清水潤三 1959「茨城県石岡市久保貝塚」『日本考古学年報』8
【1960〜1964】
西村正衛 1960「利根川下流における縄文中期文化の地域的研究（予報）」『古代』34
松村　侑 1960「茨城県立木貝塚出土の三角形土製品」『考古学雑誌』46－3
横山浩一ほか 1960『京都大学文学部博物館考古資料目録　第一部　日本先史時代』1
石岡市教育委員会 1961『図説石岡市史』
近藤義郎 1961「土器製塩の上限について」『日本考古学協会第27回総会研究報告要旨』
酒詰仲男 1961『日本縄文石器時代食料総説』
清水潤三 1961「茨城県新治郡安食平貝塚」『日本考古学年報』9
直良信夫 1961a『釣り針の話』池田書店
直良信夫 1961b「茨城県稲敷郡広畑貝塚」『日本考古学年報』9
西村正衛 1961「茨城県稲敷郡浮島貝ケ窪貝塚」『日本考古学年報』9
井坂　教 1962『ふるさとのあゆみ（小川の歴史）』
近藤義郎 1962「縄文時代における土器製塩の研究」『岡山大学法文学部学術紀要』15
清水潤三 1962「茨城県新治郡貝ケ崎貝塚」『日本考古学年報』11
西村正衛 1962「茨城県北相馬郡向山貝塚」『日本考古学年報』11
高良良治 1963「茨城県・大室貝塚出土の中期縄文土器」『考古学手帖』20
清水潤三 1963「茨城県新治郡新明台貝塚」『日本考古学年報』10
新野　弘 1963「茨城県玉里村栗又四箇所の貝塚について」『石岡一高社会部報』4
西村正衛 1963「茨城県稲敷郡興津貝塚」『日本考古学年報』10
茨城県教育委員会 1964『茨城県遺跡地名表』
金子浩昌 1964「縄文時代における釣鈎の製作―磐城地方の縄文中期の資料を中心として―」『物質文化』3
西村正衛 1964「縄文文化地域研究の基礎的概念―利根川下流域の研究を中心として―」『早稲田大学教育学部学術研究』13
【1965〜1969】
金子浩昌 1965a「貝塚と食料資源」『日本の考古学Ⅱ縄文時代』河出書房
金子浩昌 1965b「関東地方の縄文期にみる鹿角製釣針の一製作方法」『日本考古学協会第31回総会研究発表要旨』
近藤義郎 1965「茨城県稲敷郡広畑貝塚」『日本考古学年報』13
杉原荘介・戸沢充則 1965「茨城県立木貝塚」『考古学集刊』3－2

杉山荘平 1965「茨城県新治郡出島村岩坪貝塚調査概報」『史観』72

浜田作衛 1965『桜川村郷土史資料』2

和島誠一・岡本　勇・塚田　光・田中義昭 1965「関東地方における後氷期の海進海退について」『関東地方における自然環境の変遷に関する総合的研究―1964年度中間報告―』

金子浩昌 1966「縄文時代の大型釣針―その出現と製作の技法、関東地方の早前期資料を中心として―」『物質文化』7

柴崎のぶ子 1966「骨角牙製品」『The　Kanto　Plain』3

土浦市教育委員会 1966『図説土浦市史』

戸沢充則・半田純子 1966「茨城県法堂遺跡の調査―製塩址をもつ縄文時代の遺跡―」『駿台史学』18

西村正衛 1966「茨城県稲敷郡浮島貝ケ窪貝塚―東部関東にける縄文前期後半の文化研究その三」『早稲田大学教育学部学術研究』15

山内清男 1966「縄紋式研究史における茨城県遺跡の役割」『茨城県史研究』4

茨城県教育委員会 1967『筑波研究学園都市地区埋蔵文化財保存度調査報告』

金子浩昌 1967「骨製のヤス状刺突器」『考古学ジャーナル』14

酒詰仲男 1967『貝塚に学ぶ』学生社

常総台地研究会 1967『茨城県玉里村八幡脇遺跡発掘調査報告―常総台地における縄文前期の地域的研究―』

寺門義範 1967「陸平遺跡における阿玉台式土器の在り方」『常総台地』2

戸沢充則 1967「茨城県北相馬郡立木遺跡」『日本考古学年報』15

西村正衛 1967「茨城県取手町向山貝塚―東部関東における縄文前期後半の文化研究その二」『早稲田大学教育学部学術研究』19

阿見町 1968『阿見町の生い立ち』

井坂　教 1968『小川町のあゆみ』

金子浩昌 1968「利根川下流域における縄文貝塚の形成と出土動物遺骸―縄文早期より前期までの貝塚―」『人類科学』20

川崎純徳ほか 1968「茨城県宮後遺跡の調査―茅山海進に関する詩論―」『常総台地』3

杉山荘平 1968「茨城県新治郡岩坪貝塚」『日本考古学年報』16

西村正衛 1968a「茨城県稲敷郡興津貝塚（第一次調査）―東部関東における縄文前期後半の文化研究その三」『早稲田大学教育学部学術研究』17

西村正衛 1968b「利根川下流域における縄文草創期から中期の遺跡分布とその分化の特殊性―主として人工遺物の性格―」『人類科学』20

和島誠一ほか 1968「関東平野における縄文海進の最高水準について」『資源科学研

究所彙報』70
赤澤　威 1969「縄文貝塚産魚類の体長組成並びにその先史漁撈学的意味」『人類学雑誌』77—4
井上　義 1969『茨城県縄文文化研究資料集録』I
清野謙次 1969『日本貝塚の研究』岩波書店
戸沢充則 1969「茨城県北相馬郡立木貝塚（第二次）」『日本考古学年報』17
取手町教育委員会 1969『取手町郷土資料集』1
西村正衛 1969「利根川下流域における縄文後・晩期文化の特殊性」『人類科学』21

【1970〜1974】

伊奈村郷土史編纂委員会 1970『郷土のあゆみ』
茨城県教育委員会 1970『茨城県遺跡地名表』
金子浩昌 1970「利根川下流域における縄文貝塚の形成と出土する動物遺骸—縄文後、晩期の貝塚—」『人類科学』22〔龍ケ崎〕
慶応義塾大学考古学研究会 1970「An outline of the works at Kamitakatsu Shell—Mounds.」『研究会報告1』慶応義塾大学考古学研究会
小宮　孟 1970「捕獲対象魚からみた漁撈活動の一側面—特に上高津貝塚を中心として—」『研究会報告』1、慶応義塾大学考古学研究会
鈴木公雄 1970「茨城県石岡市高嶺貝塚」『日本考古学年報』18
戸沢充則 1970「茨城県美浦村法堂遺跡」『日本考古学年報』18
茨城県教育委員会 1971a『茨城県における開発区域遺跡分布調査報告(1)—石岡市、龍ケ崎市、北相馬郡守谷町—』
茨城県教育委員会 1971b『茨城県遺跡・古墳発掘調査報告書（昭和23—40年度）』
金子浩昌 1971「現利根川下流域の縄文貝塚にみる石器時代漁撈の諸問題」『利根川—自然・文化・社会—』九学会連合利根川流域調査会編、弘文堂
西村正衛 1971「現利根川下流域における縄文文化編年的研究の概要」『利根川—自然・文化・社会—』九学会連合利根川流域調査会編、弘文堂
窪谷　章 1971「貝塚に学ぶ」『ふるさと潮来』2
桜村教育委員会 1971『私たちの村』
清水潤三 1971「茨城県行方郡繁昌貝塚」『日本考古学年報』19
出島村史編纂委員会 1971『出島村史』出島村教育委員会
茨城県教育委員会 1972『茨城県における開発区域遺跡分布調査報告(2)—古河市、取手市、牛久町—』
大川　清ほか 1972『茨城県美浦村虚空蔵貝塚発掘調査中間略報告』
鹿島町史編さん委員会 1972『鹿島町史』1、鹿島町

金子浩昌・川上純徳・寺門義範 1972「関東地方の縄文時代土器製塩の研究と現状」『日本考古学協会昭和 47 年度大会　研究発表要旨』日本考古学協会

北浦村教育委員会 1972『北浦村鶴ケ居貝塚（発掘調査報告）』

小池裕子 1972「縄文時代上高津貝塚における貝類採集活動と生態環境」『人類学雑誌』80―1

小宮　孟・鈴木公雄 1972「貝塚産魚類の体長組成復元における標本採集方法の影響について―特にクロダイ体長組成について―」『第四紀研究』16―2

常総台地研究会 1972『縄文時代土偶、土版、岩偶、岩版資料（その 1）』

西村正衛 1972a「茨城県北相馬郡向山貝塚（第二次調査）」『日本考古学年報』20

西村正衛 1972b「茨城県稲敷郡興津貝塚（第二次調査）」『日本考古学年報』20

藤田安通志編 1972『常総古文化研究　故藤田清、中村盛吉遺稿集』

平安博物館 1972『茨城県東村福田貝塚発掘調査概報』

吉田　格 1972「日本最古の土偶に就いて」『立正史学』36

Akazawa,T. ed.(1972)『Report of the Investigation of the Kamitakatsu Shell‐midden Site.』The University Museum, The University of Tokyo

茎崎村教育委員会 1973『茎崎村史』茎崎村

水海道市史編さん委員会 1973『図説水海道市史』

西村正衛 1973「茨城県潮来町狭間貝塚（第一次調査）」『早稲田大学教育学部学術研究』22

藤村東男 1973「上高津貝塚（第五次）」『日本考古学年報』24

吉田　格 1973『関東の石器時代』雄山閣〔花輪台・広畑〕

早稲田大学考古学研究会 1973『北浦周辺（大野村、大洋村）踏査報告第Ⅱ次（上）（下）』

渡辺　誠ほか 1973「福田遺蹟（神明前貝塚）」『日本考古学年報』24

大槻信次 1974「県南部の貝塚―その現状を見る」『月刊かしま灘』13

【1975〜1979】

茨城県教育委員会 1975a『茨城県遺跡地名表』

茨城県教育委員会 1975b『土浦市烏山遺跡群』茨城県住宅供給公社

小沢真知子 1975「茨城県部室遺跡採集の縄文中〜晩期資料について」『霞ヶ浦文化』創刊号

川崎純徳 1975a『原始・古代の茨城』海峡の会

川崎純徳 1975b「茨城県における縄文時代の漁撈資源」『高等教育』22

川崎純徳 1975c「中妻貝塚」『日本考古学年報』29

久保田昭千 1975「茨城県道成寺遺跡における縄文後晩期の遺物―表採資料を礎と

　　　　して―」『霞ヶ浦文化』創刊号
窪谷　章 1975「潮来台地の貝塚探索行」『ふるさと潮来』4
常総台地研究会 1975『陸平貝塚』
玉里村史編纂委員会 1975『玉里村史』玉里村教育委員会
土浦市史編さん委員会 1975『土浦市史』土浦市史刊行会、
寺門義範 1975『茨城県所作貝塚発掘報告』霞ヶ浦文化研究会
谷田部の歴史編さん委員会 1975『谷田部の歴史』谷田部町教育委員会
取手市教育委員会 1975『中妻貝塚の話』
星山芳樹 1976「水海道市築地遺跡出土の注口付土器について」『常総台地』7
川崎純徳 1976「小山台貝塚にせっして」『常総台地』8
斎藤弘道 1976a「取手市上高井神明貝塚出土の土器片」『常総台地』8
斎藤弘道 1976b「稲敷郡美浦村木原台遺跡採集の資料」『常総台地』8
島田正人 1976「茨城県虚空蔵貝塚出土の縄文式土器」『考古学部会ニュース』9
鈴木正博ほか 1976「取手市上高井神明貝塚出土の製塩土器を中心として」『常総台地』8
大正大学考古学研究会 1976「茨城県新治郡出島村における考古学的調査報告書1」
　　　『鴨台考古』3
玉造町郷土文化研究会 1976『玉造町史料写真集』
寺門義範 1976「所作貝塚」『日本考古学年報』27
永松　実・斎藤　隆・渡辺昌弘編 1976『小山台貝塚』図書刊行会
早稲田大学考古学研究会 1976「北浦東岸（鹿島町、大野村、大洋村）における考
　　　古学的踏査及び測量調査報告」『金鈴』21
茨城県立歴史館 1977『特別展　霞ヶ浦の貝塚文化』
茨城県教育委員会 1977『茨城県遺跡地図』
大川　清・大島秀俊編 1977『茨城県美浦村・虚空蔵貝塚』美浦村教育委員会
小沢真智子 1977「茨城県法堂遺跡の研究」『霞ヶ浦文化』2
川崎純徳 1977「茨城における貝塚研究の現状」『茨城県史研究』37
小宮　孟・鈴木公雄 1977「貝塚産魚類の体長組成復元における標本採集法の影響
　　　について―特にクロダイ体長組成について―」『第四紀研究』16―2
寺門義範・佐野加代子 1977「茨城県出島村男神遺跡」『霞ヶ浦文化』3
森下松寿 1977「木滝貝塚・北台遺跡分布確認調査報告」『文化財だより』5
神野遺跡調査会 1978『茨城県神野遺跡調査報告書』
取手市教育委員会 1978『取手市遺跡分布調査報告』
長岐　勉ほか 1978「取手市における縄文時代の純淡貝塚について」『常総台地』9
丸子　亘編 1978『小牧石堂遺跡発掘調査報告書』麻生町小牧石堂遺跡調査会

渡辺　明 1978「岩井市東浦貝塚出土の製塩土器」『常総台地』9
渡辺裕水 1978「水海道市金土貝塚出土の縄文式土器」『常総台地』9
五木田大樹・鈴木加津子・鈴木正博 1979「先史時代の水海道（Ⅰ）―金土貝塚資料（Ⅰ）―」『常総台地』11
石岡市史編纂委員会 1979『石岡市史上巻』石岡市
茨城県史編さん第一部会原始古代専門委員会 1979『茨城県史料　考古資料編　先土器・縄文時代』茨城県
大洋村史編さん委員会 1979『大洋村史』大洋村
金子裕之 1979「茨城県広畑貝塚出土の後・晩期縄文式土器」『考古学雑誌』65―1
瓦吹　堅 1979「岩井市大口東浦遺跡出土の土版」『常総台地』11
今藤浩一ほか 1979「縄文式貝塚系列に於ける貝層の網状組織に就いて」『常総台地』11
斎藤弘道ほか 1979「貝塚部会小報(2)―立木貝塚の骨角器に就いて―」『常総台地』11
小池裕子 1979「関東地方の貝塚遺跡における貝類採取の季節性と貝層の堆積速度」『第四紀研究』17―4
斎藤　忠 1979「江見水蔭と茨城県の貝塚」『茨城県史料付録』17
清水潤三 1979「茨城県の貝塚雑感」『茨城県史料付録』17
斎藤弘道 1979『県内貝塚における動物遺存体の研究(1)』茨城県立歴史館
鈴木正博・鈴木加津子編 1979『取手と先史文化　上』、取手市教育委員会
鈴木光夫編 1979『牛久町史　史料編（一）』牛久町
利根町 1979『利根町史第1巻　眼でみる町の歴史』
水野順敏編 1979『洞坂畑遺跡』日本窯業史研究所
渡辺　明 1979a「製塩部会小報(3)筑波郡発見の「製塩土器」と東浦貝塚の粗製土器」『常総台地』11
渡辺　明 1979b「稲敷郡美浦村木原城址貝塚採集の貝輪」『常総台地』11

【1980～1984】

石津政嘉 1980「横山貝塚」『ふるさと潮来』5
茨城県教育財団 1980『赤松遺跡』茨城県教育財団文化財調査報告書Ⅳ
小宮　孟 1980「土浦市上高津貝塚産出魚貝類の同定と考察」『第四紀研究』19―4
斎藤弘道 1980『県内貝塚における動物遺存体の研究(2)』茨城県立歴史館
西村正衛 1980「茨城県稲敷郡興津貝塚（第二次調査）―東部関東における縄文中期の文化研究その六」『早稲田大学教育学部学術研究―地理学・歴史学・社会科学編―』29
斎藤弘道 1981a『茨城の縄文時代貝塚(1)』茨城県立歴史館

斎藤弘道 1981b『県内貝塚における動物遺存体の研究(3)』茨城県歴史館
庄司　克 1981「茨城県陸平貝塚発見の縄文土器」『貝塚博物館紀要』6
鈴木正博・鈴木加津子編 1981『取手と先史文化　下』取手市教育委員会
筑波大学考古学専攻者有志 1981『霞ヶ浦沿岸における貝塚の研究Ⅰ―桜川及び土浦入沿岸―』
寺門義範 1981「茨城県台門貝塚の採集遺物と周辺遺跡」『貝塚博物館紀要』7
西村正衛 1981a「狭間貝塚」『日本考古学年報』21・22・23
西村正衛 1981b「村田貝塚第Ⅱ地点」『日本考古学年報』21・22・23
西村正衛 1981c「向地貝塚」『日本考古学年報』21・22・23
西村正衛 1981d「茨城県江戸崎町村田貝塚（第一次調査）―東部関東における縄文中期の文化研究　その五」『早稲田大学教育学部学術研究―地理学・歴史学・社会科学編―』30
藤本　強 1981a「中妻貝塚」『日本考古学年報』21・22・23
藤本　強 1981b「花輪台貝塚」『日本考古学年報』21・22・23
藤本　強 1981c「福田貝塚（測量）」『日本考古学年報』21・22・23
鈴木加津子 1981a「茨城県取手市上高井神明貝塚における縄紋式後晩期の土器について」『利根川』1
鈴木加津子 1981b「取手上高井神明貝塚の安行3a式土器」『利根川』2
茨城県教育財団 1982『廻り地A遺跡』茨城県教育財団文化財調査報告 XV
小川町史編さん委員会 1982『小川町史上巻』小川町
斎藤弘道 1982「茨城の縄文時代貝塚(2)」『茨城県歴史館報』9
桜村史編さん委員会 1982『桜村史（上巻）』桜村教育委員会
鈴木加津子 1982「取手市上高井神明貝塚の安行3a式土器（続）」『利根川』3
前田　潮編 1982「調査結果の概要1 上坂田北部貝塚」『茨城県古代地域史の研究』筑波大学
阿見町史編さん委員会 1983『阿見町史』阿見町
角田芳昭 1983「関西大学所蔵茨城県椎塚貝塚資料について」『関西大学考古学研究室解説三十周年記念考古学論叢』
瓦吹　堅 1983「茨城県廻り地A遺跡」『日本考古学年報』33
斎藤　忠監修 1983「OKADAIRA SHELL MOUND AT HITACHI」『復刻版考古学文献集成』第一書房
杉山典子 1983「花輪台貝塚の土器―南山大学所蔵資料の再検討―」『南山考古』2
取手市教育委員会 1983a『取手市小文間における縄文時代中期の貝塚』
取手市教育委員会 1983b『取手市における重要遺跡発掘調査報告 1983』

原田昌幸 1983「発生期の土偶について」『奈和』21
宮内良隆 1983「取手市小文間における縄文時代中期の貝塚について」『日本考古学協会第49回総会　研究発表要旨』
李　舜雨 1983『茨城県の原始・古代遺跡』東流出版
矢野文明・高橋伸子 1983「中妻貝塚出土の縄文晩期安行式土器」『利根川』4
茨城県教育財団 1984a『町田・仲根台Ｂ遺跡』茨城県教育財団文化財調査報告25
茨城県教育財団 1984b『南三島遺跡1・2区（上）（下）』茨城県教育財団文化財調査報告27
佐藤　誠 1984a「中妻貝塚」『第6回茨城県考古学研究発表会要旨』
佐藤　誠 1984b「茨城県福田貝塚出土の耳飾」『考古学の世界』4
清水和明 1984「中妻貝塚出土の貝輪について」『考古学の世界』4
磯前順一 1984「立木貝塚出土の土偶」『考古学の世界』4
常松成人 1984「茨城県布川低地貝塚の製塩土器」『考古学の世界』4
鈴木正博・鈴木加津子編 1984『取手と先史文化別巻1』取手市教育委員会
取手市教育委員会 1984a『中妻貝塚』
取手市教育委員会 1984b『取手市における重要遺跡発掘調査報告1984』
西村正衛 1984『石器時代における利根川下流域の研究―貝塚を中心として―』早稲田大学出版部
茂木雅博編 1984『土浦の遺跡』土浦市教育委員会
渡辺　誠 1984『考古学選書7　縄文時代の漁業』雄山閣

【1985～1989】

茨城県教育財団 1985『南三島遺跡6・7区（上）（下）』茨城県教育財団文化財調査報告30
小川町教育委員会 1985『南坪貝塚発掘調査報告書』
鈴木正博 1985「茨城県中妻貝塚　土器製塩をめぐって」『探訪縄文の遺跡　東日本編』有斐閣
大正大学考古学研究会 1985「出島半島調査報告」『鴨台考古』4
玉造町史編さん委員会 1985『玉造町史』玉造町
松島義章・前田保夫 1985『先史時代の自然環境　縄文時代の自然史』東京美術
和泉田富美麿訳 1986「常陸・陸平貝塚」『美浦村史研究創刊号』美浦村史編さん委員会
茨城県教育財団 1986『南三島遺跡5区』茨城県教育財団文化財調査報告書32
金子浩昌・忍澤成視 1986『骨角器の研究　縄文編Ⅰ・Ⅱ』慶友社
木村芳雄 1896「美浦の縄文遺跡その1　陸平貝塚」『美浦村史研究創刊号』美浦村史編さん委員会

近藤義郎・岩本正二 1986「塩の生産と流通」『岩波講座　日本考古学』3
中郷貝塚発掘調査会 1986『中郷貝塚発掘調査報告書』潮来町教育委員会
石岡市教育委員会 1987『後生車古墳群発掘調査報告書（第2次）』
石下町史編纂室 1987『鴻野山貝塚発掘調査報告書』
茨城県教育財団 1987a『境松遺跡』茨城県教育財団文化財調査報告 41
茨城県教育財団 1987b『南三島遺跡3・4区（Ⅰ）』茨城県教育財団文化財調査報告 44
茨城県立歴史館 1987『特別展　霞ヶ浦の貝塚文化』
近藤義郎 1987『土器製塩の研究』青木書店
佐原　真 1987「佐々木忠二郎の手紙と陸平貝塚」『特別展　霞ヶ浦の貝塚文化』茨城県立歴史館
常松成人 1987a「茨城県道成寺貝塚の安行3b式土器」『利根川』8
常松成人 1987b「縄文時代の土器製塩(1)」『考古学の世界』5
能城秀喜 1987「茨城県新治郡出島村岩坪平貝塚の土器と若干の考察(1)」『婆良岐考古』
茂木雅博 1987『日本の古代遺跡 36　茨城』保育社
瓦吹　堅 1987「茨城県縄文中期集落の変遷(1)」『茨城県歴史館報』13
龍ケ崎市教育委員会社会教育課 1987『北方貝塚』北方貝塚遺跡調査会
石下町史編さん委員会 1988『石下町史』石下町
瓦吹　堅 1988「茨城県縄文中期集落の変遷(3)―竜ケ崎ニュータウン内遺跡を中心として―」『茨城県歴史館報』14
木滝国神遺跡調査団 1988『北台遺跡発掘調査報告書』鹿島町の文化財第60集　鹿島町教育委員会
佐原　真 1988「日本近代考古学の始まるころ〈モース、シーボルト、佐々木忠二郎資料に寄せて〉」『共同研究モースと日本』小学館〔陸平〕
藤本弥城 1988「茨城県広畑貝塚の晩期縄文土器」『考古学雑誌』73―4
吉田　格 1988「縄文早期花輪台式文化―茨城県花輪台貝塚―」『考古学叢考』斎藤忠先生頌寿記念論集
茨城県教育財団 1989『南三島遺跡3・4区（Ⅱ）』茨城県教育財団文化財調査報告書 49
陸平調査会 1989『1987年度陸平貝塚確認調査概報および周辺地域A地区分布調査報告』陸平調査会報告 1
佐藤　誠 1989「西方貝塚出土の鍔をもつ彫刻石棒について」『利根川』10
山武考古学研究所 1989『宮平遺跡発掘調査概報』
鈴木公雄 1989『貝塚の考古学』東京大学出版会
利根町教育委員会・利根町史編さん委員会 1989『利根町史(3)通史・古代中世編』

利根町
取手市教育委員会 1989『取手市史原始古代（考古）資料編』
土浦市教育委員会 1989『国指定史跡上高津貝塚発掘調査報告書―貝層断面剥離採取に伴う調査の概要―』
宮内良隆 1989「茨城県南の貝塚文化とその周辺」『常総の歴史』3
李　舜雨 1989「茨城県の原始・古代遺跡について」『常総の歴史』3
【1990～1994】
大麻貝塚発掘調査会 1990『大麻貝塚発掘調査報告書』
陸平調査会 1990『1988年度陸平貝塚確認調査概報および周辺地域A地区分布調査報告』陸平調査会報告2
小杉　康 1990「陸平貝塚の保存と調査―遺跡群の再認識と広域調査の可能性」『駿台史学』79
佐藤　誠 1990「古鬼怒湾における貝塚の研究(1)北方貝塚を中心として」『考古学の世界』6
取手市教育委員会 1990『中妻貝塚　集会場建設予定地緊急確認調査概報』
中村哲也 1990「興津貝塚出土の縄文前期土器―試掘調査出土土器の紹介とその形式学的検討―」『美浦村史研究』6
渡辺広勝 1990『国指定史跡　上高津貝塚地下レーダー探査報告書』土浦市教育委員会
佐藤　誠 1991「古鬼怒湾における貝塚の研究(2)草創期、早期の貝塚を中心として」『考古学の世界』7
取手市史編纂委員会 1991『取手市史通史編1』取手市教育委員会
土浦市教育委員会 1991a『木田余台Ⅰ』
土浦市教育委員会 1991b『土浦の歴史散歩』
土浦市史編さん委員会 1991『図説　土浦の歴史』土浦市教育委員会
常松成人 1991「茨城県北方貝塚の安行式土器」『考古学の世界』7
矢野文明 1991「茨城県鴻野山貝塚の関山式土器」『考古学の世界』7
戸沢充則 1991「陸平・動く貝塚博物館構想」『歴史手帖』19―5、名著出版
前田　潮編 1991『「古霞ヶ浦湾」沿岸貝塚の研究』筑波大学先史学・考古学研究調査報告Ⅵ、筑波大学
龍ケ崎市史編さん委員会 1991『龍ケ崎の原始古代』龍ケ崎市教育委員会
渡辺　誠編 1991『古代学研究所研究報告2　茨城県福田（神明前）貝塚』
市原寿文 1992「花輪台貝塚から三貫地貝塚の頃」『武蔵野の考古学　吉田格先生古希記念論文集』

加藤晋平・茂木雅博・袁　靖 1992『於下貝塚発掘調査報告書』麻生町教育委員会
鈴木公雄・辻本崇夫 1992「土浦市上高津貝塚周辺の後期更新世より完新世の古植生」『土浦市立博物館紀要』4
鈴木正博 1992a「土器製塩と貝塚」『季刊考古学』41、雄山閣
鈴木正博 1992b「『陸平貝塚研究会』からの報告(1)」『茨城県考古学協会誌』4
土浦市遺跡調査会 1992『国指定史跡　上高津貝塚の発掘―史跡整備に伴う調査の概要―』土浦市教育委員会
戸沢充則・勅使河原彰 1992「貝塚文化の形成と展開」『新版　古代の日本　関東』角川書店
堀越正行 1992「全国の貝塚分布と地域の貝塚群」『季刊考古学』41
茨城県教育財団 1993『原口遺跡・北前遺跡』茨城県教育財団文化財調査報告 83
袁　靖・加藤晋平 1993「茨城県於下貝塚出土の小型動物の切痕」『千葉県立中央博物館研究報告』2—2
山武考古学研究所 1993「茨城県 12 中佐倉貝塚」『山武考古学研究所年報』11
鈴木正博 1993「『陸平貝塚研究会』からの報告(2)」『茨城県考古学協会誌』5
常松成人 1993「関東の製塩土器」『考古学の世界』6
戸沢充則 1993「陸平貝塚の保存と活用―「動く貝塚博物館構想」の基礎―」『論苑考古学』天山舎
西方貝塚発掘調査団 1993『西方貝塚　発掘調査報告書』取手市教育委員会
宮内良隆・西本豊弘 1993「茨城県取手市中妻貝塚における多数合葬の考察」『日本考古学協会第 59 回総会研究発表要旨』
茂木雅博・袁　靖・吉野健一 1993「茨城県狭間貝塚 B 地点の調査『博古研究』6
矢野文明 1993「中妻貝塚出土の安行式浅鉢形土器」『考古学の世界』9
茨城県教育財団 1994a『高崎貝塚』茨城県教育財団文化財調査報告 88
茨城県教育財団 1994b『日枝西遺跡・上岩崎遺跡』茨城県教育財団文化財調査報告 90
小宮　孟 1994「魚類」『縄文時代の研究 2 生業』雄山閣
近藤義郎編 1994『日本土器製塩研究』青木書店
土浦市遺跡調査会 1994『国指定史跡　上高津貝塚 A 地点』土浦市教育委員会
島津遺跡発掘調査会 1994『島津遺跡（イタチ内古墳群・イタチ内貝塚・島津 5・6 地区）』阿見町教育委員会
中村敬治 1994「日枝西遺跡出土のヤマトシジミについて」『研究ノート』3、茨城県教育財団
中村哲也 1994「発掘された陸平の歴史」『陸平貝塚からのメッセージ』

【1995〜1999】

石岡市文化財関係資料編纂委員会 1995『石岡市の歴史　歴史の里発掘100年史』石岡市教育委員会

茨城県教育委員会 1995『茨城県遺跡・古墳発掘調査報告書Ⅷ』教育庁文化課文化財第二係

山武考古学研究所 1995『地蔵平遺跡・地蔵窪貝塚発掘調査報告書』石岡市教育委員会

筑波大学貝塚調査チーム 1995「調査報告　茨城県出島村八幡貝塚の測量・踏査報告」『筑波大学先史学・考古学研究』6

中妻貝塚調査団 1995『中妻貝塚発掘調査報告書』取手市教育委員会

西本豊弘・鶴見貞雄 1995「高崎貝塚第57号土壙出土の魚骨・獣骨の問題点」『研究ノート』4、茨城県教育財団

美浦村史編さん委員会 1995『美浦村誌』美浦村

宮内良隆・中村哲也編 1995『シンポジュウム１　縄文人と貝塚』日本考古学協会茨城大会実行委員会

茂木雅博・袁　靖・吉野健一 1995『常陸狭間貝塚』茨城大学文学部考古学研究報告1、茨城大学人文学部文化財情報学教室

山田康弘 1995「多数合葬例の意義」『考古学研究』42―2〔中妻〕

龍ケ崎市史編さん委員会 1995『龍ケ崎市史原始古代資料編』龍ケ崎市教育委員会

茨城県教育財団 1996『甚五郎崎遺跡・下高井向原Ⅰ遺跡・下高井向原Ⅱ遺跡』茨城県教育財団文化財調査報告107

上高津貝塚ふるさと歴史の広場 1996『国指定史跡上高津貝塚整備事業報告書』土浦市教育委員会

瓦吹　堅 1996a「鉾田町の貝塚について」『鉾田町史研究「七潮」』7

瓦吹　堅 1996b「部室出土の土偶・土版」『玉里村立史料館報』2

佐藤次男 1996「上高津貝塚の発見から保存整備まで」『文化財つちうら』19、土浦市文化財愛護の会

佐藤　誠 1996a「古鬼怒湾貝塚群からの問題提起」『貝塚研究』1

佐藤　誠 1996b「古鬼怒湾奥部における海進・海退」『茨城県史研究』77

山武考古学研究所 1996『六十原A遺跡』土浦市教育員会、土浦市遺跡調査会

真貝理香 1996「貝塚における貝層の形成と貝類採取活動―茨城県上高津貝塚出土のハマグリの成長線と形態の分析から」『史学』65―4

鈴木正博 1996「出島村の縄紋式貝塚研究事始め」『茨城県考古学協会誌』8

千葉隆司 1996「出島村縄文時代研究抄史」『茨城県考古学協会誌』8

日暮晃一 1996「貝からみた出島村の縄文貝塚」『茨城県考古学協会誌』8

出島村郷土資料館 1996『縄文時代の漁業―貝塚が語る古代漁撈習俗―』
中村哲也 1996「生業活動と遺跡群」『季刊考古学』55、雄山閣
飯島　章 1997「G.グロート神父の中妻貝塚発掘余話」『千葉史学』31
茨城県教育財団 1997a『前田村遺跡C・D・E区』茨城県教育財団文化財調査報告 116
茨城県教育財団 1997b『西方貝塚』茨城県教育財団文化財調査報告 125
茨城県教育財団 1997c『高野台遺跡・前田村遺跡D・F区（上巻）』茨城県教育財団文化財調査報告』127
金子裕之 1997「広畑貝塚資料」『山内清男考古資料8　縄文草創期・縄文後晩期・瓦塼資料』奈良国立文化財研究所史料 46
小林謙一 1997「茨城県宮平貝塚出土土器について―阿玉台Ⅰb・Ⅱ式を中心に―」『民族考古』4
関口　満 1997「神立平遺跡出土の亀形土製品」『土浦市立博物館紀要』8
土浦市遺跡調査会 1997『石橋南遺跡』土浦市教育委員会
常松成人 1997「古鬼怒湾「製塩遺跡」を中心とした安行集団の動態」『茨城県史研究』78
鹿行文化研究所 1997a『四部切遺跡発掘調査報告書』麻生町教育委員会
鹿行文化研究所 1997b『道城平遺跡発掘調査報告書』麻生町教育委員会
茨城県教育財団 1998a『炭焼遺跡・札場古墳群・三和貝塚・成田古墳群』茨城県遺跡発掘調査報告書 130
茨城県教育財団 1998b『中谷津遺跡』茨城県遺跡発掘調査報告 139
大渡遺跡調査会 1998『大渡遺跡発掘調査報告書』取手市教育委員会
鹿嶋市文化スポーツ振興事業団 1998『御園生遺跡発掘調査報告書』
斎藤弘道 1998「茨城の縄文時代貝塚(3)魚類遺体を中心として」『茨城県歴史館報』25
佐藤　誠 1998「中妻貝塚人の漁撈活動」『貝塚研究』3
島津遺跡調査会 1998a『島津遺跡（貝塚1・2区）発掘調査報告書』阿見町教育委員会
島津遺跡調査会 1998b『島津遺跡（島津1・2・3・4地区）発掘調査報告書　図録』阿見町教育委員会
鈴木正博 1998「先史時代の水海道Ⅱ―金土貝塚資料編(1)の解説：加曾利B式土器―」『婆良岐考古』20
田所則夫 1998「縄文時代の遺跡を中心として―日枝西遺跡―」『茨城県教育財団年報』17
土浦市遺跡調査会 1998『神明遺跡（第1次、第2次調査)』土浦市教育委員会
東町史編纂委員会 1998『東町史資料編　原始考古』東町史編纂委員会
常名台遺跡調査会 1998『神明遺跡（第3次調査)』土浦市教育委員会

美浦村教育委員会 1998『陸平貝塚―過去・現在・未来をつなぐ物語』
美浦村・ハンズオン陸平事業推進協議会 1998『陸平貝塚の保存と活用からの地域文化創造―文化のまちづくりフォーラム記録集　ハンズオン陸平事業報告書』美浦村教育委員会
吉野健一 1998「貝類の組成からみた古鬼怒湾の縄文時代中・後期貝塚」『貝塚研究』3
鹿行文化研究所 1998『井上貝塚発掘調査報告書』玉造町教育委員会
阿見町竹来遺跡第二次発掘調査会 1999『阿見町竹来遺跡発掘調査報告書（第二次調査）』阿見町教育委員会
茨城県教育財団 1999『前田村遺跡Ｇ・Ｈ・Ｉ区』茨城県教育財団文化財調査報告 146
茨城県教育委員会 1999「陸平貝塚」『茨城県遺跡発掘調査報告書』平成8・9年度
牛久市史編さん委員会 1999『牛久市史料　原始古代―考古資料編』牛久市
小林　克 1999「13 広畑貝塚」『江戸東京たてもの園考古資料一覧―旧武蔵郷土館収蔵資料―』東京都江戸東京博物館分館、江戸東京たてもの園
佐藤　誠 1999「遺構研究　古鬼怒湾岸における貝塚研究」『縄文時代』10
山武考古学研究所 1999「茨城県稲敷郡江戸崎町秋平遺跡・池平遺跡・中佐倉貝塚」江戸崎町佐倉地区遺跡発掘調査会
鈴木素行 1999「越の旅人　放浪編―西方貝塚Ｂ地区　第一号住居跡の彫刻石棒について」『婆良岐考古』21
関口　満 1999「部室貝塚採集の祭祀遺物―縄文時代後晩期の石棒、石剣を中心に―」『玉里村立史料館報』4
高橋　満・中村敦子 1999「茨城県広畑貝塚出土の縄文時代晩期の土器　直良信夫氏調査のＮトレンチ資料」『茨城県史研究』82、茨城県立歴史館
野田良直 1999「西方貝塚の動態について」『研究ノート』7、茨城県教育財団
鹿行文化研究所 1999a『井上貝塚出土脊椎動物遺体調査報告書』玉造町遺跡調査会・玉造町教育委員会
鹿行文化研究所 1999b『若海貝塚発掘調査報告書』玉造町遺跡調査会・玉造町教育委員会
鹿行文化研究所 1999c『貝塚Ａ遺跡発掘調査報告書』
龍ケ崎市史編さん委員会 1999『龍ケ崎市史　原始古代編』龍ケ崎市教育委員会
【2000～2004】
上高津ふるさと歴史の広場 2000a『内海の貝塚　縄文人と海とのかかわり』
鈴木公雄 2000「上高津貝塚の調査と霞ヶ浦の貝類」『内海の貝塚　縄文人と海とのかかわり』
上高津ふるさと歴史の広場 2000b『常設展示図録』上高津ふるさと歴史の広場

小宮　孟・戸村正巳 2000「千葉県香取郡多古橋川沖積低地出土の線状痕のあるオオツノジカ左大腿骨」『千葉県立中央博物館研究報告　人文科学』5－2〔上高津貝塚〕

佐藤　誠 2000「古鬼怒湾における貝塚の形態の特徴」『貝塚研究』5

高橋　満・中村敦子 2000「茨城県広畑貝塚出土の縄文時代晩期の土器（二）　直良信夫氏調査のＮトレンチ資料」『茨城県史研究』84、茨城県立歴史館

玉里村立史料館 2000『特別展図録　貝塚人の暮らす海』

土浦市遺跡調査会 2000『国指定史跡　上高津貝塚Ｅ地点』土浦市教育委員会

取手市教育委員会 2000『取手市内遺跡発掘調査報告書5』

奈良国立文化財研究所 2000『山内清男考古資料11　浮島貝ヶ窪貝塚資料・米倉山遺跡資料』奈良国立文化財研究所

牛久市史編さん委員会 2001『牛久市史　原始古代中世』牛久市

袁　靖 2001「日中両国における貝塚の環境考古学研究―膠東半島と霞ヶ浦沿岸における貝塚の比較を中心に―」『茨城大学考古学研究室 20周年記念論文集　日本考古学の基礎研究』

瓦吹　堅 2001「茨城県における縄文時代集落の諸様相」『列島における縄文時代集落の諸様相』縄文文化研究会

小林謙一 2001「茨城県宮平貝塚出土土器について(2)―阿玉台Ⅰｂ・Ⅱ式を中心に」『民族考古』5

小林　克・岡田淳子・両角まり・奈良貴史 2001「広畑貝塚出土人骨の修復と鑑定」『東京江戸東京博物館研究報告』7

斎藤　忠監修・中山清隆編 2001『江見水蔭「地底探検記」の世界　解説・研究編』雄山閣出版

斎藤弘道 2001「茨城の縄文時代貝塚(4)―貝製品を中心として―」『茨城県歴史館報』28

佐藤孝雄 2001「縄文人の食糧調達における非自給的側面―上高津貝塚Ａ地点出土魚類遺体―特にマダイの検討を中心に」『シンポジウム　縄文人と貝塚　関東における埴輪の生産と供給』学生社

設楽博己 2001「多人数集骨葬の検討」『同上』学生社

西本豊弘・松村博文 2001「中妻貝塚のもつ意味」『同上』学生社

佐藤　誠 2001「古鬼怒湾北岸の貝塚出土貝類の調理方法について」『貝塚研究』6

佐藤　誠・日暮晃一・吉野健一・山中敏史 2001「平三坊貝塚」『貝塚研究』6

吉野健一 2001a「縄文時代の古鬼怒湾南岸における貝類利用」『貝塚研究』6

下郷古墳群遺跡調査会 2001『下郷遺跡・下郷古墳群』土浦市教育委員会

関口　満 2001「部室貝塚出土の「舟形土器」―その形態的特徴と文様的特徴について―」『玉里村立史料館報』15
筑波大学考古学研究室 2001『霞ヶ浦町遺跡分布調査報告書―遺跡地図編―』霞ヶ浦町教育委員会、筑波大学考古学研究室
ふるさと牛堀刊行委員会 2001『ふるさと牛堀―人と水の歴史』牛堀町
美浦村教育委員会 2001『美浦村遺跡分布調査報告書および美浦村遺跡分布図』
谷和原村市編さん委員会 2001『谷和原の歴史　通史編』谷和原村教育委員会
吉野健一 2001b「古鬼怒湾と東京湾の縄文時代海進―貝種組成からみた分析」『茨城大学考古学研究室 20 周年記念論文集　日本考古学の基礎研究』
麻生町史編さん委員会 2002『麻生町史（通史編）』麻生町教育委員会
茨城県立歴史館 2002『特別展　考古紀行いばらき―考古学に魅せられた人々―』
鹿嶋市文化スポーツ振興事業団 2002『鹿島神宮北部埋蔵文化財発掘調査報告書 LR 調査区（厨台 No.23 遺跡）鹿嶋市の文化財 112
上高津貝塚ふるさと歴史の広場 2002「No.2 神明遺跡（第 3 次調査）」『上高津貝塚ふるさと歴史の広場年報』8
吉野健一ほか 2002「波崎、神栖地域の貝塚」『貝塚研究』8
佐藤　誠ほか 2002「古鬼怒湾・東京湾北東岸地域における縄文時代の貝食文化圏」『日本考古学協会第 68 回総会研究発表要旨』
蓼沼香未由 2002「茨城県北浦町鬼越 A 貝塚採集の加曾利 B 式土器」『利根川』23
常松成人 2002「茨城県広畑貝塚周辺の低地から採集された遺物」『貝塚研究』7
取手市教育委員会 2002「大原Ⅰ遺跡」『取手市内遺跡発掘調査報告書』4
常名台遺跡調査会 2002『常名台遺跡群確認調査・神明遺跡（第 3 次調査）』土浦市教育委員会
前田　潮 2002「関東地方縄文時代中期の貝塚と集落の関係についての一予察」『日々の考古学』東海大学考古学教室開設 20 周年記念論文集編集委員会
吉野健一 2002「古鬼怒湾沿岸における縄文時代中後期の貝類利用」『博古研究』23
市川紀行 2003「陸平貝塚・動く博物館」『市民と学ぶ考古学』白鳥舎
伊奈町史編纂委員会専門委員会 2003『伊奈のむかし―伊奈町の歴史を語る 72 章』伊奈町
茨城県教育財団 2003『御園生遺跡』茨城県教育財団文化財調査報告 200
植田敏雄監修 2003『図説　鹿行の歴史』郷土出版社
鹿嶋市文化スポーツ振興事業団 2003『鹿嶋市内 No.91 遺跡　神野遺跡報告書』鹿島市の文化財 115
斎藤弘道 2003「縄文時代釣針」『阿久津久先生還暦記念論文集』阿久津久先生還暦

記念事業実行委員会

土浦市教育委員会 2003『山川古墳群確認調査、西谷津遺跡、北西原遺跡(第6次調査)、神明遺跡(第4次調査)』土浦市教育委員会

東京国立博物館 2003『東京国立博物館図版目録 縄文遺物篇(骨角器)』

取手市教育委員会 2003『取手市内遺跡発掘調査報告書7』

東町史料編纂委員会 2003『東町史 通史編』

茂木雅博・吉野健一・井之口茂編 2003『常陸の貝塚 茨城大学人文学部考古学研究報告第6冊』茨城大学人文学部考古学研究室

鹿行文化研究所 2003a『若海貝塚発掘調査報告書』玉造町教育委員会

鹿行文化研究所 2003b『オチャク内貝塚発掘調査報告書』玉造町教育委員会

陸平貝塚ボランティア育成会・美浦村教育委員会 2004『陸平に学ぶ―陸平貝塚ボランティア育成会の記録―』

陸平貝塚をヨイショする会 2004『ようこそ陸平へ―陸平貝塚をヨイショする会十周年記念誌』

金子裕之 2004「茨城県前浦遺跡資料」『山内清男考古資料14』奈良国立文化財研究所史料66

川口貴明・日暮晃一・常松成人・小笠原永隆・小笠原敦子・山口敏史 2004「麻生日枝神社遺跡」『貝塚研究』9

北浦町史編さん委員会 2004『北浦町史』北浦町

常松成人 2004「中妻貝塚B地点採集の縄文土器」『貝塚研究』9

山口敏史 2004「茨城県安食平貝塚採集の貝輪」『貝塚研究』9

筑波大学考古学研究室 2004『霞ヶ浦町遺跡分布調査報告書―遺物編―』霞ヶ浦町教育委員会、筑波大学考古学研究室

取手市教育委員会 2004『取手市内遺跡発掘調査報告書8』

美浦村教育委員会 2004『陸平貝塚―調査研究報告書1・1997年度発掘調査の成果―』

吉野健一 2004「古鬼怒湾と東京湾の縄文時代貝塚人はどんな魚を食べたか?」『貝塚研究』9

【2005〜2009】

川崎純徳 2005「常総台地北東部における縄文時代後晩期の集団と物流関係」『地域と文化の考古学』六一書房

工藤幸尚編 2005「調査報告・岩坪新屋敷・岩坪平貝塚の測量調査」『筑波大学先史学・考古学研究』16

小宮 孟 2005「貝塚産魚類組成から復元する縄文時代中後期の東関東内湾漁撈」『Authoropological Science (Japanesse Series)』113

齋藤瑞穂ほか 2005「常陸浮島の考古学的検討」『茨城県考古学協会誌』17
佐布環貴 2005「興津貝塚採集の土偶」『貝塚研究』10
鈴木正博 2005「古鬼怒湾における「加曽利B式」貝塚から観た集落と労働様式の複雑化」『社会考古学の試み』同成社
常松成人 2005「関東地方における縄文時代製塩土器の分布」『貝塚研究』10
宮内慶介・古谷　渉・吉岡卓真 2005「茨城県部室貝塚採集の縄文時代後期の土器」『玉里村史料館報』10
吉野健一 2005a「古鬼怒湾南岸地域における縄文時代後晩期集落の立地と貝塚分布」『千葉県文化財センター研究紀要』24
吉野健一 2005b「縄文時代後晩期の古鬼怒沿岸における製塩の開始と魚利用の関係」『貝塚研究』10
吉野健一・日暮晃一・常松成人・小笠原永隆・小笠原敦子・山田敏文 2005「神生貝塚の測量調査」『貝塚研究』10
吉野健一・日暮晃一・常松成人 2005「城中貝塚の測量調査」『貝塚研究』10
関口　満 2006「上高津貝塚D地点貝層採集の骨角器について」『土浦市博物館紀要』10
玉里村史編纂委員会 2006『玉里村の歴史』玉里村・玉里村立史料館
つくば市教育委員会 2006『つくば市内重要遺跡—平成17年度試掘・確認調査報告—』
土浦市教育委員会 2006『国指定史跡　上高津貝塚C地点』
初鹿野博之ほか 2006『東京大学総合研究博物館　人類史部門所蔵　陸平貝塚出土標本』東京大学総合研究博物館標本資料報告 67
美浦村教育委員会 2006『陸平貝塚—調査研究報告書2・学史関連資料調査の成果—』
吉野健一ほか 2006「城中貝塚の発掘調査」『貝塚研究』11
龍善寺遺跡調査会 2006『龍善寺遺跡』土浦市教育委員会
上高津貝塚ふるさと歴史の広場 2007『第12回企画展　土浦の遺跡11—上高津貝塚の歴史的環境—宍塚古墳群発掘40年・上高津貝塚史蹟指定30年—』上高津ふるさと歴史の広場
川島尚宗 2007「平三坊貝塚測量報告—環状盛土遺構検出の実践と課題」『筑波大学先史学・考古学研究』18
鈴木正博 2007「貝塚文化から観た「前浦式」—関東地方における縄紋式最後の「貝塚文化」と環境（気候）変動の研究—」『茨城県考古学協会誌』19
関口　満 2007a「神立遺跡」『上高津貝塚ふるさと歴史の広場年報』12
関口　満 2007b「ヤス状刺突具の盛行過程について—霞ヶ浦周辺地域の貝塚出土資料をもとに—」『考古学の深層—瓦吹堅先生還暦記念論文集』瓦吹堅先生

還暦記念論文集刊行会

谷畑美帆 2007「縄文時代人骨における骨関節症について―茨城県中妻貝塚出土例を中心として―」『日本考古学協会第73回総会研究発表要旨』

取手市教育委員会 2007『取手市内遺跡発掘調査報告書11』

蜂須賀敦子・新実倫子 2007「中妻貝塚1951年発掘調査出土シカ・イノシシ遺体について」『動物考古学』24

鹿行文化研究所 2007『杉平貝塚発掘調査報告書』行方市教育委員会

茨城県教育財団 2008a『土塔貝塚・瀬沼遺跡』茨城県教育財団文化財調査報告 289

茨城県教育財団 2008b『三村城跡』茨城県教育財団文化財調査報告 299

茨城県教育財団 2008c「茨城県美浦村大谷貝塚―平成19年度現地説明会資料から―」『文化財発掘出土情報』327

川島尚宗・村上尚子・鈴間智子 2008「茨城県かすみがうら市平三坊貝塚発掘調査報告」『筑波大学先史学・考古学研究』19

佐藤　誠 2008「古鬼怒湾における貝塚の保存と活用状況」『貝塚研究』11

山武考古学研究所 2008『高見原遺跡』つくば市教育委員会

取手市教育委員会 2008『取手市内遺跡発掘調査報告書12』

中村哲也 2008a「巨大貝塚空間の保存と活用―茨城県陸平貝塚―」『季刊考古学』105

中村哲也 2008b『霞ヶ浦の縄文景観　陸平貝塚』新泉社

吉野健一 2008「魚類利用からみた古鬼怒湾沿岸における縄文時代後・晩期の土器製塩の展開」『貝塚研究』11、園生貝塚研究会

吉野健一・日暮晃一・常松成人・小笠原永隆・小笠原敦子・山田敏史 2008「神生貝塚の発掘調査」『貝塚研究』11、園生貝塚研究会

吉野健一・日暮晃一・常松成人・小笠原永隆 2008「城中貝塚の発掘調査」『貝塚研究』11、園生貝塚研究会

吉野健一・日暮晃一・小笠原永隆・小笠原敦子・常松成人 2008「中妻貝塚の発掘調査」『貝塚研究』11、園生貝塚研究会

鹿行文化研究所 2008『井上貝塚発掘調査報告書』行方市教育委員会

茨城県教育財団 2009a『本田遺跡』茨城県教育財団文化財調査報告 313

茨城県教育財団 2009b『大谷貝塚』茨城県教育財団文化財調査報告 317

茨城県教育財団 2009c『東前遺跡』茨城県教育財団文化財調査報告 318

茨城県教育財団 2009d『上境旭台貝塚』茨城県遺跡発掘調査報告 325

陸平貝塚をヨイショする会 2009「カンカンの土器とコンコンの土器―煮炊きのできる縄文土器の復元実験」『常総台地』16

金子浩昌 2009a「東関東縄文時代貝塚の骨角器―特に刺突具、釣針について　古鬼怒

湾、霞ヶ浦谷と太平洋岸地域の様相―」『東京国立博物館所蔵　骨角器集成』同成社

金子浩昌 2009b「千葉県銚子市余山貝塚出土骨角器の研究」『東京国立博物館所蔵　骨角器集成』同成社

川島尚宗 2009「縄文時代土器製塩における労働形態」『筑波大学先史学・考古学研究』21

神立遺跡調査会 2009『神立平遺跡』土浦市教育委員会

鈴木正博 2009「貝塚文化の展開と地域社会の変容―茨城県における縄紋式貝塚遺跡研究の展望―」『茨城県史研究』93、茨城県立歴史館

関口　満 2009「小さな土偶破片からの考察―上高津貝塚Ｃ地点出土中空のミミズク土偶について」『常総台地』16

宮内良隆 2009「中妻貝塚の研究」『常総台地』16

中村哲也 2009a「遺跡速報　茨城県陸平貝塚の確認調査」『考古学ジャーナル』584

中村哲也 2009b「貝ケ窪貝塚出土の浮島Ⅰ式土器―浮島式土器をめぐる研究史探訪その２―」『茨城県考古学協会誌』21

蓼沼香未由 2009「南坪貝塚における縄文時代後晩期加曾利Ｂ式の粗製土器（後編）―資料紹介を通した霞ヶ浦北浦・古鬼怒湾沿岸における変遷―」『小美玉市史料館報 4』

堀越正行 2009「中妻の98人」『房総の考古学　史館終刊記念』六一書房

本田信之 2009「立延低地遺跡」『小美玉市史料館報』3

増渕和夫・杉原重夫 2009「古鬼怒湾における古環境変遷と貝塚をめぐる環境適応に関する諸問題」『環境史と人類』3、六一書房

美浦村教育委員会 2009『陸平貝塚―調査研究報告書 3・自然科学分野調査の成果―』

勾玉工房 Mogi 2009『赤弥堂遺跡（東地区）』土浦市教育委員会

【2010～2015】

阿部きよ子 2010「資料紹介　上高津貝塚、旭台貝塚のイモガイ、イモガイ製品―縄文時代のイモガイ、イモガイ製品をめぐる一考察」『土浦市立博物館紀要』20

茨城県考古学協会 2010『茨城の考古学散歩』

茨城県教育財団 2010『大谷貝塚 2』茨城県教育財団文化財調査報告 330

取手市教育委員会 2010『取手市内遺跡発掘調査報告書 13』

日考研茨城 2010『沼田貝塚発掘調査報告書』稲敷市教育委員会

勾玉工房 Mogi　2010『赤弥堂遺跡（中央地区）』土浦市教育委員会

美浦村教育委員会 2010a『陸平貝塚―調査研究報告書 4・1987 年度確認調査の成果―』

美浦村教育委員会 2010b『陸平貝塚―調査研究報告書 5・2008 年度確認調査の成果―』

立正大学考古学会 2010『浮島前浦遺跡・浮島原古墳群発掘調査報告書』
渡辺　明・鈴木正博・西　豊・浪形早季子 2010「金土貝塚の再吟味―奥鬼怒湾最奥部における貝塚文化と骨角器・貝製品の新例」『動物考古学』27
阿部芳郎 2011「縄文時代における製塩行為の復元・茨城県広畑貝塚採集の白色結核体の生成過程と土器製塩」『駿台史学』149
石川　功 2011「霞ヶ浦周辺」『季刊考古学』115、雄山閣
茨城県立歴史館 2011『平成24年度歴史館特別展図録　霞ヶ浦と太平洋のめぐみ　塩づくり』
小川岳人 2012「関東地方の縄文集落と貝塚」『縄文集落の多様性　生活・生業』雄山閣
地域文化財研究所 2011『沼田貝塚』稲敷市教育委員会
酒詰治男編 2011『酒詰仲男　調査・目録第7集』東京大学総合研究博物館標本資料報告 89
酒詰治男編 2011『酒詰仲男　調査・目録第8集』東京大学総合研究博物館標本資料報告 91
美浦村教育委員会 2011『陣屋敷低湿地遺跡』
茨城県教育財団 2012a『児松遺跡2』茨城県教育財団文化財調査報告 351
茨城県教育財団 2012b『上境旭台貝塚2』茨城県教育財団文化財調査報告 364
川又清明 2012「霞ヶ浦周辺の塩生産―常陸国における塩づくりの歴史的概観」『季刊考古学』128、雄山閣
鈴木正博 2012a「貝塚遺跡に学ぶ（序）「巨大斜面貝塚出現以前の古鬼怒湾貝塚文化」」『古代』127
鈴木正博 2012b「縄紋式晩期の「定住性社会」と霞ヶ浦・晩期ヤマトシジミ貝塚の「製塩土器インダストリ論」と「湾潟湖交流文化」の視点からの展望」『茨城県考古学協会誌』26
土浦市遺跡調査会 2012『小松貝塚』土浦市教育委員会
美浦村教育委員会 2012『陸平貝塚―調査研究報告書6・2010年度発掘調査の成果』
明治大学日本先史文化研究所 2012『研究公開シンポジウム　陸平と上高津―縄文時代の資源利用と地域社会』
明治大学日本先史文化研究所・大阪歴史博物館 2012『研究公開シンポジウム「下郷コレクションの由来と霞ヶ浦の貝塚」』
茨城県教育財団 2013a『上境旭台貝塚3』茨城県教育財団文化財調査報告 368
茨城県教育財団 2013b『槙堀遺跡』茨城県教育財団文化財調査報告 370
茨城県教育財団 2013c『然山西遺跡』茨城県教育財団文化財調査報告 379
毛野考古学研究所 2013『坂田台山古墳群・下坂田中台遺跡・下坂田貝塚』土浦市

教育委員会

辰巳祐樹 2013「考古学調査における磁気探査の有効性の再検討」『筑波大学先史学・考古学研究』25〔陸平〕

勾玉工房 Mogi 2013『下坂田塙台遺跡・下坂田塙台古墳群』土浦市教育委員会

阿部芳郎 2014a「縄文時代土器製塩の実証と展開」『日本考古学協会第 80 回総会研究発表要旨』

阿部芳郎 2014b「縄文時代における製塩土器の出現過程―器種変遷と製作技法からみた製塩土器の出自」『駿台史学』150

川又清明 2014「総論　塩づくりの考古学―常陸の塩づくり―」『考古学ジャーナル』663

関口　満 2014「縄文時代後晩期の製塩活動―霞ヶ浦沿岸地域の製塩遺跡―」『考古学ジャーナル』663

取手市埋蔵文化センター 2014『第 35 回企画展　中妻貝塚と 101 体の人骨の謎』

平原信崇ほか 2014『早稲田大学の縄文時代研究―縄文文化の探求―』早稲田大学會津八一記念博物館

美浦村教育委員会 2014『陸平貝塚―調査研究報告書 7・2012 年度発掘調査の成果』

阿部芳郎・樋泉岳二 2015「縄文時代における土器製塩技術の研究―茨城県法堂遺蹟における製塩行為の復元―」『駿台史学』155

茨城県教育財団 2015a『上境旭台貝塚 4』茨城県教育財団文化財調査報告 397

茨城県教育財団 2015b『大谷貝塚 3』茨城県教育財団文化財調査報告 401

小宮　孟 2015『貝塚調査と動物考古学』同成社〔上高津貝塚〕

関口　満 2015「霞ヶ浦最奥部の縄文貝塚」『土浦市立博物館紀要』25

上高津貝塚ふるさと歴史の広場 2015『上高津貝塚のころ―縄文後晩期　円熟の技と美』

あとがき
―研究所研究叢書の刊行の経緯―

　本シリーズは、2009年に設立した日本先史文化研究所の研究成果をまとめたものである。本研究所は、地域社会と資源利用というキーワードを中心に、先史考古学・動物・植物考古学・古病理学・同位体生態学・有機化学を専門とする所員を配して、縄文時代の文化や社会を多視点的に研究するという方針を示して研究を進めてきた。最終巻となる本号の末尾に、経緯と若干の私見を備忘録として記しておきたい。

I　地域社会と貝塚の多様性

　縄文時代を特徴づける遺跡として貝塚があることは、古くから指摘されてきた。しかし、貝塚の持つ特徴は、魚介類の種類の違いだけで区別できるようなものではない、と悟ったのは私自身が中里貝塚を調査した経験からであった。貝塚研究の聖地でもあった東京湾東岸地域の貝塚研究を第I巻として刊行した理由の1つは、縄文貝塚の多様性を議論するためであった。中里貝塚に論点を絞った第IV巻を併読いただければ、同じ東京湾という生態系にありながら、大きく異なる貝塚の性質が鮮明に理解できるであろう。第V巻はさらにその視点を霞ヶ浦にも展開し、地域の中での貝塚や生業の多様性をまとめた。本来であれば「奥東京湾」を加えたいところであったが、これは宿題となった。

　また貝塚を扱った3冊には末尾に座談会を掲載した。第I巻は貝塚自体の研究よりも、むしろ国史跡として保存されている姥山貝塚、堀之内貝塚、曽谷貝塚、加曽利貝塚などの大型環状貝塚がいかにして残されたのか、その生き証人の考え方や生の言葉を記録にとどめることが目的であったといっても良い。第IV巻はタイミング良く中里貝塚が国史跡10周年の節目でシンポジウムが企画され、本研究所が協力しての開催となった。中里貝塚をめぐる背景を周辺地域との関係にまで踏み込んだ総合的な研究となり、今日の中里貝塚の理解の定点を築くことができた。

　第V巻の座談会は、貝塚研究だけでなく、さまざまな資源の利用に関する研究がどのような流れの中で今日に至っているのか、また近年の進展著しい関連研究について現状や課題を議論したものである。

II　社会の仕組みを考える視点と姿勢

　第II巻では資源の移動や流通の問題を扱い、利用史として展開するための切り口を整理したいと考えていた。ここでの興味は、物資の空間的な移動に関する議論であった。遺跡からは多数の遠隔地資源が出土することは、縄文時代にあってはむしろ常態である。だがしかし、それは本来の産出地から移動したという事実を示すだけであり、その背景・要因は別の手法によって検証されねばならない。これまでは交換論が展開されてきた歴史があるが、その証拠とは本当に確かなものだろうか。ちょうど学内組織で黒耀石研究に携わることになった頃の疑問が本書刊行の原点にある。

　次に難易度の高い問題であるが、縄文時代を祭祀という視点から考えてみる興味と必要性について、長い学史をもつ土偶を具体的な分析事例としてまとめたものが第III巻である。

　縄文時代の祭祀研究は型式学と接点が少ないため、時間や空間を錯誤した解釈が頻出

しているのは、大きな問題である。本巻の一貫したテーマは型式学である。縄文土器の研究では中心的な課題として取り上げられてきたが、土偶も型式学的な手法を基本とすれば時期的な前後関係・空間的な範囲という条件は整備できる。さらに、異なる器物との型式学的な関係についても手を伸ばすことができ、興味深い課題は多数見つけ出すことができるはずである。現在の土偶研究は低調である反面、個人的な興味にとらわれすぎて、自論を妄信するあまり編年学的な事実関係に整合性を欠いた見解があることも深刻である。ことさら型式学に拘るわけではないが、科学として現象をどう記載するかという手続きと解釈を錯誤してはならない。かつて私は修士論文で土偶を扱ったが、いまでも懐かしい戒めである。

Ⅲ　個別研究をどう体系化するか

考古学の究極的な目的は、遺跡に残された物質資料から社会や文化の特質を理解し、それを説明することである。社会や文化とは遺跡を掘っても出てくるものではないので、多くの痕跡やモノからそれらを復元することが個別の研究の成り立ちへとつながっている。このことをきちんと認識しておかないと、個別研究は単独研究へと変わり果ててしまう。お互いの研究はどうつながっているのだろうか。あるいはどうつなげるべきか。

そうした視点から見た場合、近年の関連理化学の研究の成果には大変に興味深いものがある。客観性を維持しながら、いかに資料と向き合うか、そして全く方法の異なる手法による成果をどう結び付けるかという問題は理論的に興味深いが、実際は大変に難しい問題でもある。現実的な問題として議論が必要である。

私の研究所では「縄文時代の繁栄と衰退」と題したシンポジウムを4年間継続しておこなってきた。そこで上記の議論を具体的に蓄積するために、縄文時代後期から晩期にかけて文化が衰退するという定説について多視点的に分析を加えた。その過程で関連理化学の成果との整合性、考古学自体のもつ方法上の課題などを確認できたのは大きな成果であった。『別冊季刊考古学』21号ではその成果の一部をまとめた。

Ⅳ　その後の展開

約10年にもならんとする本研究所の歩みは、この研究叢書に集約されているが、個々のテーマに終わりはない。新資料の発見によって、いくつかの研究にも新たな展開が見られたものもあるし、まとめきれなかった成果も多い。これまでの取り組みで見通しをもてたのは「資源利用史」というキーワードの有用性である。さらに「時代を貫く視点と展開」という言葉は、研究所が主催した企画展のテーマであるが、捨てがたい思い出と挑戦的なイメージとして、今もわたしの中に残る言葉である。今少しその言葉を現実世界で追い求めてみたいと考えている。

最後に雄山閣出版の桑門智亜紀、戸丸双葉両氏のきめ細やかな協力があったことも明記し、御礼申し上げたい。

2018年1月26日

阿部芳郎

執筆者紹介（掲載順）

関口　満（せきぐち　みつる）　1966年生
土浦市立博物館学芸員
主要著作論文　「ヤス状刺突具の盛行過程について―霞ヶ浦周辺地域の貝塚出土資料をもとに―」『考古学の深層―瓦吹堅先生還暦記念論文集―』瓦吹堅先生還暦記念論文集刊行会、2007　「縄文時代後晩期の製塩活動―霞ヶ浦沿岸地域の製塩遺跡―」『考古学ジャーナル』663、ニューサイエンス社、2014　「縄文時代晩期の土偶にみる交流―茨城のミミヅク土偶と遮光器土偶―」『茨城県考古学協会シンポジュウム　考古学からみる茨城の交易・交流』「考古学からみる茨城の交易・交流」実行委員会・茨城県考古学協会、2016

亀井　翼（かめい　つばさ）　1984年生
上高津貝塚ふるさと歴史の広場学芸員　明治大学日本先史文化研究所客員研究員
主要著作論文　「霞ヶ浦沿岸における堀之内2式土器の器種組成とその変遷」『筑波大学先史学・考古学研究』28、2017　「遺跡形成過程の研究」上條信彦編『八郎潟沿岸における低湿地遺跡の研究―秋田県五城目町中山遺跡発掘調査報告書―』弘前大学人文学部北日本考古学センター、2017　「モグラによる遺物の埋没と埋没後攪乱―茨城県稲敷郡美浦村陸平貝塚を対象として―」『第四紀研究』52―1、2013

川村　勝（かわむら　まさる）　1964年生
明治大学文学部考古学専攻卒　美浦村役場総務課課長補佐
主要著作論文　『陸平貝塚調査研究報告書2―学史関連資料調査の成果―』美浦村教育委員会、2006　『陸平貝塚調査研究報告書8―2014年度確認調査の成果―』美浦村教育委員会、2016

阿部きよ子（あべ　きよこ）　1950年生
美浦村文化財協力員
主要著作論文　「資料紹介　上高津貝塚、旭台貝塚のイモガイ、イモガイ製品―縄文時代のイモガイ、イモガイ製品をめぐる一考察」『土浦市立博物館紀要』20、2010　「小松貝塚の魚骨」『小松貝塚』土浦市教育委員会、土浦市遺跡調査会、2012　「霞ヶ浦周辺貝塚の動物遺体」『考古学ジャーナル』694、ニューサイエンス社、2017

中村哲也（なかむら　てつや）　1963年生
明治大学大学院文学研究科考古学専攻博士前期課程修了　美浦村文化財センター長
主要著作論文　『霞ヶ浦の縄文景観・陸平貝塚』新泉社、2008　『陸平貝塚調査研究報告書4―1987年度確認調査の成果―』美浦村教育委員会、2010

石川　功（いしかわ　いさお）　1964年生
土浦市教育委員会生涯学習課課長補佐
主要著作論文　「霞ヶ浦周辺地域」『季刊考古学』115、雄山閣、2011　「近世銭貨の生産・流通についての一考察」『茨城県史研究』84、2000　「寛永通宝銅銭の形態的特徴と金属成分分析」（共著）『日本考古学』20、2005

阿部芳郎（あべ　よしろう）　1959年生
明治大学文学部教授　明治大学日本先史文化研究所所長
主要著作論文　「縄文時代の生業と中里貝塚の形成」『中里貝塚』2000　「大森貝塚の調査と大森ムラの実像」『東京の貝塚を考える』雄山閣、2008　「加曽利貝塚の形成過程と集落構造」『東京湾巨大貝塚の時代と社会』雄山閣、2009　「「藻塩焼く」の考古学」『考古学研究』63―1、2016

樋泉岳二（といずみ　たけじ）　1961年生
明治大学黒耀石研究センターセンター員　早稲田大学非常勤講師
主要著作論文　「動物資源利用からみた縄文後期における東京湾東岸の地域社会」『動物考古学』30、2013　「漁撈の対象」『講座日本の考古学4　縄文時代（下）』青木書店、2014　「海洋資源の利用と縄文文化―縄文後期東京湾岸・印旛沼周辺貝塚の漁具利用にみる資源認識の多様性―」『別冊季刊考古学』21、雄山閣、2014

植月　学（うえつき　まなぶ）　1971年生
弘前大学人文社会科学部准教授
主要著作論文　「海生魚類」『縄文時代の考古学4　人と動物の関わりあい―食料資源と生業圏―』同成社、2010　「骨塚の形成から見た大型獣狩猟と縄文文化」『別冊季刊考古学』21、雄山閣、2014　「低地における貝塚形成の多様性からみた中里貝塚」『ハマ貝塚と縄文社会〜国史跡中里貝塚の実像を探る〜』雄山閣、2014

黒澤春彦（くろさわ　はるひこ）　1962年生
上高津貝塚ふるさと歴史の広場副館長
主要著作論文　「千曲川流域の弥生土器から見た原田西遺跡」『苑玖波』川井・齋藤・佐藤先生還暦記念事業実行委員会、2007　「茨城県における古墳時代前期の輪積痕をもつ甕」『生産の考古学2』同成社、2008　「資料紹介　新治窯跡群の新資料」『土浦市立博物館紀要』22、土浦市立博物館、2012

一木絵理（ひとき　えり）1982年生
上高津貝塚ふるさと歴史の広場学芸員
明治大学日本先史文化研究所客員研究員
主要著作論文　「青森県八戸市の縄文時代早期貝塚出土試料の^{14}C年代と海洋リザーバー効果」『第四紀研究』54―5、2015　「土浦市上高津貝塚周辺の後期更新世〜完新世の古環境」『土浦市立博物館紀要』27、2017

馬場信子（ばば　のぶこ）1967年生
明治大学文学部考古学専攻卒　美浦村教育委員会生涯学習課
主要著作論文　『陸平貝塚調査研究報告書5―2008年度確認調査の成果―』美浦村教育委員会、2010　『陣屋敷低湿地遺跡』美浦村教育委員会、2011

米田　穣（よねだ　みのる）1969年生
東京大学総合研究博物館教授
主要著作論文　「炭素・窒素同位体でみた縄文時代の食資源利用：京葉地区における中期から後期への変遷」『別冊季刊考古学』21、雄山閣、2014　「縄文人骨の年代を決める」『オープンラボ―UMUT Hall of Inspiration』東京大学出版、2016　「同位体分析からさぐる弥生時代の食生態」『季刊考古学』138、2017

佐々木由香（ささき　ゆか）1974年生
明治大学黒耀石研究センターセンター員　（株）パレオ・ラボ統括部長
主要著作論文　「縄文人の植物利用―新しい研究法からみえてきたこと―」『ここまでわかった！縄文人の植物利用』新泉社、2014　「編組製品の技法と素材植物」『さらにわかった！縄文時代の植物利用』新泉社、2017　「縄文時代の編組製品とは？」『縄文の奇跡！東名遺跡　歴史をぬりかえた縄文のタイムカプセル』雄山閣、2017

谷畑美帆（たにはた　みほ）1966年生
明治大学黒耀石研究センターセンター員　明治大学文学部兼任講師
主要著作論文　「東京湾沿岸おける縄文時代人骨にみられる古病理学的所見について」『東京湾巨大貝塚の時代と社会』雄山閣、2009　「古病理学的所見からみた縄文後期における埋葬の一様相」『人類史と時間情報「過去」の形成過程と先史考古学』雄山閣、2012　「骨病変から見る縄文社会の多様性」『別冊季刊考古学』21、雄山閣、2014

2018年2月10日　初版発行　　　　　　　　　　　　《検印省略》

明治大学日本先史文化研究所　先史文化研究の新視点Ⅴ

霞ヶ浦の貝塚と社会

編　者	阿部芳郎
発行者	宮田哲男
発行所	株式会社　雄山閣

〒102-0071　東京都千代田区富士見2-6-9
TEL 03-3262-3231　FAX 03-3262-6938
振替 00130-5-1685
http://www.yuzankaku.co.jp

印刷・製本　株式会社ティーケー出版印刷

Printed in Japan　ⓒ YOSHIRO ABE 2018　　　　N.D.C. 210　281P　21cm
ISBN978-4-639-02545-0　C3021